名家读书

王蒙

经典三读

 商务印书馆
2018年·北京

图书在版编目（CIP）数据

经典三读 / 王蒙著 . —北京：商务印书馆，2018
（名家读书）
ISBN 978-7-100-15806-0

Ⅰ.①经… Ⅱ.①王… Ⅲ.①孔丘（前551—前479）—哲学思想—研究 ②庄周（前369—前286）—哲学思想—研究 ③李商隐（812—约858）—唐诗—诗歌研究 ④《红楼梦》研究 Ⅳ.① B222.25 ② B223.55 ③ I207.22 ④ I207.411

中国版本图书馆 CIP 数据核字（2018）第 022843 号

权利保留，侵权必究。

经典三读
王蒙 著

商务印书馆出版
（北京王府井大街36号 邮政编码100710）
商务印书馆发行
北京通州皇家印刷厂印刷
ISBN 978 - 7 - 100 - 15806 - 0

2018年5月第1版　　　开本 880×1240　1/32
2018年5月北京第1次印刷　印张 10 1/4
定价：45.00元

目 录

读孔子与老庄

斯文的优胜 …………………………………… 3
老子的魅力 …………………………………… 35
老庄的治国理政思想 ………………………… 61

读李商隐

一篇《锦瑟》解人难 ………………………… 79
再谈《锦瑟》 ………………………………… 88
《锦瑟》的野狐禅 …………………………… 95
雨在义山 ……………………………………… 101
对李商隐及其诗作的一些理解 ……………… 120
通境与通情 …………………………………… 141
混沌的心灵场 ………………………………… 155

读《红楼梦》

《红楼梦》纵横谈 …………………………177
《红楼梦》的自我评价 ……………………204
《红楼梦》中的政治 ………………………227
《红楼梦》与现代文论 ……………………255
放谈《红楼梦》诸公案 ……………………288
《红楼梦》与中国文化 ……………………304

读孔子与老庄

斯文的优胜

目前,全国处在一个对传统文化很热烈的学习、讨论、阐释、弘扬的气氛当中。但是,传统文化包含的内容非常广,不太容易把它简单地概括出来。文化既是经验的积累和总结,又是人类对生活的感触、理想。我今天是想从一个角度,用最普通的、最简单的话来概括一下以孔子为代表的中国知识分子对于"斯文"的理想,就这个问题和大家做一个讨论、交流。

首先,我要说孔子是一个理想主义者。中国现在喜欢说的话就是"梦",是我们的"梦"。孔子恰恰是这样一个理想主义者。孔子曾经说颜回:"惜乎!吾见其进也,未见其止也。"颜回这个人的特点就是谦虚,总是听别人讲,但他从来不讲、不显示。这是孔子对颜回的评论,也是孔子的"夫子自道"。按照尼采的说法更有意思,他说,"理想主义者是不可救药的"。他永远要追寻自己的理想,这"不可救药"的意思就是你没法把他拉回来,用西方的习惯说法就是"不可救药的乐观主义者",即使受到极大的挫折，他也还是乐观。这理想主义者是不可救药的，不能够中断自己的理想，"如果他被扔出了天堂"，到了地狱，他还在想"如何把地狱变得理想"。

中华文化传统的形成离不开孔子，离不开儒学，离不开与儒学共生、互争、互补的先秦诸子百家以及数千年来没有停止过的对儒学的解读和论争。那么，孔子对自己的使命是怎么看的呢？他对儒学中的一些见解又怎么看？

孔子的年代，中央政权式微，丧失了控制、治理的能力，各诸侯国坐大，纵横捭阖、计谋策略、阴阳虚实、会盟火并、血腥争斗，令人眼花缭乱。各诸侯国的权力系统、"思想战线"（说句玩笑话，那时候没"思想战线"这个词，这是咱们的词）围绕着争权夺利打转，失范状态造成了民不聊生的痛苦，也造成了群雄并起、百家争鸣的局面，造成了政治、军事、思想、文化竞相争奇，碰撞出的火花无比灿烂。所以，这事很难说。过去有句话叫"国家不幸诗家幸"，有时候，国家不幸学家幸！比如趁乱，什么高明的、不高明的，真的、假的各种见解都发挥出来，还有乱世英雄走四方。所以，也有时候是在国家控制不住混乱的情况下，思想领域有很大的发展。孔子生活在这样一个争斗的时期，但他宣扬的不是争斗。他不是宣扬自己的主张最强大，能够东方不败，能够亚洲不败（当时当然还没有东方、亚洲的概念，当时说的"天下不败"，"天下"指的就是"以中国为中心"这个意思）。他宣扬的不是力量，不是必胜，宣扬的是什么呢？他宣扬的是士人的主张，是一个君子的主张，甚至是一个"复古"的主张。按当时的状况，孔子的这一套并不是吃得开的，吃得开的是墨家、法家，然后是名家。孔子是在他们后面。孔子、老子都属于逆潮流而动，欲力挽狂澜于既倒，这后边我还要讲。

表面上看，孔子和老子很荣耀，实际上，孔子是希望通过对"仁德"的宣扬来挽回局面；老子是希望通过"无为"来平息各个诸侯国千奇百怪、互争互斗互战的胡作非为。孔子自己的说法是："文王既没，文不在兹乎？天之将丧斯文也，后死者不得与于斯文也；天之未丧斯文也，匡人其如予何？"说的是孔子在匡邑避难，被包围起来了，情况非常紧急，弄不好匡人要把孔子杀掉。孔子就说，周文王去世以后，我们这儿还有没有文化、斯文的一脉呢？有，那就是我。那么，我死了也就死了，我死以后，不再有斯文了，灭亡了！孔子在别的方面很谦虚，但在历史使命上，他非常有担当！他说，如果是天不想让我们生活的这块土地上文脉断绝、文化丧尽，不想让我们这个地方斯文扫地的话，匡人也舍不得让我牺牲，他们拿我没辙！他们干不掉我，灭不了我！他相信只要上苍无意灭绝斯文，只要上苍还要延续文脉，就不会让他罹难。他是"斯文"的拥趸，他是斯文最后的唯一，他活着的使命在于延续与重建自律，从而使斯文一脉不灭绝。

孔子认为，能够带来幸福与光明的只有道德文化。可能因为当时人口问题尚未过分困扰着先人，痛苦不在于生产力满足不了人民温饱的需要，而在于人间的血腥丑陋、阴险危殆的纷争；在于天下大乱，在于礼崩乐坏，在于贪欲膨胀，在于觚不觚——名实相悖、观念混乱、是非不分、秩序与好传统荡然无存。孔子以此说明天下名实不符引起动乱，一切都乱了套：这君不像君、臣不像臣，父不像父、子不像子，工不像工、农不像农，君子不像君子、小人也不像小人，全都乱了，这是没有"名"。

孔子的观念在"人心"，人的事情心决定，因为孔子看有些问题，起因都是人在做坏事，不懂得爱别人，不懂得理解别人，不懂得维护太平，不懂得维护秩序。中国有一个说法，叫"世道人心"，含义是人心决定了社会的状态与方向。孔子认为，一切问题的根源在"世道人心"做得不够好，包括诸侯、君王们的心没有摆正。"不患寡而患不均"，孔子说，我们不是嫌东西少，我们是反对不平均、不公正。只要人心好了、人心大治，自然"物阜民丰，温饱无虞"。

孔子说什么呢？"德之不修，学之不讲，闻义不能徙，不善不能改，是吾忧也。"他讲，没人注意道德修养了，也没有人认真地学习。孔子是讲学习的，主要是讲品德的学习、品德的修养。我上小学的时候是20世纪30年代末、40年代初，那个时候最喜欢说的是："不是还有东西没学好吗？"在学习准备上，孔子讲的学习，不是学哪个专门的技术（当然孔子的想法也有片面的地方），他首先注意的是：你的品德修养与品德的学习。

他说，你不讲究自己德行的修为，你也不学好、不爱学习；你听到好的事情、好的道理，不能跟着行动起来（"徙"就是动起来，学习以后行动起来）；你听到自己某些地方存在一些不好的地方，不能改变；你自己做得不对的地方不想改，发现了客观世界一些不好的地方，你也不能改。"是吾忧也"，他说，我所担心的就是这个。不知道是巧合还是唯心，我们今天看到这段话的时候，完全可以认为孔子说的就是我们今天：现在，我们的生产力有了很大的发展，我们的社会有了很大的进步。但是，我们也看到世道人心上的某些问题，我们也看到了"德之不修，学之不讲，闻义不能徙，不善不能改"。

孔子2500年前的思想放到今天，思路很鲜明，语言很简略，也很亲切，当然他的想法非常简单，有不足、不通的地方。但是，他这个思路很有魅力，是几千年无法把它抹掉的！他是什么思路？孔子讲，天下大乱的状态属于世道，世道的凶险源于人心。心性随社会的发展而复杂化、邪恶化、失范失衡化与歧义化。人心里头越来越多的贪欲、乖戾、怨毒、争利、暴力、嗜杀、阴谋诡计、不仁不义、不忠不孝……正在毒害我们的生活与身心。这样，人性的每个毒瘤正在毒害我们的生活与身心。

扭转乾坤，解决这些问题的抓手是文化。权力系统要懂得从民人（我写文章写"民人"，为什么呢？因为古代无"人民"这个说法。真正有学问的人说，"古代的'民'，是指奴隶；'人'是指奴隶主"。现代所说的"人民"，又增加了太强的意识形态色彩。比如说，我们曾经认为，"地富反坏右"不属于"人民"范畴。所以，我写文章，写古代的时候，不敢随便用"人民"这个词，宁可用"百姓"、"民人"这些词）的心灵深处挖掘美好和善良。美好的东西是有的，最美好的东西在人们心里。讲人气正，要依靠人性自有的美好本能和孝悌亲情入手，推己及人，及于恕道，用人心统率与提升孝悌忠信、礼义廉耻、诚信宽厚、勤俭谦让、恭敬惠义、好学敏求等，从而取得道义优势权威，占领仁德高地。在这一点上，孔子和道家的看法是一样的。老子也有类似的说法。庄子的"内圣外王"，老百姓自然明白。哪些是好事，哪些是坏事？对大多数老百姓来说，不是复杂的问题。庄子还举例，一只鸟，为了躲避猎人弹弓的射击，它要往高处飞；一只老鼠，它为了安全要挖深洞。一只鸟、一只老鼠都知道怎样才能够安全生活，老百姓能不知道？

　　儒家从孝悌入手，认为，如果一个人重视孝悌，对于长上、双亲履行孝，对兄弟姊妹友爱，这样的人长大以后，他很少会犯上作乱。他从小就在家里规规矩矩、老老实实，见着父母恭恭敬敬，能够尽孝；见了兄弟姊妹能够爱护，能够谦让、体谅，那么，这样一个人长大以后，他怎么可能会犯上作乱呢？正因为孔子太有善意了，所以代表着天真。因为实际上，集坏人与孝子于一身的人有的是，现在的贪官里头也有孝子。但是，孔子的思想还是可爱的，因为他从小在家里履行孝悌。有一次还有人问孔子："你这么喜欢研究政治，怎么不去从政呢？"孔子说：

"在家里好好孝敬父母就是从政。"这太有仁心的事,这孝悌的极度就是忠,既忠岂能无恕?恕就是"己欲立而立人,己欲达而达人","己所不欲,勿施于人"。

孔子有非常亲切、非常单纯、非常明快的思路。人心中自有美好的一面,有了这些美好的东西,经过学习区分,从一个"孝"、一个"悌"字,一直能够发展到孝悌忠信、礼义廉耻、诚信宽厚、勤俭谦让。但是,他又做了总结,又说我们还有仁义礼智信,温良恭俭让,这些都是孔子恪守的美好格言,美好的东西。

在国家执政的人、掌握着权力的人,我称之为"权力系统"。掌握着权力的人,只有占领仁德的高地,缘人性民心,才能坐稳天下,而后乃能教化天下。首先要化成君子,教化权力系统自身。权力系统的君王、大臣们接受了孔子的学说,痛感仁德的重要性,才能受到教化,成为全民的道德榜样,从而取得统治的合法性与说服力。孔子认为,你统治的原因在于,你是代表了德行,"天下唯有德者居之"。"仁德"就是高深的道德。

仁德从哪儿来?"天行健,君子以自强不息;地势坤,君子以厚德载物"。权力,首先不是像林彪所说的"镇压之权",而是教化之权、示范之力,叫作"为政以德,譬如北辰,居其所而众星拱之"。要做到"道之以政,齐之以刑",就是用政策和行政管理来引领民人。孔子说,用行政措施、行政手段来引领民人。然后用什么来管住他呢?用惩罚!"齐之以刑",用刑法、法律、惩罚来管住他。这是一个国家权力机构不可避免要做的事情。但是，孔子觉得这个不理想。理想是什么呢？"道之以德，齐之以礼"。"齐之以礼"是一些仁德的做法。"道之以德，齐之以礼"，就是说你用道德来引导他，用礼法、礼貌、礼仪、礼数来约束他，用"礼"，这个才好。"道之以政，齐之以刑，民免而无耻"，老百姓可能要躲开，避开被"齐之以刑"，但他没有羞恶之心。孔子讲要有是非、羞恶之心，就是有些事你做了，就会不好意思，你会惭愧，你会感到羞耻。他说，"道之以德，齐之以礼，有耻且格"，他不但有羞恶之心，而且还有一定的格调，有一定的高度。所以，孔子所设想的是培养"有耻且格"，培育民人知廉耻、克服不端、心服口服、优化心性，这就是孔子的理想啊！心性是美好的东西（但要有正确的道德教化），通过示范作用使心性得到优化。

如此说来，孔子的理念是斯文济世、救国救民——用仁德代替凶恶，用仁政代替暴政，用王道代替霸道，用博大仁爱之心代替狭隘争执之心，用善良、坦荡、规矩、温文尔雅取代邪恶、放肆、忤逆、野蛮、诡诈的乱世恶相。这是孔子的理想，他的想法非常好，而且很容易打动别人，他说的你不信不行！他不像老子讲得那么深奥，不像庄子讲得那么神秘。我们现在看起来，孔子的想法具有务实的一面，又有它美好、天真、纯洁的一面。

真正的经典，毋需共鸣！他不用"道之以政，齐之以刑"，而是用"道之以德，齐之以礼"，这显得多么美好！美国人喜欢讲"软实力"与"巧实力"一词,美国人说的"软实力"和"巧实力"是人的聪明和心计,而孔子的思路是"天命"。他认为这个"德"、"礼"是"天命"。"天命之谓性,率性之谓道,修道之谓教",是《中庸》的一种说法。仁德代表天命,"天"才是终极的高大上,乃能行健,乃能自强不息,然后"命"才能厚德载物。天有"好生之德","四时行焉,百物生焉"。孔子讲过,"天何言哉?四时行焉,百物生焉,天何言哉?"这不用多说,但是,春夏秋冬该怎么做就怎么做,该转换就转换,上天有好生之德,生生不息,各种东西,该出生的、该生长的,都起来了。

孔子和老子都设想为政的最高境界是"无为而治",这是一种理想,高级的理想。我们一般人都知道,老子提倡"无为而治",但是孔子在《论语》里边也说:"无为而治者,其舜也与?夫何为哉?"就是说,能做到"无为而治"的只有舜,可见它就是少见而难觅的。舜他自个儿是恭恭敬敬地办事,认认真真。南面王有坐得正者,证明你是权力的掌握者,以此温婉地办成事。他只要恭恭敬敬地在你旁边一坐,坐稳了,自然大家都各行其是,规规矩矩——自然是仁义礼智信,自然是孝悌忠信、礼义廉耻,自然是各种美德在那儿施行。我们可以说"这是梦想",这是一种"中国梦"。

有时候,我们把"无为而治"说得很玄,怎么可能"无为而治"呢?当然,对老百姓来讲,"无为而无不为";对庄子来讲,"上无为而下有为",解读的时候注意,一定要慎重!我认为老子、孔子的"无为而治"思想与马克思主义倡导的共产主义社会国家、阶级会消亡的思想一致。国家会消失，政党会消失，法院、军队、警察、法律都会消失，那么，有关生产统计的数据——"全部资源按需分配"，这是马克思主义对共产主义的最高理想。这个理想是很接近老子的"无为而治"理想的，也很接近孔子的理想。

仁德，首先是心性，又不仅是心性，它们外化并强化为礼。规矩就是你的行动、你的仪表仪态，即行为范式、社会秩序、尊卑长幼的规矩，外化为君子"斯文"中的各种含义。

"斯文"最早的意思跟我们现在的可能有所不同。《辞源》讲"斯文在兹"。但是后来呢，"斯文"的引用，被我们解释为"一种风度"，是一种风度，一种行为的范式。"斯文"整个词和"暴力"相对，和"野蛮"相对，和"蛮不讲理"相对，和"血腥"相对。孔子设想的就是整个国家都变成"君子之国"，能够有一种仁智亲和的君子成为国家和社会的主流。君子的彬彬有礼、文质彬彬，这就叫"以文化人"，这就叫"尚文之道"。我们中国是尚文、斯文，所谓"斯文的优胜"是"尚文的优胜"（后边我还要讲）。到鸦片战争，你尚文已经没有用了，一个英国的舰队，将"斯文之道"撕开了口。

"诚于中，行于外"，我们中国人非常崇尚孝悌，孝悌之后是仁德，仁德之后是德行。仁德构建辉煌，文化表现为礼法、举止、进退，直到面容表情、身体姿势都有章可循、有法可依，中规中矩、一丝不苟。尤其是君臣父子，恭谨诚敬、慎独慎行，没有给放肆混乱、倒行逆施留下余地。

在"礼"的推行上，孔子十分重视面容表情，提出"色难"命题。他这个"色"跟我们当代的性色无关，与性爱无关，他说的"色"就是面，面色上必须好。他说过，勤俭供养父母、赡养父母不算孝。他说你养一只小动物，你也可以这样养。所以，看孝与不孝，看你脸上的模样。你见了父母，脸上没有爱心，一副不耐烦的样子，一副怕父母给你找麻烦的样子，那算什么孝？（孔子太有意思了，他给你说这些。）你必须微笑恭谨，这才算是懂得孝顺父母！他这是苦练内功，他要培养"三月不违仁"。颜回可以做到三个月都不做有损孝敬父母的事情。这很有意思，孔子也有很实际的方面，就说明一个人永远不违仁，很难做到！有的人一顿饭的时间不违，就不错了。古人吃一顿饭要多长时间我不知道，我估计半个小时到一个小时；如果是政治宴会和法国人，估计要四到五个小时。但是，在个把小时之内，对别人态度的注意，也可以看出一个人来。人性有时候由于自私、由于对各种事的计较，不关心别人、不照顾别人，也会是这种情况。但是，大体说来，要做到三个月不违仁不容易，可以反映出一个人来。所以，孔子提出"色难"命题，要非常注意自己的面色。

中华传统文化还有另一个词，叫"面目可憎"。中华民族历史上早有面目可憎的问题。现在我们有的官就是这样，到了一个政府部门去办点事儿、问个话,他脸难看,他面目可憎!还有一种面目可憎是他摆出一副高高在上的样子,压制别人,说的话又是陈陈相因,一句通情达理的话都没有,也是面目可憎!所以,我认为,从2500年前讲到现在,消除可憎面目是我们面临的历史重任。

首先,我们不要把自己的面目搞得那么可憎。希望孝发展而为忠,其理自明,勤于自律;悌发展而为恕,"推己及人"以及我们身边的人,"己欲立而立人,己欲达而达人",顺理成章,不由得你不喝彩;由小及大、由近及远、由内及外,"郁郁乎文哉"(这是孔子称颂周礼语),真丰富啊!真美好啊!真文雅、真斯文啊!

孔子说,"吾道一以贯之"。这"一"就是道,"道"就是"仁","仁"就是德——仁义、文化、仁政、礼治。这个"道"是诚意,也是正心;是修身,也是齐家;是治国,也是平天下;是忠恕,也是仁义礼智;是恭宽信敏惠、温良恭俭让;是四维八纲——"礼义廉耻"或加上"孝悌忠信";是四德——"恭敬惠义",是克己复礼、忠孝节义,也是浩然正气,还可以加上一切中华美德。一通百通,一美俱美。从这个意义出发,孔子有如下一些重要主张:

首先是"正名"。基于汉字的综合信息量,培育了后世的看重"整合"、不顾及细节的方法论。除少量外来语外,"命名"就是定义、定位,既是期待,又是价值宣示;"命名"就是人们对于世界诸人、诸事、诸物的认识、把握;"命名"就是认识世界;"命名"就是治理、安排、拿捏,名中有义、名中有理、名中有礼、名中有分。"正名"就是整顿纲纪、名实相符,就是政策待遇确定,就是君君臣臣、父父子子,就是有道、有章法、有秩序、有规律、有整顿、不乱规矩。不仅孔子如此,老子同样强调"命名"的重要性,他说"无名天地之始,有名万物之母",无名就等于无万物之母,无名即无万物。

"名"是什么?"名"是对世界的认识,人们认识世界之始。直到 1949 年后,我们仍然极其重视"命名",比如,人民与国民的区别,敌我友的区分;例如,姓"社"姓"资",例如给"地富反坏右"戴帽子、摘帽子,敌我与人民内部矛盾的结论,例如"左"、"中"、"右"的区分。有的人干了一辈子革命(我说的是"文革"后期),快被逼死了还在苦苦地争取一个"人民内部矛盾"的"名";有的人为了争当"左"派而不惜兵戎相见……这种思路,外国人怎么也捉摸不透。外国人问过我,说:"什么叫给'右派'戴帽子?怎么戴?"他就弄不明白。我说,"你生在中国,就会明白了",学习《论语》就会明白很多。这是关于"名"的问题。

第二,就是君子和小人的区别。这一点对孔子来说非常重要,这也是个比较大的问题。孔子对社会大体上是两分法:一部分是"治人",即权力体制中人;一部分是"治于人",即被管理者。从社会地位来说,君子是权力中人或候补权力中人,对于权力中人的文化要求与道德要求，当然要比从事生产劳动等"鄙事"的民人要高。"君子不器"、"君子喻于义"、"君子周而不比"，君子讲求的是义理，是原则，是大局，是世道人心，不限于教条与具体行业；而"小人喻于利"，小人看得见的只有实打实的眼前利益。"君子和而不同"是真"和"，"小人同而不和"是假抱团的宗派、山头、黑手党之类，坚如磐石的团结假象一朝败露，"树倒猢狲散"。君子之争，争起来也是彬彬有礼；小人之争，无所不用其极。"君子坦荡荡"，正如故宫里皇上题的字，到处是"正大光明"，透明度一百一。皇上最痛恨的就是底下的臣子跟他斗心眼、耍诡计。"小人常戚戚"，小人鼠目寸光，不会自我调解，小人多是低级性恶论者，他们感觉到的永远是轻蔑、妒恨、阴谋，不是他嫉妒、坑害或蔑视别人，就是别人嫉妒、坑害、蔑视他。

　　孔子提出了那么多美好的东西，但是他对小人的研究也很透。孔子最关注言与行，他对小人的研究，有他的说法。孔子对小人的论述，可谓是人情练达、世事洞明："同而不和"，"言不及义"，"巧言令色"，"小人穷斯滥矣"，"小人之过也，必文"（孔子引用子夏的话）。他说，小人犯了错，来回掩饰；君子犯了错，自个儿就改了（"君子之过也，如日月之食"——子贡语）。"不仁者不可以久处约，不可以长处乐"，你跟小人在一块，你老过简朴的生活，这小人受不了；你跟他一块过幸福的生活，小人也是受不了的。你天天幸福、天天祝愿他，他反倒难受，不知道出什么事儿了,孔子对世态人情知道得相当多。孔子谈起小人来,眼里不掺沙子,读之甚奇,"申申如也,夭夭如也",一副绅士派头的孔圣人从哪儿了解那么多小人的事情?

　　所以,我们可以说,孔子不温不火、不装腔作势、不花言巧语,也绝对不是个书呆子。孔子讲学习,讲的是"温故而知新"、"举一反三",他很重视你自己对知识的消化。他还讲"学而不思则罔,思而不学则殆",非常善于用自己的头脑去观察事物、观察世道人心。朱熹就说,"君子小人所为不同,如阴阳昼夜,每每相反"。儒家融汇诸子的道德文化批判小人的低俗可悲,君子和小人之间的区别就不是社会地位的问题,而是文化教养的问题。本来君子、小人的区别最早指的是社会地位,在经过儒学的检讨以后,更多的是一种文化教养的问题。君子与小人之说,不利于民权平等观念的形成,但是,有利于保持权力系统中人的精神面貌——精英群体的先进性、示范性,对于中国这样一个超大的、发展极不平衡的国家,对于实行精英政治,集中权力治国理政,它有相当实惠的合理性和可操作性。因为一想到你是参加国家治理的君子,你对自己的要求就要高得多,你不能跟小人一样,不能言不及义。你不能随随便便去弄,你不能表面上跟人家都团结得很好,实际上背后钩心斗角,谋自己的利益。所以,它对参加治国理政的人来说,它有种善意性,让他们对自己有反省的要求。

　　这样的君子小人之说,还有被民人所接受的便利之处:

一、你的权力来自道德文化，而不仅仅是世袭、血统、异兆、武力，老百姓对那种说法好接受。不是说你出生的时候，房顶上金光万道，不是源于你是大人物的后裔，是源于德行，这老百姓要高兴得多！二、如果你的道德文化记录太差，你就成了不道德的"昏君"、独夫民贼，民人就有全部权力颠覆你（我们讲"水能载舟，亦能覆舟"）。有人认为，"以德治国"就是让老百姓都有文化。但是，我们要看到"以德治国"的方法，还要加上一个权力掌握者的德行。你的统治到底记录如何？如果你的道德记录太差，你会被扣上不道德的"昏君"的帽子，你的属下就很难顺从！

第三，强调道德文化修养，开通君子与小人的交通路径，缓解、疏通君子与小人间的阶级对立，为后世的科举制度打下了思想基础。

第四，强调君子与小人的区别，对推动道义、增强读书、好学尚义有帮助。那么下面有个问题：孔子怎么劝学？只有通过教化与学习，才能培养出文质彬彬、继承斯文的高尚一脉；才能继绝学，也才能有望于开太平。孔子提倡学习方法时说过，"温故而知新"、"举一反三"、"见贤思齐"、"见不贤而内自省也"。

《论语》中多次讲到"自我反省"的重要性，古人"三省吾身"。孔子很厉害，这一点像基督教所提倡的忏悔，比忏悔的说法温和、中庸些，不那么刺激、煽情、诈唬、施压。后世到我们这儿，我们自己发展了一个高大上的说法——"自我批评"。我们今天提倡的"自我批评"和孔子的主张吻合。孔子还讲"三人行，必有我师"，时时都要讲礼义忠信。孔子讲在生活中学习、向德行高的人学习和联系自己的实际学习。它与死记硬背、生吞活剥的"寻章摘句老雕虫""文章何处哭秋风"（李贺的诗）毫不相干，还有诗《嘲鲁儒》，"鲁叟谈五经，白发死章句。问以经济策，茫如坠烟雾"（这是李白的诗），他们嘲笑的是后人没有出息，责任不在孔子！

第五，孔子提倡"中庸之道"，提出各种秩序、各种场合，所言所云都要恰到好处，"过犹不及"。"中庸之道"是对中华文化与孔子的尚一、尚同的重要补充。中国过去没有西方的所谓"多元制衡"的说法（当然，西方是否做到是另外的问题。但是，它的文化有这个理想，叫作"多元制衡"）。中国的平衡往往表现在时间的纵轴上，可称"三十年河东，三十年河西"。

这种"尚一"的传统可能与汉字的表述有关。汉字表达的是形、声、义的统一，尤其是字义，一个字可以涵盖天地、包容宇宙、吞吐古今、囊括兴亡，而且有着极为精妙的结构。汉字是口语的书面化，而且有时是文字的精粹化、神圣化、终极化、宗教化。越是大人物越愿意用一个字或词来表达一切真理，字越单一，解释起来就越无限。更重要的是一元化、简约化才能去除纷乱、阴谋、争夺、颠覆等。所以，从这个字义无限的问题来讲，天下唯一呀！真正的语言文字，没有看得太清楚的事，只有

"一"却缺少"多"的合理合法地位,也不是好事,它会使矛盾潜伏,负能量积蓄,酿造更大的灾难。

除了"尚一"的传统,最高的理想是"世界大同"。说大同世界是"大道之行也,天下为公",说大同世界共享一切利益、理想,这是"仁者之风",一切的"一"和"一"的一切。也许,圣人看到异化的危难,看到"同"的"不同",还强调"同",强调"不为"、"适可而止"、"恰到好处"、"留有余地","和而不同"还是很漂亮的"中庸之道"。

"中庸之道"的另一个方面就是"一颗仁心,两手准备":可以知可以愚,可以进可以退,可以用可以藏,可以显可以隐,可以独善其身也可以兼济天下,可以怀大志、修齐治平,也可以带着友人、学生春游沐浴、舞蹈吟唱。"莫春者,春服既成,冠者五六人,童子六七人,浴乎沂,风乎舞雩,咏而归。"这是《论语》当中的话。孔子最喜欢的就是暮春之初,"童子六七人"出游,这就是对立统一。他自己不做官,而带着朋友、学生春游,这就是"中庸之道"的进一步发展。我们多半知道老庄精通辩证法,却也应该知道孔子的"中庸之道"的辩证法。孔子很多地方都讲过这一类的话,这是"一"。

孔子说,"邦有道,则知;邦无道,则愚"。又说,"邦有道,则仕;邦无道,则可卷而怀之"。什么意思呢?说的是:好好地治国、理天下,做个圣人;世道太乱了,你就要卷而藏之,知道情况不妙,最好把自个儿卷起来,将来才有机会治国。孔子这想法很有意思!

清末以来,社会矛盾高度尖锐化、严重化,几乎没有给充满危机感的国人留点中庸、中和、中道的空间!"五四"以来,人们对"中庸之道"厌恶,甚至认为是不阴不阳、不男不女的各种乡愿嘴脸("乡愿,德之贼也")。尤其在革命发动、抗敌惨烈的年代,你再讲"中庸之道",给人的感觉是逃避责任或者狡猾、市侩。

自孔子以来,《论语》流传了两千多年。流传当中,谁能保证孔学不走样、不被歪曲、不被利用?流传得太久了,既是好事也是坏事。被接受、被膜拜、被高歌入云到那个程度,如果不是孔子而是别人,弄不好会变成邪教!幸亏是孔子,所以把他抬得那么高,基本上还是正派人物。但是,孔子的成功,也是孔子的灾难。这种学说,发达到儒家这个份儿上,全民皆君子、皆儒很难做到。"儒"降低成全民的口头禅与旗号,同时去精英化、去君子化、去学理化则十分可能。大多数歧义都是打着儒家的旗号,这可能谁也没想到。但是,他们会说,"我们引用几句,这个完全可以的"。所以,我说孔子的有些说法,在他的后世名声并不好,如"中庸之道"。

另外,中国文化还有另一点,我们有形象思维的一面。中国太大了,历史也太长了,我们不要忘记中华文化里还有另外的和斯文、仁德、礼义恰恰针锋相对的一面。就比如说,"舍得一身剐,敢把皇帝拉下马"、"马无夜草不肥,人无外财不富",

一些贪官就是如此。再如"量小非君子，无毒不丈夫"、"先下手为强，后下手遭殃"，如此种种带有流氓气息的文化。所以，这个事儿不是那么简单，不是说大家都信仰孔子了，就都变得斯文了，没那么便宜的事！承认中间状态有多种选择，才能理解"中庸之道"的意义。"中庸之道"恰恰是非专制主义、非独断主义，具备一定的灵活性、生动性标准。

孔子一方面尚一，同时又强调"和而不同"、"和为贵"，强调"无可无不可"。这话太重要了！孔子讲"道"，讲从商朝到周朝过渡的时候，一些大人物、名人，对这件事有不同的选择。有的是为了自己的尊严宁可死掉，如伯夷、叔齐；有的是采取折中、妥协的方法，自己的尊严可以委屈一点，但是尽量造福于人民，为老百姓做点好事，这是第二种；第三种就是干脆退休，到山野之中，他也不参与西周这种体制，这样他可以说点不同的话，可以说点带刺儿的话，上边也不管他。他说，这三种可能都过得去，他并不是必须死掉。他说："我既不是伯夷、叔齐，随时准备饿死、绝食而死，也不是立刻就准备妥协，做点什么对人民有利的事，还不是准备自个儿回乡野，自个儿喝杯酒就慢慢了断。他说，我无可无不可，所以我可以有很多选择。"这对孔子来说也是一个非常重要的观念。

第六，除了尚一、尚同，还有尚礼、尚文，文质彬彬的人方能"中庸"，心浮气躁只会"中"出一个无耻无勇的低俗之庸来。

为何尚文？因心性需要文明、文化、文艺、文学的滋养、陶冶（"不学《诗》，无以言"，这是孔子的话）。《诗》三百，一言以蔽之，就是"思无邪"（"乐而不淫，哀而不伤"是孔子说的）。"《诗》可以兴，可以观，可以群，可以怨"，孔子强调要修齐治平、治国理政，要靠文化。中国国情只有好好读《论语》等古代经典，才能免于精神匮乏。

第七，为历史文化创立新的规范时，"礼之用，和为贵"就是以"和"统一，不是用法的惩罚、暴力，而是用和气的、礼貌的、文化的熏陶来规范民人的行为。

这些听起来多么优雅、多么理想、多么高明！想想看，绝大多数人都斯斯文文、彬彬有礼了，还要严刑峻法、打板子、砍脑壳干什么？法治，不能不威武、不恐吓，礼治却温馨喜悦、甘之若饴。

礼法中更重要的是祭礼，表达对先人、对祖宗、对天地、对生死、对生命链、对历史和传统、对久远的以往，也包含对亡灵与彼岸世界、"形而上"世界的敬畏崇拜、深情厚意。祭祀培养的是"慎终追远"的厚德与担当，这里已经饱含了宗教情愫，却又延伸为当下做人、做事的道德规范。

尚一、尚同、尚文、尚古、尚中庸，这"五尚"是我们中华文化的一个特点。那么现在，我再谈一下孔子是不是主张复古，为什么主张复古。

孔子强调的是周礼。一个朝代、一个政权、一种体制、一种学说在它最初建立的时候，往往会有动人之好处。否则，西周如何取代殷商，武王如何取纣王而代之？北京有个低级的俗话，叫"新盖的茅房三天香"，话糙理不糙。世上压根儿就没有完美无缺的体制运作与王权管理，时间长了，难免暴露出缺陷、问题，渐失新鲜感、敬畏感、认真感，渐显言行不一、口是心非、形式过场、陈旧呆板、虚与委蛇、酱缸粪堆（这是鲁迅，也是柏杨说的话，中国文化有一部分属于酱缸粪堆一样的糟粕）之类的弱点。孔学里边，礼数不缺，后世却已渐渐现出如《红楼梦》中所说的"下世的光景"，即腐烂透顶，摇摇欲坠。伟大中华从孔子时代到现今，一直有人动辄叹息：世风日下，人心不古。我一辈子听到的就这句，我从上小学的时候，老师就在黑板上给我写了八个字——"世风日下，人心不古"，现在也有人这样说。与其说是国人复古、保守观念是从娘胎里就带过来了，不如说是我们的理念与制度缺少更多的挑战和与时俱进的发展所致。

孔学的主张，在我国实践如何呢？遭遇又如何呢？

想想看，只要不觉得孝亲与悌兄有多么艰难遥远，恕道也就近在咫尺，忠也离我们不远，宽厚自然而然地造就，知耻之勇油然而出，恭谨礼让理所当然，廉洁与高尚成为风气，道义之心压缩逐利之心，"君子坦荡荡"的斯文抵挡得住所有的卑俗、凶恶、敌意与乖戾，顺着这个思路想下去，便不免心花怒放，三呼"圣人大哉"——世道人心化险为夷，政治秩序化逆为顺，世道风气化浇薄为朴厚，处处谦谦君子，再现温良恭俭，权力惠民，百姓忠顺，君臣相得，邻里相助，阴阳调和，这就叫作"天下归仁,斯文济世"。

这样"天下归仁"的理想,肯定不会现成摆放,任你享用、讴歌,而要经过努力学习、长进、切磋、琢磨才能真正形成。多读《论语》,温故知新,举一反三,见贤思齐,学而思、思而学,学而时习之,才可领会。可惜的是:这样的梦实现的时候少,望尘莫及的时候多,背道而驰的丑恶行为也不少。

鲁迅指出:"二十四史而多至二十四就是可悲的铁证!"鲁迅这里说的可悲,不仅是中华之悲,也是孔子之悲。人人尊孔、学孔,却硬是出不了"天下归仁"、为政以德、万世太平的美好局面。到了近现代,遇到强力、霸道的"外夷",儒家、孔学更是狼狈、慌乱,无以自处!

孔子的"中国梦",美丽、善良、单纯、精彩、雄辩,是一;他可能还没有来得及去探讨、推敲家国天下的政治、社会、生活中的"非斯文"方面,权力与暴力方面,管理与匡正方面,利益与竞争方面,生产与财富方面,科学与技艺方面,也可能没有顾得上去认知老百姓在历史上的作用,是二。孔子当然不可能像20世纪的毛泽东那样提出:"人民!只有人民才是创造世界历史的动力!"

孔子的斯文理念不是为了写论文、卖弄学问、评职称,他屡败屡战,是要孜孜矻矻建立一个斯文的新世界。孔子的斯文理念,说起来合情合理,正中民人的下怀,而且堪称善良、忠厚、简明、通俗,实现起来却多不顺遂。热衷于政治、军事斗争的各侯国权力系统，看得见的是兵强马壮、克敌制胜，看得见的是粮草储备足够雄厚才能有实力逞强，看得见的是计谋多端而后占先，看得见的是赏罚分明、心狠手辣才能八面威风！孔子的主张，对于急功近利的权力中人来说，实在是替梦中人说的谰语，谁有那个耐心陪你玩呢？

　　不足为奇，文化就是文化，既来自现实需要，也来自理想之梦。做得到的是它的务实性，比如孔子提出的"节用而爱人，使民以时"，就是你要有节制，官家役使老百姓应该在农闲时间，正常情况下多半可行，这一点是可以做到的。没有做到的是他的某些理想，高不可攀。"克己复礼，天下归仁"的为政理念，压根儿就没出现过。没有全面兑现不要紧，只要有一个主张在价值层面上被认同，只要它能唤醒道德、理性、良知良能，能正面影响精神的走向，就算取得了伟大成就。孔子、老子如此，佛祖、基督、苏格拉底、柏拉图、伏尔泰、卢梭、马克思与萨特，也是如此！没有百分之百地兑现过的文化理念，仍然对人心有普遍的积极影响，功莫大焉！有了普遍的积极影响，至少应该算是实现了一半，这就是孔子说的"求仁而得仁"、"我欲仁，斯仁至矣"、"人能弘道，非道弘人"。

　　中国历史上，仁人志士并不少见，少见的是仁政。对于仁心的呼吁与提倡，完全正确也颇有成效，如今还要继续呼吁、提倡。仁政难，说明为政之事要复杂得多，要斯文也要有魄力，要德治也要有法治，要中国特色也要面向世界，要自由、民主、平等、富强，也要爱国、敬业、法治、友善。时至21世纪，一个"仁"字不够用。简单地说一句，从孔子那边学做人，至今很成功，恭恭敬敬、饱经击节赞赏，获益良多。《论语》有处世奇术，更有正心箴言，是中华赤子的《圣经》。

"唐棣之华，偏其反而。岂不尔思？室是远而。"这是《论语》中引的一首诗。说这个花呀，风一吹偏过来，偏过来了又回去，像没有偏过。这么美丽的花，很想念它，可是它离我太远了。孔子说："未之思也，夫何远之有？"他说这个花，离你太远，是因为你没有好好想念它。你好好想念它，这花就在你心里开放了，它哪里会远呢？他用这个来讲美德，他在讲理想。人的理想就像花朵一样，它离你一点都不远，除非你不去想它。你想它，它离你就近。孔子这一段在《论语》里讲得太棒了，这是他自己的理想。

世上的事情还没这么简单。难道我们能够不为孔子的真挚而感动吗？难道我们能不听孔子的话，不去梦寐以求地思念天佑仁德、美好幸福而去同流合污，堕入邪恶、卑下、丑陋、肮脏吗？所以，王阳明曾经说"知行合一"，知道就行了，就是说你有仁心、仁德，乃至孙中山说"知难行易"也出自这样的理解。

以《论语》治国，虽有美意，不完全正确！至于"半部《论语》治天下"是故作惊人之语。"礼失求诸野"，虽然中国历代统治者与士人没有足够地按照孔子的教导治国理政（这一点，读读国学大师陈寅恪的书便自然清楚），但孔子的教导仍然可爱，恰恰是老百姓喜欢孔子的忠孝节义。地方戏、说书、民间故事大都认同孔子的培育美德、匡正世道人心的努力。人们极其重视分辨忠奸，直到追悼周总理、粉碎"四人帮"的时候，我们仍然感觉得到这样一种舆论。人们厌弃卖友求荣、卖主求荣的投机分子，人们认同"和为贵"，乃至大事化小、小事化无，不赞成煽情、折腾的政治讹诈；人们不喜欢花言巧语、假大空的佞人，而是高看有一说一、实事求是的"老黄牛"；人们时时提倡孝道、仁义、"糟糠之妻不下堂"，厌弃翻脸不认人的暴发户；人们喜爱谦虚斯文，不喜欢咄咄逼人、仗势欺人的恶霸；人们喜欢知书明理的君子人，不喜欢蛮不讲理的流氓相；人们赞扬勤俭、刻苦，厌恶懒惰奢靡；人们赞扬清廉，蔑视贪婪，渴望包公，诅咒赃官；赞扬"滴水之恩，当以涌泉相报"，深恶"卸磨杀驴"、"吃谁的饭砸谁的锅"的恶瘟；街谈巷议、网络语言中也常常有古道热肠的舆论出现。

海峡两岸数十年来政治机制的发展与进程并不相同，但在传承、认同同一传统文化基因方面，仍然是亲近的。孔学对中华民族的影响，有一种超强的力量。

历史上，权力系统也渐渐体会到孔子学说对于培养孝悌忠信、礼义廉耻以及维护尊卑长幼秩序、维护天下太平的好处，意识到高举"以义为先"的旗帜比任何其他旗帜更能感动中国。于是，有了对孔子的各种封谥：大成至圣先师、文宣王、先圣等。孔庙文庙从中国一直修到越南、韩国，而我们现在的孔子学院，一直办到欧美亚、非拉澳。把孔子搞得光照太强、太普及了，容易出现紧跟化、俚俗化、寻章摘句化、皮毛化、人云亦云化的毛病。庸才遇到至圣，头晕眼花，只有诚惶诚恐、不懂装懂的份儿，却不能有所发展、有所创造、有所更新、有所接力，结果是，抬了孔子，也害了孔子。这也只能问责于后人，而非孔子本人！孔子一再声明，他不是圣人。"若圣与仁，则吾岂敢！"孔子说，他不是"生而知之"，他不是圣人。

《论语》丝毫没有遮掩孔子的被嘲笑、被指摘的经历。唐玄宗怎么看孔子？他看到的是"叹凤嗟身否，伤麟怨道穷"，而李白看到的却是"我本楚狂人，凤歌笑孔丘"（《论语》上有记载，楚国一个叫接舆的人，唱着歌从孔子车前走过，劝说他不要热衷政治）。从这个方面来看，他却是巨大的成功，他的幸——斯文之一脉其实是胜利完成了，辉煌至今，前无古人，很好！但后无来者，可惜！前无古人，这个好理解。后无来者，让我们后人听着都惭愧！这可能与他提倡冲劲儿、闯劲儿、提倡创新、竞争不够有关。他的斯文使命的完成，仍然是当下完成，不是永远无虞，不是万能神药。

他的理想虽远未实现，但为中华民族文化的构成与凝聚、延续打下了基础。没有孔子所代表的斯文一脉，我们能过得去北方游牧民族入主中原这一关吗？我们能过得去1840年后"人为刀俎，我为鱼肉"这一"生死存亡"的考验（孙中山语）吗？他留下了理念与智慧，即使悲观者也念念不忘中华文化的伟大美好，即使"数千年未有之变局"（这是李鸿章的话，后来陈寅恪用这个话来写"近代化"一词），我们还是不变的中国心。"夫子言之，于我心有戚戚焉？"（孟子语）什么是"戚戚"？"戚戚"就是我们在逆境中的爱国主义！

一直到21世纪，在经历了那么多质疑、反思、批判、攻击、嘲笑、抹黑之后，孔子仍然屹立着、美好着、可爱着、被关注着，也被发挥着，而且他没有什么特殊的超人事功，只因为他坚持不懈地奔波劳碌，给了天地以心灵的爱憎美丑，给予一代代中国民人以价值向导，或有瑕疵，仍大有可取。他扮演了几千年中国文明道统代表人物的角色，他成为中华文化的主要基因，极其重要。发展到今天，难免有些元素发展成了有争议的"转基因"。但是，他在今天仍然是发掘民心民智的重要精神资源。他生前身后屡经危殆，大难不死；今天，形象依然纯粹干净，语言仍然精辟动人，乃至精彩绝伦。谁能与他相比呢？他靠的是人格和智慧，还有他的七十二个弟子。即使用21世纪的CT机对孔丘进行体检，找出来诸多令人痛心疾首的病灶，这又有什么可说的呢？难道不是他历经2500年没有退色的教益更令人惊喜吗？

我们在1919年有过振聋发聩的"五四"新文化运动，我们痛心国家的积贫积弱、愚昧无知；我们迁怒祖宗和痛批中华传统文化男盗女、女盗男，"一肚子男盗女娼"的虚伪性；我们揭露二十四史的"吃人"本质；我们提出过"打倒孔家店"的革命口号；我们投身铁与血的革命斗争。以毛泽东和延安为代表的革命文化，在艰苦奋斗、英勇牺牲、壮怀激烈、勤俭节约、以民为本、自我批评、谦虚谨慎、顾全大局、忠诚老实等多方面继承并空前地发扬了传统文化的精华。而在阶级斗争的高潮中，我们曾视"温良恭俭让"为草芥，视儒家为反动，正是狂飙突进的风潮，使我们的传统文化受到了数千年来从未受到过的、最迫切需要的挑战与冲击，孔学受到一次脱胎换骨的洗礼，孔子等诸子百家的学说置之死地而后生。"艰难困苦，玉汝于成"，我们的国家历尽艰辛、曲折坎坷，改革开放后才迈开了社会主义现代化的大步。

新文化运动与革命文化也使人们看到：仅仅一个孔子的学说，不足以完成提供中国现代化征程所需精神支撑的任务。我们必须汲取数千年历史上一切精华，更新、完善我们的民主、自由、平等、法治、科学、真理、价值、方法论、逻辑学等诸多观念；必须汲取人类一切先进文化成果；必须汲取历史唯物主义与科学社会主义，并使之本土化。不了解传统文化就不了解国情、民心，脱离国情、民心，就必然碰壁。但是，不改革开放、发展现代化，也只能向隅而泣，乃至被开除"球籍"（是开除地球的说法，此语出自毛主席）。只有实现传统与现代对接，我们才能从容、自信地面向世界、面向未来、面向现代化，从而超越百年煎熬、百年磕磕绊绊，做好中华民族的现代化转型，从而更好地传承、激活、革新与弘扬我们的传统文化、"五四"新文化和革命文化，拯救、优化我们当今的无法不令人为之忧心忡忡的世道人心，创造、建设当代生机勃勃的中华文化。

我们今天仍然提出"以德治国"与"依法治国"相结合的历史任务（"以德治国"，咱们这几十年来，在中央的文件里边，我看到过的只提出过三次：第一次是在上个世纪，一次中央宣传工作会上，江泽民同志讲过一次，后来好多年文件里边没见过了。但是，在十七届六中全会，关于文化体制改革的决议，提了"以德治国"与"依法治国"相结合。还有一个就是刚刚过去的十八届四中全会上，有"以德治国"与"依法治国"相结合）。我们越来越将弘扬中华传统文化的使命唱响，我们拥有"五四"新文化运动的成果，虽然走过不少弯路，但我们珍惜人民革命的胜利。我们骄傲于改革开放、中国特色社会主义现代化的长足进展，有信心把博大精深，其实曾经困难重重的中华传统文化发扬光大。这是中华民族的胜利，也是人类一切科学文化成果洋为中用的胜利，还是以孔子为代表的中华传统古为今用的成功，是我们的古老文化实现创造性、现代化创新转化的胜利。

我们提倡传承与弘扬传统文化精华，不是为了复"古"、复"民国"；不是皮相地穿戏装、背诵开蒙《三字经》；不是为了贬低新文化与革命文化；不是敝帚自珍、闭目塞听；不是只为了给孩子们、弟子们立百依百顺的规矩，却忘记了更重要的是要给老板们、家长们立规矩。现在，孔子很简单的看法，你能多理解一点吗？一看《三字经》、《弟子规》，高兴得不得了，中国有这么好的规矩呀！这把打工仔都管住了。所以现在，各个私人企业要求按照以前的《三字经》和《弟子规》立规矩。但是他忘了，给自己树立一个老板的规矩！我们不能停留在《三字经》、《弟子规》那个阶段。《三字经》、《弟子规》里头有好的东西，也有不好的东西，是吧？我们先说《三字经》、《弟子规》缺少维权的问题，缺少对儿女们的照顾，缺少对儿童的人格尊重等。所以，像这些问题，我们要完善。

现在还有一种说法，说中国传统文化好得不得了，它让共产党这么一闹，闹坏了。你怎么不看别的，怎么不看《红楼梦》？《红楼梦》里边，谁按孔子的教导办呢？只有贾政这么一个人，口头上按照孔子的教导办，是不是？那个《红楼梦》里的男人里头，哪一个按照孔子的教导办？女人更不按。

所以，是我们的传统文化碰到了极大的困难，尤其是面对西方列强的时候，是革命挽救了传统文化。我们设想一下，如果中国现在是处在八国联军侵华的时候，如果中国现在是面对甲午战争、刚刚被日本打败的时候，好多人大讲孔子。你说，这是不是汉奸？是不是？这种环境下，你怎么不考虑整顿武备、发动人民群众起来自救？你跑这儿来讲"斯文的优胜"？你应该讲革命的优胜，应该讲军舰的优胜，应该讲现代工业的优胜，应该讲洋枪洋炮武装起来的优胜。

最后，今天我们讲传统文化，是为了丰富我们的精神资源，优化我们的世道人心,并不是为了复"古"。我们要做的是充分发掘我们这样一个大国、古国的精神资源,匡正与充实世道人心,使我们不仅在物质层面,而且在精神层面全面、丰饶、自信、心心连通地创造新的历史,实现中华民族的伟大复兴,当然也包括文化复兴、文艺复兴!

好,我就讲到这里!

("中华文化四海行——走进云南"时代前沿知识讲座,柳文崇根据录音整理)

老子的魅力

大家好！今天来到人民大学，尤其来到人大的国学院说老子，使我非常地忐忑不安，因为我不是研究这个的，我是写小说的，而且我的小说是《青春万岁》，突然到这讲起老子来了，显得有点串行，但是算是在这凑个热闹吧。近两年被朋友所怂恿，写了有关老子的书，也在电视台上做了一些比较通俗的讲解，算是过去讲的"青春作赋，皓首穷经"。我在《新晚报》副刊发表了一首旧诗，鼓励自己，第二段一上来就是"青春作赋赋犹浓"，这个"赋"还挺浓，并没有淡，今年我还发表了两篇爱情小说。紧接着，"皓首穷经经自明"，"穷经"的"经"本身应该是很明白的，所有的经典都是活的，如果经典不活了，就很苦了。我们之所以承认它为经典，就是因为经典比较长寿，现在看来也是活的。我们把《老子》当作一部经典，因为它仍然保持着生动性、鲜活性和灵动性。

我主要讨论三个问题：一是，从道家来讨论中华文化中的终极关怀问题。二是，从老子相反相成的观念来讨论中国人变通和通变的思想。当然现在更流行的是称作"辩证法"，但是辩证法这个词，首先它不是中国固有的，而且比较意识形态化。《老子》是辩证法，但又不是我们一般意义上理解的辩证法，它是一种我们称之为"机变性"、"智慧性"的通变。三是，从老子的名言来看看《老子》的文学性。

一、先说终极关怀。

中国文化是一个极具延续性和包容性的非常强的文化，但是我们并没有一个非常统一的、非常认真的甚至带有强制性的这样一个民族的宗教信仰。相反，在中国的民间，对于宗教持有一种实用主义和机会主义的态度。比如没有孩子就去拜送子观音，急着发财就请财神爷，腊月二十三灶王爷上天。但是也有另一个方面，即重视终极关怀。老子非常重视终极关怀。根据是什么？《道德经》一上来就说："道可道，非常道；名可名，非常名。无名天地之始。有名万物之母。"世界上许多国家，尤其是宗教，他们的终极关怀的思路就是为世界寻找主人，用英语来说，就是 lord，my lord 就是 my god。人作为个体很可怜，千差万别，有许多困惑，还有生老病死。因此他们希望找到一个主人，即找到一个有意志、有人格的大神。这个神其实是一个概念，在西方我们进入教堂，可以看到耶稣的像，还有他的十二弟子的像（本来是十三个，但是犹大背叛了，所以不算）。甚至还可以看到耶稣在人世间的父亲若瑟的像。上帝是一个概念，所以不能有像，他要是有像，那就麻烦了，他的脸该长什么样？捷克作家米兰·昆德拉写的《生命不能承受之轻》在中国发行量很大，他提到一个问题，"耶稣大便不大便？"这一个问题就在欧洲神学界争论了几百年。还有《达·芬奇密码》里边的问题："耶稣结过婚没有？"这本书坚持认为耶稣结过婚，他老婆是抹大拉。当然，有人说抹大拉并不是她老婆的名字，而是出生的地方。总之，就会出现这些问题。伊斯兰教更是反对一切形象，认为真主就在人的心里，真主无所不在。所谓神的概念和主的概念是一个终极的概念，同时也是一个人格化了的概念。

老子所寻找的"道"也是一个终极的概念，但是它是一个非人格化的概念，是一个本质化的概念，老子寻找的不是主人。因为《道德经》讲了，"道""生而不有，为而不恃"，世间万物从道产生，但是道并不把它们看作己有，而是让万物自然而然地发生发展变化。"道法自然"，什么是自然？自然说的是自己运动，自己如此，自己这样，自己变化。所以"自然"并不是一个名词，它要求的是一个本质的终极，这和要求一个主管的终极概念是不一样的，在某种意义上要比那个主管的终极概念更高明。"天地不仁，以万物为刍狗"，不仁，反过来就是无不仁，因为它不想戕害万物，也不想用那么多的仁义道德来限制你，你该怎么发展就怎么发展。

"道""玄之又玄，众妙之门"，它太抽象了，太概括了。据庞朴教授的考证，他说"玄"实际上是从水流的"漩"演变而来,水往下转之意。老子就是从这些方面来探讨世界的本质。这对人相当重要。我在一个地方谈论历史文化学的时候,临时请了几个听众,我说请你们用一句话来说你对世界的感觉。其中有一位就说:"奇妙,这个世界真奇妙!"还有一位说:"伟大,世界真伟大!"人多渺小啊,世界在空间上是无穷的,在时间上是永恒的,而且非常神秘,既不知道是怎么来的,也不知道会往哪里走。如果说世界是膨胀的,那么就会思考世界刚开始只有一点,然后慢慢膨胀,产生了很多个银河系。有人说世界是无穷的,有人说世界是枯燥的,也有人说世界是美丽的。只要我们有对世界的这种概括本质的感受,不管是什么,都会和老子说的"道"相连接。世界从本质上来说是"道"。这个"道"怎么理解都行,"道路"、"道理"、"规律"、"本质"、"起源"、"归宿"、"无所不包"等都可以。如果你感觉这世界是伟大的,那很好。因为"道"本来就是伟大的,它铸造了"有";铸造了"无";它铸造了兴盛,也铸造了衰落;它产生了盈满,也产生了亏损。你认为这个世界是神秘的,它当然就是神秘的。你不可能永远像掌握一个具体的东西(比如一个包,一块手表)那样来掌握它。对于"道",我们不能把它摆出来,说"这是一个道"。如果你说"道"无情,道当然有它无情的一面,世界上那么多东西在变化。你说你感觉到"道"非常的温馨,真好,真幸福,那也对。大化流行,生生不已啊,它的本质就是这样。这就是一种对"道"的本质化的理解和认识。

伊斯兰教说，真主有九十九种美德，所以他有九十九个名字。真主是安拉，但是他还有其他的名字。老子的"道"没有九十九个名字，但是我统计了一下，跟"道"相关的词，有二十多个。在《道德经》五千字里边，讲得最多的是"天"，其次是"道"，第三个是"大"。然后是"朴"，"朴"就是原生，是起源。从起源上看本质，从某种意义上说是符合科学的道理的。从生命的起源上来考虑，如从单细胞生命来考虑，由此看到有关生命的许多现象，比如新生与死亡，等等。《道德经》有个地方说："字之曰道，强为之名曰大。大曰逝，逝曰远，远曰反。""大"是说道无所不包，而"远"是说道是永恒的。人是很厉害的，思想很复杂。我曾经说过，仅仅一个构建反义词的能力，就使人从有限的概念里产生了无穷的概念。人是有限的，如美国很强大，但是有经济危机，阿富汗问题也解决不好；苏联很强大，但是苏联已经不存在了。一个伟大的政治家和领导人，是很了不起的，但是也有出生和灭亡，有上台和下台。所以我们充满了对于有限的具体的感受，但是构建反义词的能力，使我们想到不但有有限，而且有无限。我们有无数的经验是关于短暂的，但是构建反义词的能力，使我们在短暂之外知道了永恒。老子还说："视之不见，名曰夷；听之不闻，名曰希；抟之不得，名曰微。"这就从另一面来谈论"道"了。尤其是他讲："道之为物，惟恍惟惚。惚兮恍兮，其中有象；恍兮惚兮，其中有物。窈兮冥兮，其中有精；其精甚真，其中有信。"日本人特别欣赏这一段，认为这段话完全符合关于宇宙的生成和地球的起源的讲法。在最早的时候，这个世界没有定形，没有定量，也无定性，它是似有似无的，是混沌一团的。你说老子的头脑是怎么琢磨出这个的，不可能来自实验室，不可能来自图表，不可能来自天文望远镜。我们无法解答。

我们中国人非常重视我们的文字，非常重视"名"。"名"有各种说法，按照我的说法，"名"就是概念的归属。有了概念的归属，才能解决其他问题。同样一个东西，给它不同的定名，就是赋予了它不同的理解。比如说，你在自己单位碰到一件非常不顺心的事情，本应评上教授但是没有评上，那么如何命名这件事情呢？一种是"侮辱"，受到了侮辱，很痛苦。另一种是"不义"，受到了不正义的、非法的对待。但是我们也可以命名为"考验"，这是领导的考验或者说自己人生的考验，甚至可以名为"笑话"，不屑一顾。

中国文化寻找终极，就是通过命名的方式。我要为终极寻找一个名。"道常无名"，就是这个世界的终极、人生的概括、时间的永恒和空间的无穷，是没有名的，但是"字之曰道"。古代的"名"和"字"是两个概念，比如孙文是他的名，逸仙是他的字，中山是号。名是第一个称呼，字是第二个，号是第三个，可能还有第四个，如别号。我小时候给自己起了个号，叫"孤山上人"。我那时候喜欢画马，画出来就和老虎差不多。也就是说，这个"道"本身并不是它的正名，而是人所起的一个字。当然，这也只是一种说法。我认为，对于许多经典，与其去寻找定解，不如去寻找新的解读可能性，去寻找解读的意义。"道"就是本质，本质就是"道"。如果有人问："到底什么是道？"老子会回答说："道就是到底，到底就是道。"台湾国学家傅佩荣说，道就是究竟的真实。"道"究竟是什么呢？"究竟"就是"道"。"道"到底是什么呢？"底"就是"道"。你研究这个世界、宇宙、历史等，还没找到它的底，底就在道那里。此外别无他处。通过命名来寻找世界的究竟、世界的本质、世界的原初，这对人很有意义。这些问题研究起来对人来说没有直接的用途，如你不能用《老子》来防控流感，但是你的境界和心情不一样，你把个人的渺小存在和世界的本质联系起来了，有一种"伟哉"、"深哉"、"大哉"的体验，也有一种"夷"、"希"、"精微"、"众妙"的体验。让渺小的人有一种永恒的体验，就是苏东坡讲的。如果从变化上来看，世界不过就是一瞬。但是若从不变处看，即从"道"来看，那么月亮也好，江风也好，客人也好，都是永恒的，都在世界上存在过。比如我来到人民大学，讲了一个小时，这一个小时就是一个客观的存在，谁也否定不了。你们不喜欢我讲的，也不能否定我讲过。这种是用本质化的终极去取代人格化的终极，用一种自然而然的终极来取代那种意志化的终极，用这种命名的究竟和根本来取代那种特异功能式的宗教。所有的宗教在原初的时候都和一些特异功能有关，比如说能使哑巴说话，使瘸子走路，使麻风病人康复，使水变成酒以及使死人复活。但是老子不是这样，他是用自己的思辨和名的系统，来缔造和寻觅到了这样一个最根本的"道"。

二、从老子的逆向思维和另类思维（相反相成的观点），看中国传统文化的机变性与智慧性。

老子特别喜欢的，就是逆向思维。在好的事情上，他总是会寻找其中包含的一些负面的因素；他又非常喜欢从负面的东西中寻找好的因素。《老子》中说："天下皆知美之为美，斯恶已；皆知善之为善，斯不善已……是以圣人处无为之事，行不言之教；万物作而弗始，生而弗有，为而弗恃，功成而弗居。夫惟弗居，是以不去。"

自古以来，很多人说老子是在硬抬杠，包括今人，如钱锺书也这么说。"美"就是美，怎么是丑呢？老子不是说美丑相伴而行。为什么说"天下皆知美之为美，斯恶已"？我说，如果从逻辑的观点来看的话，这句话你永远解释不清楚，但是在相反相成的观点中来看就会明白了。比如一个科里边，三个人，要选一个科员出来，每月加十五块钱工资，你说科长怎么办？他首先想的是给自己加。那其他几个人怎么办呢？你加给A，B就会反对你；加给B，A就会反对你。科长一想自己平时也有一些不美的方面。人就是这样，总是看到别人不美的方面。他最不能接受的就是你美，他不美。我们讲公民权利，平等权利，机会的平等，但是美和丑不见得就是平等的，许多东西都不见得是平等的。比如姚明，他打篮球就很好。有的演员非常帅，帅呆了，但并非每个演员都这样帅。所以你一知道了"美"、"帅"，就出现了不平等，会出现"价值作伪"。《官场现形记》中说有一个道台最喜欢的就是艰苦朴素，看到属下的官员的官服上都是补丁，认为此人全心全意为百姓办事。他最烦的就是看到有人穿着新官服，这样的话他会免你的职。于是这个县里的人到处去买旧官服，因此旧官服的价格要比新官服贵好几倍。新官服1000元，旧官服5800元。还有人说，"美之为美"，都认为这个是美，搞时尚化啊。时尚化的美是真美么？可能有内涵么？比如都穿喇叭裤等，这很讨厌啊。80年代我读一位很年轻的女作家的作品，但是后来不知去向了，她的名字是徐乃建，写过一部短篇小说《杨柏的污染》。背景是"文革"以后解决极"左"的政治问题。她写的是那个地方有一些错划的"右派"，他们努力改造自己，辛勤劳动，相濡以沫，日子过得还不错，都在等待着好好改正。这时候上边来了一个通知：你们这里可以评出百分之十的表现好的人，回到城市里去。这一下子就把这个地方弄得再无宁日了。谁无父母？谁无子女？谁不想回家？不管每个人怎么表态——"我要在这改造一辈子"；"我要改造到老，到死，死后还要把我的坟墓放在这，上边写着'努力改造'"——这表态是表态。假设200个人评出20个人回去，这很残酷，很痛苦。假如有一组10个人，有3个表现好的，这3个人先在这里决一死战，但是表面上又不能露出来。于是开始出现明争暗斗，开始出现匿名信和小报告。我的意思是，这个可以反过来，不是说一切价值标准都不能要，如那样，我们也不能评先进，不能评"三好学生"，也不能搞考试了。

老子说："物壮则老。"所以一个有道的人永远不要壮。有人说物不壮老得更快，但是老子这么说，是与他所要解释的对象有关系的。他当时所针对的主要是掌权的人。老子和庄子不同。庄子主要针对的是读书人，主张在精神上要成就自己，读书人不要做自不量力的事情，不要介入政治。但是老子是直接给王侯大臣提意见，就是你不要太逞强，你越逞强就越完蛋得更快。你逞强到了极点就开始走下坡路了。所以老子说"无为而无不为"，这句话很有机变性。这句话什么意思呢？可以从很多方面讲，去体会。"无为"，就是不去做蠢事，不去做实际上没有效果的事情，这样才有利于好事和有效果的事情。我记得上初中的时候，老师就讲，世界有三大难题，这三个都是不可能解决的。其中一个就是用直尺和圆规把一个线段分成三段。其中还有一个就是永动机。不要去发明那永动机。但是至今仍有人在做。永动机在理论上很好解决，一个能量在理论上是不会消失的，但在实际中是行不通的。"无为"首先是不做这些事。另一方面，"无为"其实也是一种"为"，就像传染病的"零报告"也是报告一样。老子的另一段话把"无为"说成是"为无为，事无事"。老子所处的春秋战国时代是纷争的时期，你懂得干一点等于没干的事，这真是太聪明了。我有时候想，儒道是两家，但是有些观点是相通的。我对孔子讲宁武子的一段话就爱不释手。《论语》中孔子讲:"宁武子,邦有道,则知;邦无道,则愚。其知可及也,其愚不可及也。"诸侯国家有道时,我可以参与政治。明君死后,上来一个无道之君,每天做的事情都不合章法,就要退政保身。宁武子的聪明我们可以学,但是他的傻劲我们是学不来的。我说老实话,看过之后,我真是拍案叫绝。我一辈子苦就苦在,有人见了我老是说:"王蒙啊,你真聪明。"我就急了,我说我干了那么多的傻事情,倒了那么多的霉,你还说我聪明,再说聪明我就要上吊了。该聪明的时候就聪明,该傻的时候就傻。我找到过这样一个范例,有个人他耳朵有点不好,凡是开会的时候,他对感兴趣的内容都听得明明白白,而且他还发言和响应;凡是他不感兴趣的,你会后问他,他就说他现在耳朵发炎,听力不好,你说的这些我实在没有听到。领导拿他也没有办法。我在新疆待过,那里有个语言问题,就是维吾尔族和汉族之间的沟通问题。尤其是维吾尔族的农民,如果来个汉族的干部讲话,凡是对他有利的,他立刻就能听明白;凡是对他不利的,他开完会后,你一会问他,他就说不知道,不明白,就跟没这回事一样。《老子》中的这些情况就更多了,他把"愚"当作好事来看。但这是针对统治者来说的,意思是统治者不要太多智谋,不要耍着老百姓玩,不要让老百姓老处在一个被动的状态。《老子》中许多地方都是反着说,如"大成若缺",越是大的成功就永远有缺憾。比如文学就是如此。我们看中国人对爱情持什么态度,"执子之手,与子偕老"。我每一看到这八个字,眼泪就涌出来了,哪能是什么"不求天长地久,只在乎曾经拥有",一听那人就不地道。这八个字一字增不得,一字减不得。《红楼梦》能完美无缺么?它缺的多了,它先缺四十回。所以毛泽东在讲《论十大关系》时,说中国要对世界多做贡献,不要以为自己有多了不起,我们只是历史长一点,人口多一点,还有半部《红楼梦》。毛泽东的原文是"半部",但是后来出的正式的文集都成了"一部",不知道是哪位秀才改的。我说这干吗要给他改啊,这半部更好啊,半部《论语》可以治天下,半部《红楼梦》可以撑起中国的小说文化。半部就可以了,一部这世界还受得了么!真正的大人物也是如此,没有完美无缺的,不管是革命领袖,还是大帝。老子还说"大巧若拙",大的东西和细微的东西不一样,越是大巧就越不会急于表现自己的巧。又说"大辩若讷",一个真正有口才和智慧的人,不像那些口若悬河的人一样,强辩不绝,而是谨慎从容,不蔑人、不轻言、不废话。"大盈若冲"也是一样。真正的充实,就显得空虚。这从穿衣服就很明显。美国越是富豪,人们的服装就越朴素。穿得越好的那些人一般都是推销员。诸如以上的例子非常多,这是中国文化的一个特点。我们不但看到事物的一面,还能看到另一面。不是单向的思维,而是双向的。名将不谈兵,名医不谈药,名将不会上中央电视台讨论战争。战争是各种因素的结果,变数太多。我的很多名医朋友也很少跟我提说该吃什么药。凡是建议我吃这个吃那个的都是不懂医的人。我们最怕的就是赵括谈兵，巡航导弹你也懂，航空母舰你也懂，中子武器你也懂……这样的人非常危险。

这样的特点确实和其他文化不一样。我在德国时认识了一个汉学家，他的妻子是中国台湾的，他们有两个孩子，生活很幸福，结果这个德国人又有了外遇，他们就要离婚。台湾的女子就跟我说，你知道吗，我的先生他能读得懂《老子》和《易经》，德国的冷酷无情，再加上中国的阴谋诡计，这就叫"恶魔"。当然，我并不是说中国人都是"恶魔"，但是中国人脑子比较活，这是真的。20世纪80年代，当社会主义国家都在搞改革的时候，有两个西方政要都说过同样的话，一个是美国的前国家安全顾问布热津斯基，一个是英国的首相撒切尔夫人，他们说苏联等国家的改革非完蛋不可，但是中国的改革完全有可能成功，因为中国有自己不同的文化。我觉得这和中国相反相成的机变思想有关系，这和概念式命名也有关系。我们在一个神圣概念下，可以调整对它的解释，而不至于造成我们精神上的混乱。

《老子》中的有些说法容易造成人们的诟病。比如"将欲歙之，必固张之；将欲弱之，必固强之；将欲废之，必固举之；将欲取之，必固与之。是谓微明"。按朱熹的说法，老子的心最毒。但是他讲的这是兵法。老子在很多地方表达了他反战的观点，他说："兵者，不祥之器。"他不是一个好战者。鲁迅喜欢引用一句话，说是鹰可以飞得跟鸡那么低，但是鸡永远不能飞得跟鹰那么高。有人考证这句话出自《克雷洛夫寓言》。我们可以看到这个世界有这么多相反相成的例子。你要往前冲,先要往后蹬;你坐汽车,门没有关好,你必须先打开然后有一定的加速度才能关住。越王勾践想报仇,他先要把吴王侍候好了,让夫差兴旺发达得不得了,让他的好色欲望也得到了最大的满足。民国时期有一个军阀,他有一个特点,他想整谁就选谁当司务长,因为司务长管财务,让你管上两年后开始查账,一查账查出问题就拉出去枪毙。这就有点"将欲废之,必固举之"的意思。在兵法上,毛泽东就掌握这么一个策略。毛泽东经常搞战略防御,搞大的撤退,比如"敌进我退,敌驻我扰,敌疲我打,敌退我追"。当然老子的这些思路,我们不可能照搬。老子说,柔弱是生命的特点,他说"人之生也柔脆,其死也坚强;草木之生也柔脆,其死也枯槁"。我有个朋友非常不喜欢这个话,他说怎能拿草木的例子来说柔弱的真理。我说你不喜欢没关系,我也没说它一定对。但是他看问题的这个思路和角度,是与众不同的,没有一个人会这么想。坚强当然好啊,比如坚强不屈等,都是好话。但是老子告诉我们,在有些时候使用柔弱的方法能够以柔胜刚,以弱胜强。毛主席讲军事时也经常讲这样的话。老子这种相反相成的观点,尤其表现在大的范畴上,即无和有、祸和福。他认为天下光有有不行,还要有无,没有无,有就没有办法发挥有的作用。他认为祸有可能推向福,福有可能推向祸。这些话都很有道理啊。尤其是关于无和有的说法。现在大家都用电脑,我用电脑的时候就深切体会到无和有的关系。电脑一方面要有许多数据，一方面需要有更多的空间和内存容纳新的数据。我有时候也说老子的这些说法并不能够当饭吃，古人也这么说。从一般的合情合理的规范来说，还是孔子的许多东西受欢迎。但是老子的这些东西不普通，可以调剂和避免你的过失和焦躁，避免你的焦虑，避免你过分的逞强。老子的哲学相对来说是一种低调的哲学，所以我说它是一剂凉药。凉药也可以写成良药，但是最好写成凉热的凉，它去火，比王老吉更好，还能去肝火。他有远见。有些大师讲，老子说的"祸兮福之所倚，福兮祸之所伏"，这些其实是为了自己安慰自己，在倒霉的时候看看这句话，看看"塞翁失马，焉知非福"。我觉得他说得很好啊，人怎么能够不安慰自己呢？人都有倒霉的时候，一个人不会安慰自己，他还怎么活啊，岂不是很容易得忧郁症、焦虑、精神分裂吗？所以安慰自己绝不是老子的毛病，当然仅仅有老子是不够的，我们也还有其他不同于老子的教导，比如"知其不可而为之"，"杀身成仁"，"舍生取义"。老子说："我有三宝，持而保之，一曰慈，二曰俭，三曰不敢为天下先。""一曰慈"，你应该爱老百姓。"二曰俭"，你不要太奢侈。"不敢为天下先"也是对统治者说的。那些掌握大权力的人，对于为天下先的事情，要慎重，不要鲁莽试验。对于统治者来说，这不失为良言。"治人事天，莫若啬"，你不要心太高，治国不是做科学实验。像这些东西，对于增长我们的智慧，尤其是当我们在人生当中碰到了困难和挫折的时候，是很有帮助的。

三、《老子》的文学性。

第三部分，我想讲讲《老子》的文学性。

贾平凹是个很好的作家，相信大家都知道。他说先秦古朴的话变成成语的太多了，孔孟的很多。我的印象是老庄的尤其多。如果没有孔孟老庄，我们现在还怎么说话啊。而且这些东西不仅是一种道理，也是一种文学语言。比如"道可道，非常道……玄之又玄，众妙之门"，这段话是一个文体。我们一提到老子，立刻就想到《老子》第一章这段话。这段话的文体，如果翻译成白话文的话，意思比这个原文要清楚，但是却失去了文学性，也不好背诵。这句话的意思是，可以言说的道，并不是最根本、最恒常的道；可以表述的概念，并不是最根本、最终极的概念，所以叫作"道可道，非常道；名可名，非常名"。但是像刚才这两句话，如果我们用白话文来说，它的感觉和味道就不一样了。它像翻译体，不像《老子》。所以对于语言，重要的不仅仅在于其内容，而且还在于其形式。《老子》中许多话就像绕口令一样，但它和"吃葡萄不吐葡萄皮"不一样，这个绕口令表达的是事物和它本身一致或者不一致的道理。比如老子说："知不知，尚矣；不知知，病也。圣人不病，以其病病。夫唯病病，是以不病。"这像绕口令一样，但是其中包含着事物的相反相成的道理。知道自己有所不知，是上。"知不知"，到底是知道还是不知道呢？这已经很费解了。但是不光是老子这样说，苏格拉底也这样说过，他说："我只知道自己一无所知。""不知知，病也",你本来不知道,你却以为自己知道,这是一种毛病。"夫唯病病"正因为你拿你的毛病当毛病,所以才不是毛病。这种文字的结构,非常有趣味,又写得非常奥妙。用其他的文字你表达不出来这些东西,国学院特别重视古汉语,你若用白话文或者其他文字翻译它,就不是这个味。

"无中生有",这句话也很重要。老子原文说:"万物生于有,有生于无。"而现在我们说"无中生有",是个贬义词。比如你攻击我,你揭发了我什么事,我说这是"无中生有",港台人喜欢说"空穴来风"。但是"无中生有"是从《老子》这句话来的,它说的是普遍真理,不是造谣陷害。

再如,"上善若水",这句话非常的美啊。许多人家里边都挂着一个条幅或者中堂,上边就写着"上善若水"。水和许多东西都有关,如和生动有关系,和清洁有关系,水和空气的质量也有关系。老子说,"水善利万物而不争",当然,老子可能不知道水往下流是由于地心引力的作用,如果在太空,水就不会这样了。

再如"宠辱不惊"。这话太好了。"虽不能至,心向往之",完全做到"宠辱不惊"是很难的。比如会计科通知你下个月升一级,工资长150块,和下个月降一级工资减少80块,你这感觉肯定是有区别的。但是老子有一句话在这里,"宠辱不惊",你一想到老子说过这句话,你就多了一个稳住自己的心,多了一个站立的支点。美国的心理学家说,一个人碰到不愉快的事,只要能掌握着自己,努力做愉快状,第三天你还真愉快了。也就是说，一个人通过自己的努力，可以改变自己的现状。"哀兵必胜"，这个词也有很多使用。一个没有中国传统文化背景的人，他们并不一定认可和懂得"哀兵必胜"。"哀兵必胜"既有实际的考虑，也有道义的考虑，什么叫"哀兵必胜"呢？我是受侵略者，被欺负者，你不让我活，我要取得道义的制高点，或者是灭亡，或者是一拼到底。这样打仗就是哀兵必胜。"以德报怨"，这个词也在用，《老子》原文是"报怨以德"，这句话也非常好。你做了坏事，我并不是也做同样的坏事来报复，如果是报复的话就永远是冤冤相报，永远没有发展。毛泽东在新中国成立初期提到"以其人之道还治其人之身"，这是对反革命分子和阶级斗争来讲的，但是今天我们就不能讲"以其人之道还治其人之身"了。老子说："信者吾信之，不信者吾亦信之。"不管你怎么样，我都相信你。只有以德报怨，这个社会才能太平，才能发展。

"大器晚成"，马王堆帛书中写作"大器免成"。"大器免成"很好，这和"大成若缺"有点像。"大器晚成"也很好，有时候一个人你会对自己有焦躁情绪，比如我们一起上过中学，一起上过大学，他现在已经是一个公司的大老板了，拥有15亿的财产，而我每个月的工资才只有1400块钱。别人就可以劝你："没事，你大器晚成"，你现在才25，等你35岁时就可能会有更伟大的贡献。此外，还有"大智若愚"，"大兵之后必有凶年"，等等。

我还想再讲两句。一个是"治大国，若烹小鲜"。不需要你特别懂，你就想想这句话，就会惊叹老子的智慧，怎么就能想出这么个词来？如果是"治大国，若小鲜被烹"，或者是"若仔猪被红烧"，那会是非常容易理解的啊。20世纪80年代我在文化部工作的时候，有一个法国的总理来中国访问时和中国领导人私下里说到这么一句话："法国有六七千万人，这六七千万人搞得法国政府没有一天能睡踏实觉。我一想到中国有十几亿人，我真同情你们。"他体会到的就是"治大国，若被红烧"。偏偏老子提出来了"治大国，若烹小鲜"。最好的注释是河上公，他说："烹小鱼，不去肠，不去鳞，不敢挠，恐其糜也。治国烦则下乱，治身烦则精散。"有人说"治大国，若烹小鲜"是不要来回地翻动，还有人说是火候不要太大太猛，就这么几个小鱼，火太大就烧没了。这是一种思路。还有的是不解释，自个欣赏就是。"若烹小鲜"，第一是小心谨慎。小鱼到你手里，不能烧得冒烟，冒烟会产生致癌物质，产生煤焦油和苯并芘等。我曾经吸烟，但是后来说戒就戒了。我戒烟的方法和任何人都不一样。我从报纸上剪一些关于吸烟的害处的文字，每当想吸烟的时候，就把那些关于吸烟害处的东西拿出来学习。当时给我最刺激的就是苯并芘，那东西可以使肺烂掉啊。所以一到饭后我想抽烟了，看到苯并芘，就当这口烟已经抽过了。所以"治大国，若烹小鲜"，既是说小心谨慎，又是要举重若轻，这都是很日常的话。治大国也是常理。

还有一句"知白守黑"，黑格尔最欣赏的一个就是"知白守黑"。黑格尔不懂中文,他这样分析,说老子注视着光明,但是却把自己沉浸在了无边的黑暗里。我一想,觉得黑格尔这句话有点阴谋家的味道。比如,我们现在在光明之中,灯光非常亮,假设那边有一位大学者,他不让我看到他,他就在无边的黑暗之中,用两眼瞪着我,看我哪点儿说错了,好找出毛病来。你们说恐怖不恐怖!但是"知白守黑"很妙,不能详细解释,详细解释就没意思了,详细解释就不是老子了。还有,我想起顾城的诗,他说:"黑夜给了我黑色的眼睛,我却用它寻找光明",结果他还没有找到光明,就把自己带进去了。有时候"知白守黑"还让我想起毛泽东说的"卑贱者最聪明,高贵者最愚蠢"这句话。那么"知白守黑"是什么意思呢?我愿意把"黑"解释成"无知",意思是我一直保持着谦虚的所知甚少的姿态,但是却能看到你们在光天化日之下的各种活动。甚至"知白守黑"还能让我想起"冠盖满京华,斯人独憔悴"(杜甫《梦李白二首》),"冠盖满京华"是台面上的人物,而本人却很憔悴,看台面上的人物却很清楚。

老子这些名言既有深刻的哲理,又有它的构词上特别的精炼、简单和想象的空间,它确实发挥了汉字的诸多长处。对于文化的解释非常多,而我的知识非常少,但是我还是喜欢把中华文化首先解释为汉字文化。汉字所带来的不仅仅是一种表达的方式,还带来一种思维方法,带来一种思路,一种整体性和本质性,是中国人特有的一种逻辑观念。老子在短短的五千言中讲了那么多大问题，他的许多话已生活在我们中间，至今保持着巨大的生命力，同时也受到了全世界的承认。全世界有一千多种版本，至今还在翻译。我听说包括咱们的外宣办、国新办也还在资助和推动一些国学经典的翻译。《老子》一书的造句、修辞、发音、押韵都令人惊叹。所以有人说《道德经》是一个哲理诗，是用诗体写出来的，它用的那些词给人一种神仙感，它写的不是一般的叙述问题，而是要把你引向一种终极性。《道德经》中的有些话像经典，像经文，有些话像谶语，有些地方像卦辞，像爻辞，卦辞和爻辞既有高度的概括性，又有高度的灵活性，还有某种陌生性。我们越读老子，越会感觉到汉语汉字跟我们更加亲近。所以我想老子的这些说法虽然很古老，但同时它又充满了非常活泼、非常鲜活的智慧。这种智慧和我们的生活联系在一起，和我们的思维活动、心理活动联系在一起。

这也是我的一个不智之举，本来按我的本行在这里给大家谈谈小说、写作也就行了，结果挑了这么一个题目，姑妄言之，耽误大家的时间。谢谢！

主持人：非常感谢王蒙先生！我想在座的每一位都跟随着王蒙先生的讲座用一种独特的方式领略了中国古代人的智慧。王蒙先生的这个题目，引起了西方很多人的兴趣，西方很多学者对《道德经》都是刮目相看，这一点他刚才也有提到。《道德经》的第一个英译本是传教士里雅格翻译的，之后英译本至少出现二百多种。我觉得里雅格读《道德经》在一定程度上跟王蒙先生读《道德经》有一个很有趣的对照。王蒙先生把他自己全部的人生经验、全部直接的体会都放到了他的解读活动当中，里雅格也把他基督教的背景都放到了他的解读活动当中，所以我们读出很多专事《道德经》研究的人未必能注意到的很精彩的东西。王蒙先生也很累了，但是刚才他表示说还可以留一些时间回答大家的几个问题。下面有没有老师或者同学有问题想请教王蒙先生？

提问者1：王蒙先生，我是人大国学院07级的学生，我想问您一个问题。您讲《老子的魅力》，其中有很多内容是针对执政者来写的，我想问一下国学是不是就是针对执政者的学问呢？对于我们普通大众来说还有什么特别的意义吗？谢谢您！

王蒙：我们一般说的国学就是指中国传统文化，而且主要指古代传统文化，但是我从来不认为文化是可以对立起来的。我个人不愿意把学问分成国学和西学，我觉得弘扬中国传统文化的最好之道恰恰是能使中国传统文化与现代和全球接轨，同时在接轨过程中又要保持我们的特色，保持我们的身份。所以邓小平讲的"面向世界，面向现代化，面向未来"同样适用于国学。我刚才说《老子》是活的学问，意思是不仅仅在两千五百年以前它是适用的，同样在今天仍然对我们有参考作用，同样能够成为我们的精神资源。所以我相信今天我们讲国学和清朝讲乾嘉之类都是不一样的。我有一个小学同学，他提出一种观点，他希望中国的传统文化应该有一种创造性和转换，他的这些说法我觉得都是可以参考的。

提问者2：您好！我感觉《道德经》其实是有一种很正面的思想贯穿其中的，那么我们在解读时如何把它作为一种很珍贵的读物来修身养性，引导我们的行为，而不是把它当作一种消极避世的东西，或在不得志时把它当成一种精神依托？谢谢您！

王蒙：我觉得你讲得非常好。咱们目前需要读的书非常之多，要接触到的思潮也非常之多，《道德经》只不过是其中的一部。《道德经》确实是一朵奇葩，花开得与众不同，也能给我们很多影响，但是仅仅靠一部《道德经》当然是不够的，我们还有那么多的书应该读，包括科学、历史、外语，还有许许多多的新的东西。只有在这个总的格局当中，我们对《道德经》的阅读才不会变成消极、退让、避世或者结束自己生命力的阅读，才会使我们活得更丰满，应对世界的方法更多样。

提问者3：王先生，我有个问题想请教您。我是一个父亲，前不久我儿子他们搞一个节目，叫作《好书育英才》。老师让我们给他们推荐什么书是好书，我儿子才八岁多，但是现在在网络或书店里很多书都是类似快餐性质的书。今天我听了您的讲座，发现您也是中国作家群里的一位老作家，但是还是回到了古代的书里，难道我们只有回到原典里才能找到精神的家园吗？我想请问您对我们未来的文学或者好书物是怎么看待的？应该怎么找到精神的寄托？谢谢！

王蒙：当然在阅读书籍的选择上我们会碰到这样的尴尬，

因为古代的书经过了上千年起码几百年的冲刷、淘汰，能够流传至今的是比较好的书。而当代所出的书首先有一个市场在起作用，所以这确实是一种尴尬。但什么时候都有好书，虽然我对儿童阅读的书提不出很多具体的建议，但是我相信现代的和古代的书都有可读之处。对于一般的孩子来说，我们首先希望他读经典，因为经典经过了考验。其次我认为应该让孩子从小掌握如何使用工具书。譬如一些知识性的东西还是现代的好，一个小孩要学电脑、学外语、学开车，学一些基本的医疗、卫生，或电器使用方面的知识。这些都是书，所以关键不在于古不古，而在于我们所选择书的质量。

提问者4：王先生您好！您是一位具有诗人气质的小说家，十多年前您发表了一篇文章，说您在新疆时有人迫害您，有一个维吾尔族的老人保护您，您问他为什么这么做时，他说一个国家怎么能够缺少诗人呢？我想问您这件事是不是真的？另外一个问题是，我知道您还有一些谈论李商隐诗歌的文章，有些人认为传统诗体不适合表达现代人的情感，您怎么看待这个问题？在现代社会，写传统诗词有没有可能像清代诗词的复兴一样会产生好的作品？谢谢！

王蒙：我是写到过我在新疆劳动时的一些情况，当时是"文化大革命"，我的处境也谈不上好，也不可能有任何的作为。那时一个维吾尔族的老农民跟我说话，他还让我想起了柏拉图，因为柏拉图把诗人和哲学家放在了一个高处。这位老农民说任何一个国家都是靠着三样人来支持的,一个是国王,一个是大臣,一个是诗人。他这种说法很有趣,国王不用说了,要大臣也有,但还需要有诗人。有诗人就是还要有一种精神的影响力。对于第二个问题,现在写旧体诗的也有一些人写得非常好,但是现在表达的手段、文艺的手段、交际的手段太多了,因此,现在不可能再出现像唐诗那种鼎盛的情况。但是这种诗也有许多人喜欢,特别是受到许多老人的喜爱。中国有诗词学会,还有自己的刊物,北京市也有诗词学会。用古典的形式表达现代人的思想感情应该是完全可能的。我写的那些旧体诗词里也许都是现代的思想感情。譬如前些日子议论的聂绀弩,他也是在最处逆境之时用旧体写诗,在以阶级斗争为纲的时代他有两句诗说"文章信口雌黄易,思想锥心坦白难"。"文章"对的是"思想","信口"对的是"锥心","雌黄"对的是"坦白",一个"易",一个"难"。一看到这两句诗,就感到文章要和思想一致。譬如钱锺书在1957年"反右"斗争的前夕,写了一首诗:"弈棋转烛事多端,饮水差知等暖寒。如膜妄心应褪净,夜来无梦过邯郸。驻车清旷小徘徊,隐隐遥空振懑雷。脱叶犹飞风不定,啼鸠忽噪雨将来。"好比双方在下棋,下棋过程中这亮出一道那亮出一道,事挺多,但其实事情换来换去也都差不多。佛家认为人的心有"妄心",像一层膜一样把心覆盖住了,所以应该"褪净"。我们都知道"邯郸一梦",钱先生当时不知道怎么坐火车经过邯郸,所以就不做梦了。这首诗表明了钱先生当时的思想情绪。人和人是不一样的，不可能人人都像钱先生那样清朗，但是这首诗却不是古代的那种诗。清末龚自珍的诗也有这样的特点，看龚自珍的诗觉得他有一肚子的话要说，他既不用学李白，也不用学杜甫，也不用学苏东坡，龚自珍有个性，敢于说自己的话。中国五言、七言古风的生命力依然大大存在，但是毕竟现在还存有新诗，我丝毫不贬低新诗，像舒婷的诗："也许有过一次呼唤，却从来没有应许；也许有过一次约定，却从来没有如期。"她的诗被记载在好多年轻人的笔记本上。舒婷也算伟大，李白也伟大，但舒婷这两句诗李白写不出来。所以中国的五言、七言甚至四言等肯定还会有人作下去，照样还会有好诗，有有血有泪的诗，有非常阔大的诗，有非常清朗的诗（像钱先生那样的），也有非常高雅的诗，也有可以上大土话的诗，比如毛泽东的"不须放屁，试看天地翻覆"，但毛泽东最好的还是他的词，譬如"我失骄杨君失柳，杨柳轻扬直上重霄九"。

主持人：今天的时间有点晚了，其实在座的还有很多老师，不能给大家一个机会，实在抱歉！我们很多人都看过王蒙先生早年写的《青春万岁》，也看过王蒙先生写的《组织部来了个年轻人》，在这我斗胆地说一句，我们希望王蒙先生永远都是青春万岁、青春不老，也希望他永远都像组织部新来的青年人那样到人大来，给我们带来更多的鲜活的思想。最后我们再次感谢他，谢谢！

（根据2009年6月8日在人民大学演讲录音整理）

老庄的治国理政思想

西洋的思潮从某种意义上说带有一种性恶论的因素，它认为人是有原罪的，人是有私心的，是有竞争之心的，是好斗的，而且人的利益是会有冲突的。所以在政治上的一个基本命题叫作"多元制衡"，就是认为人会犯很多错误，但是让人们互相牵制，按照一定的法律、条文、规则、制度，维持一个谁也不能为所欲为的程度。当然，做到没做到是另外的问题。国内出过一本书，是两位在美国的中国人写的，介绍美国的政治制度和政治思想，这本书的题目就叫《总统是靠不住的》，就是你要想办法限制总统。既然总统是靠不住的，那副总统更靠不住了，什么总理、部长都是靠不住的，这是西方的一个基本的思想。

我们中国基本上是性善论，在中国起作用最大的还是以德治国，天下唯有德者居之。这样给封建君王，给封建掌权者的执政以合法性。而且这个德的标准是天，我像天一样有德，所以我是天子，我是奉天承运，我在这儿治国，治国平天下。中国强调的是这个。中国的封建社会没有"多元制衡"观念,中国强调的是一元,普天之下莫非王土,它的资源和权力是高度集中的。但是中国有一个理念的制衡,就是"德"。你虽然是皇帝,但你要有德,如果皇帝失德,就会非常危险,有可能被扣上无道昏君的帽子。要是你被扣上无道昏君的帽子你就会被颠覆,会有人造反。所以说水能载舟,亦能覆舟。

中国的平衡不是靠制衡,而是靠一种德行的自我掌控和约束。另外,靠"三十年河东,三十年河西"的纵向平衡,就是在时间的纵轴上实现平衡。这都是一些非常大的问题,我今天不可能讲清楚,我自己还没有完全学习清楚,仅仅提一下而已。你搞过分了,没人平衡,什么时候平衡?等你死了以后再平衡,你用的宠臣全杀头,你害的忠臣全部从监狱里放出来,官复原职。中国的平衡是一个纵轴上的平衡。在中国这种情况下,对于知识分子,对于读书人,一个是中庸之道,一个是儒道互补,有其积极意义。当然中国的读书人和现代意义上的洋人喜欢说的知识分子不是一个含义,这是另外一个复杂的问题,我也不多涉及。

儒是什么意思?儒承认人和人之间是不平等的,社会必须有秩序,有主从上下之分,有君臣父子夫妻之分。但是要给这个不平等、这个主从的关系树立一个合情合理的规范,不能胡来。父慈子孝,这个父要太不慈了,太霸道了,儿子要真急了也就不认他了。如果是明君臣就忠,如果是暴君臣也就忠不了。

儒家努力树立的是这样一个规范。

老子、庄子不是以德来治国,是以"道"。"道"是什么意思呢?就是自然而然地治国,以人的天性来治国。所以老子、庄子这些人就嘲笑儒学,认为儒学啰里啰嗦、劳而无功,认为儒学不自然、伪饰。老子说"六亲不和,有孝慈",本来家里父母、子女、兄弟姐妹的关系很好,哪里用讲孝慈?不用讲。六亲不和才有孝慈,国家非常混乱的时候才考虑谁忠谁不忠。这是老子庄子他们对儒学的批评。

老子、庄子还举了一些很可笑的例子。他们说儒学宣扬的那一套是螳臂挡车。春秋战国时期,中央政权是东周政府,但周天子已经丧失了控制能力,真正掌权的各诸侯国君主着急的是夺权称霸,发展自己,吞并别的诸侯国。真正的诸侯,真正的掌权者对儒学的态度也就是马马虎虎的。那个时候孔子远远没有后世的地位,孔子是经常被称为丧家之犬的。这是他自己说的,"栖栖如丧家之犬",这不是骂人的话。当时的情况是信仰墨子的人多,信仰法家的人多,真正信仰孔子的并不多。但是孔子的这套理念后来的人们越来越认为它好。为什么好呢?

第一,对于读书人来说,儒家治国平天下是有理念的,不是光为了乌纱帽的,这个理念就是德。第二,对于掌权者来说,孔子的这一套有助于社会实现秩序、和谐、平衡,而且不会失控。使人从心里面就明白君有君的道理,臣有臣的道理,父有父的道理,子有子的道理,夫有夫的道理,妻有妻的道理,上下尊卑都有一定的道理。所以后来儒家思想就越来越成为主流了。

庄子就嘲笑儒家说,你跑到那些君王面前,你给他宣传以德治国、以礼治国、以乐治国,君王正急着夺权呢,宣传这些这是螳臂挡车。你用知识分子、读书人的那点儿礼义廉耻、仁义道德的说教,想说服有权威的人,不等于用螳螂的胳膊挡大马车吗?庄子又笑儒家这一套是敲着鼓追逃跑的人。这些人受不了你这些高调,整天讲仁义道德,整天训练他,整天说这样不对、那样不对,所以就把人吓跑了,跑了以后孔子和他的门徒还要追人家,敲着鼓追,越敲鼓人家跑得越快。

老庄他怪,他另类。但这种另类有两个作用:首先是启发的作用。让你知道世界上的事儿还有这么想的,还有这么做的,不无道理,哪怕是片面的理。其次有补充的作用。整天学孔子,文质彬彬,谦恭有礼,忠心不二,杀身成仁,舍生取义。这种样子有时候太累,碰到挫折的时候——君主不让你尽忠,把你废为庶人,这时候老庄的思想能起到补充的作用。

上面是我讲的一点前言。下面我主要是从几个问题上谈谈老庄他们在治国理政方面的一些思想。

第一个思想,我称之为"无主题治国","无为"的"无主题治国"。老子、庄子他们都主张"清静无为"。这个"无为"我先要说明白,主要是针对诸侯、君王、大臣,还有士人讲的,不是说让老百姓无为。老百姓该种地的种地,该做生意的做生意,该盖房子的盖房子。"无为"不是说什么都别干,主要是说掌权的人不要先给自己立一个主题,意思是"不要刻意为之"。什么是"刻意"呢?我想来想去最适合解释的词就是"处心积虑",就是办什么事儿都应该走着瞧,别处心积虑的。事情还没办呢,就一定要如何如何,事先都规定好了,这就是主观主义。这种情况之下就会和老百姓发生矛盾。所以为政不要先确定主题。

我的本业是写小说。我们写小说的人过去喜欢说一个词叫"主题先行",这个"主题先行"是"文革"期间于会泳他们提出来的,创作文学作品先得有主题,后来大家就嘲笑"主题先行"。还有一个词叫"直奔主题",写文章一开始就冲着主题去了,不会是什么好文章。老子的说法是什么呢?叫作"圣人无常心,以百姓心为心"。常心就是不变的,永恒不变的,圣人没有永恒不变的看法,一切跟着老百姓走。他又说:"天之道,其犹张弓与?高者抑之,下者举之;有余者损之,不足者补之。天之道,损有余而补不足;人之道则不然,损不足以奉有余。"他说无论办什么事儿都要符合天道,天道就跟拉弓一样。他说拉弓就是这样,高的地方往下压一压,低的地方往上举一举,劲儿使得不匀的地方你调整一下,这就是天道。他这个意思也是不要刻意为之。

老子还认为执政的人头脑不要太复杂,老百姓住在那儿别给他捣乱,"无狎其所居,无厌其所生",别找他的麻烦。这个"厌"在古文里就是现在的"讨厌"的意思,也可以当施加压力的"压"讲。"无厌其所生",打鱼的你让他打鱼,卖唱的你得让他卖唱,做豆腐的你让他做豆腐,用咱们现在的语言来说就是别折腾。我们不希望老百姓折腾,老百姓能把政府折腾得心慌意乱;政府也别折腾老百姓,人家该干什么就让人家干什么。"夫唯不厌,是以不厌",就是掌权的人不给老百姓添乱,不扰民,所以老百姓也就不会给你添乱。这种思想也是老子的乌托邦。他认为最好的领导,最好的权力运作是根本就不运作,用不着运用权力,这是一种乌托邦思想。但不是无政府主义的乌托邦,而是无运作的乌托邦。但是他讲的这个道理又有点儿道理。"圣人无常心,以百姓心为心","无狎其所居,无厌其所生。夫唯不厌,是以不厌",这些话很有道理,您别以为这些话很虚、不联系实际,它联系实际。

比如今天掌权的一个人,或者说一个在国家公务方面占有一定的位置的人,他也仍然面临一个问题:很容易以创造政绩作为刻意追求的目标。很简单,既然接受了这个任务,就必须得有政绩。没有政绩,怎么接受考核,怎么提拔?还升得上去吗?怎么防止对立面的批评、攻击?所以一定要有政绩。那么,你究竟是把政绩放在前面还是把人民的利益放在前面?要把"民心"放在前面,这就是老子所说的"圣人无常心,以百姓心为心"的含义。

庄子的思想与老子的相近。庄子说,你用儒家的那一套——就是我前面所说的刻意地去治理天下,他说是"欺德也",你侵犯了大道的功能。他说治国的人不需要涉海凿河,那儿本来是大海,你跳到海底下再凿一条运河,这么做有什么意义呢?他喜欢举一些极端的例子——庄子是文学家,文学家都喜欢夸张,不夸张就不生动,尤其是在春秋战国的时候百家争鸣,不夸张的话谁注意他呀?庄子说,"鸟高飞以避矰弋之害",鸟都知道高飞躲避短箭;"鼷鼠深穴乎神丘之下以避熏凿之患",老鼠要想安全就要往深处躲。庄子的意思是,老百姓什么事儿能干,什么事儿不能干,自己知道,老百姓都很聪明。不能偷东西,不能杀人,百姓知道这些事不能干。该干的事、不该干的事,有利的事、有害的事,老百姓都很清楚,你儒家就不要再啰嗦了,你不要对老百姓耳提面命,一天训八回,谁受得了?这是庄子打的一个比方。

历史上的亡国之君有一类是彻底昏聩的,但是不是像历史上记载的昏聩得那么彻底,我还有疑问。因为历史是胜利者的历史,大部分亡国之君都只挨骂,说他好话的人非常少。为什么我说这个话呢?庄子最明显,他无数次地提出来,他说汤尧夏桀,各有各的思路,各有各的是非,他们在历史上只不过是一瞬间,究竟谁是谁非,说不清楚。我小时候学历史,书上就说,一个夏桀、一个商纣、一个妲己、一个褒姒,都坏得不得了。鲁迅就曾经怀疑过,夏桀商纣都是被女人给害了,女人能管多少事儿?这是另外的问题。

但是还有一种亡国之君,他们是非常辛苦的,是非常勤政的，是事必躬亲的，是极其有为的，比如崇祯皇帝朱由检，他辛苦得不得了，而且他不许外戚参与政事。他又多疑，不放心，他对谁都不放心。这样的勤政皇帝由于刻意有为最后也造成了自己的失败。这样的例子也多得很。

我再补充一句，老子和庄子所提倡的"无为而治"，多少有一点"小政府大社会"思想的萌芽。就是政府做的事儿有限，你尽量让老百姓按照他自己的天性，按照他自己的利益追求做事，略加引导即可。他的说法就算是乌托邦也罢，也能给我们做参考。

"无为"的思想除了无主题治国以外，还有一个层面。《庄子》里讲得比较清楚，就是"上无为，下有为"。"上必无为而用天下，下必有为为天下用，此不易之道也"，意思就是说你的权力越大，你的地位越高，你的官越大，你少说话、少做事、少折腾，你让底下干。这种情况下，"无为而用天下"，就是你没有说很多话，你也没有下多少命令，但是天下都听你的。那么"下"呢？"有为为天下用"。下边的，对不起了，到了部以下了，司局以下了，老老实实给我干活去。你从早到晚该加班加点就加班加点，你为我所用就是为天下所用，为国家所用。

老庄那个时期的书写得比较简单，那时候是刻在竹子上的，如果那个时候有网络的话，《老子》起码要有八百万字，《庄子》有四千万字。所以老子的很多话只是点到为止。那么今天我们讲他的话，也不是说让大家简单地照搬。是希望引发大家去琢磨其中的智慧。

从"上无为而下有为"里我想到西方管理上的一个观念，就是纵向分权。就是说权不但有横向的分权（即不同的部门、不同的地区分别由相应的部门、单位负责，这是横向的分权），还有纵向的分权，简单地说部长有部长的权，局长有局长的权，处长有处长的权，别互相掺和。我在文化部也体会到，上下级是各有分工。比如分房子的时候，我也接到过别人批的条子，但我都一律转给有关的司局，我没有批过任何一个人的住房。如果我要管分房子的话，我就别管文化事业了。所以这有一个纵向分权的思想。

庄子说："闻在宥天下，不闻治天下也。在之也者，恐天下之淫其性也；宥之也者，恐天下之迁其德也。天下不淫其性，不迁其德，有治天下者哉？"什么意思呢？这又和现代的法治思想有关，当然这是西方的观念。我们不能照搬，但是我们可以参考，我们可以把它当一个学术问题来讨论。国家法律的主要作用在于防止你干坏事，而不是带着你组织你干好事，因为这个好事每个人的要求不同。庄子的话恰恰是这个意思。为什么掌权者必须保持这个权力的存在？为的是"恐天下之淫其性也"、"恐天下之迁其德也"。"淫其性"是什么意思？就是失控。"迁其德"是什么意思呢？就是德行的偏差。就是说我必须保持我这个权力的存在，不能让社会失控，让社会道德混乱。在古代中国有这种思想观念也挺有意思的。

第二个思想，老子和庄子还主张权力的运作要和老百姓保持一点距离。老子提出一个很有趣的思想，首先是"太上，不知有之"。"太上"就是最佳，是说最佳的状况是老百姓感觉不到国君的存在。谁是国王，跟我没关系，谁也不妨碍谁的事儿，老子认为这是最好的状态。其次，"亲而誉之"。最值得人掂量的就是这四个字。"亲而誉之"怎么会成了二等？老百姓一见着你说你真英明，你是我们永远的榜样，我们一见你就热泪盈眶，这不是很好吗？"亲而誉之"的结果建立了一种高调的权力运作的关系。你不但是一个有效率的权力，而且是精神的导师，是德行的代表。这种高调的运作有极大的动员力，但也容易引起过高的期望值，过高的期望值就会引起失望。儒学是很好的学问，现在读《论语》会发现孔夫子真是一个非常通情达理之人。为什么儒学到后来，尤其到了"五四"时期被人家骂成那个样子呢？就是因为他说得太好了，但做不到。所以说，权力和百姓的关系"不知有之"就行了，各有各该干的事，不要弄得太漂亮，不要"亲而誉之"。"亲而誉之"后面是"其次，畏之"，是说要让人怕这个权力。老子他也很实在，一点儿不畏是不行的。你说开汽车的人有几个热爱交通警的？但是他得"畏之"。

这种"不知有之"的说法，使我想到了近现代的一个观念，"虚君共和"。现在世界上有相当数量国家的元首是虚的，没有实权的，比如说英国女王、日本天皇、荷兰女王，瑞典、丹麦也都是君主立宪制的王国。1987年我去泰国，和泰国的教育部长聊天,他说:"我们泰国的制度有一个好处就是谁也别争第一把手,第一把手是国王,你乱不起来,最后是国王说了算,平常什么也不管,他只管人道主义事业。"当然泰国也有泰国的问题,现在我们也看到了,但这是另外的问题。这是君主制国家的情况。

非君主制国家也有这种思路。比如说德国总理是默克尔,总统是谁你们说得清楚吗?反正我不知道是谁。以色列也是这样一种情况。所以它也是一种虚君共和、虚位共和,也是在权力使用上的一种平衡方法。这些方法我们显然不能照搬,但是我们应该知道世界上对治国理政、权力运作、权力的转移交接有各种各样的思路。我们多知道点儿没害处。

第三个思想,老子和庄子他们都主张低调治国,当然这是我概括出来的。老子有一句有名的话,说"知其雄,守其雌"。就是我知道该怎么样才能牛,但是"守其雌",我表现出来的形象不是一个牛气冲天的形象,而是普普通通的,是温柔、低调、和善、平和的形象。"为天下溪",就好像地下流的小溪一样,不是洪水滔滔,不是泰山巍峨,也不是青松入云,只是一条小溪流。

"知其白,守其黑,为天下式",成为一句名言,它也曾打动了黑格尔。"知其白,守其黑"就是什么事儿我都很明白,但是我千万不要摆出一副我什么都明白的样子。这是在招人讨厌呢。应该把自己摆在一个难得糊涂的位置,把自己摆在一个韬光养晦的位置,但同时我要尽量地知道世界上的各种说法。

老庄的治国理政思想

当然这个"知其白,守其黑",老子解释得不详细,后来有人就说这里有阴谋的味道,说老子是阴谋家,朱熹就说过"老子之心最毒"。我个人并不认为是这样,我认为用鲁迅最爱引用的俄国作家克雷洛夫的一句话,可以帮助我们理解:"鹰可以和鸡飞得一样低,但是鸡不能像鹰飞得一样高"。老子本意是考虑世界的本源,他考虑万物运作的规律,他考虑天下的大事,他要考虑怎么样结束老百姓的灾难。所以他主张的治国应该把自己放在一个下位。

老子说:"上善若水,水善利万物而不争,处众人之所恶,故几于道矣。"他认为这是水的本性。水不争,碰到拦的地方它就拐弯,碰到低的地方就流,所以李零教授关于老子的一本书就叫作《人往低处走》。我们常说人往高处走,水往低处流。老子说先往低处走,更提倡谦让,提倡节俭,甚至提倡后退,所以他以水作例子。作为文学的一个理念来说,"上善若水"这四个字非常好,非常美。谁不喜欢水啊?生命离不开水,水确实是居善地、亲善缘,都是跟善在一起的。

老子讲"大国者下流","大者宜为下"。就是权力越大,地位越高,越应该把自己放在下边,不要高高在上,不要盛气凌人,不要以大压小。这种非常东方式的观念是有它的参考价值的。这里面有一些精兵简政的味道,就是能不能把复杂的事情简单化,这是一个功夫。求学即是这个道理,一方面要复杂化,要扩充知识,另一方面在充实的过程中又要概括、提炼,要把它简单化。为政也是一样，复杂化是一个本事，简单化更是一个本事。所以老子希望治国理政做得越简单越好，当然这里有很多乌托邦的成分。老子还有很多类似的说法，比如"欲上民，必以言下之"，想统治老百姓，必须先向老百姓学习；"欲先民，必以身后之"，想领导老百姓做一件什么事，应该先跟上老百姓，看看老百姓现在关心什么。

老子还有一个说法："我有三宝，持而保之，一曰慈，二曰俭，三曰不敢为天下先。"这话我们今天听着是不能接受的，尤其是"不敢为天下先"，因为我们现在提倡的是要"敢为天下先"。但是老子这个说法有他的道理，我们也姑且作为一个参考。"一曰慈"，就是说要保持善意，尤其是要对老百姓保持善意，体恤民情，体恤民艰。"二曰俭"，俭的意思不是指现在理解的物质方面的节约，而是说要给自己留下选择和行动的空间，不要把什么招都用上。按老子的想法，招多，可以留着，别一下子全都用出来。就是要"蓄"，老子还说过"蓄其德"，就是说要积蓄你的德行，要积蓄你的智慧。"不敢为天下先"，是老子针对当时的情况有感而发的，当时因为各个诸侯国都在那儿闹腾，个个都想吞掉别的国家。而且百家争鸣，苏秦有苏秦的一套，张仪有张仪的一套，荀子有荀子的一套，韩非有韩非的一套，李斯有李斯的一套，各种思想都有。老子认为折腾不好，所以说"不敢为天下先"。

最后，我再讲一下老子"治大国，若烹小鲜"的思想。"治大国,若烹小鲜。以道莅天下,其鬼不神。"这是老子《道德经》当中最神奇、最美丽、最充满魅力的一句话。"小鲜"就是小鱼。老子认为治大国就跟熬小鱼一样。其实不光老子有这个说法,法家的韩非子也把这个道理用到权力斗争上,说:"烹小鲜而数挠之,则贼其泽;治大国而数变法,则民苦之。是以有道之君贵静,不重变法。故曰:'治大国者若烹小鲜。'"挠是什么?就是别老抓挠小鱼,小鱼本来用水一煮已经烂了,你再一抓它就变成烂泥了。

后来隐士河上公解释这句话说:"烹小鲜,不去肠,不去鳞,不敢挠,恐其糜也。"河上公说"治国烦则下乱",就是你治国治得非常繁琐就会引起混乱,所以不要繁琐,不要折腾。他的解释非常权威,但是这件事情你解释得太清楚了它煞风景。"治大国,如烹小鲜",这句话多漂亮啊,你懂不懂都没关系,用北京话形容就是"它帅啊"。治大国你怎么治?跟熬小鱼差不多,但我不告诉你我怎么熬法。它让人感觉到举重若轻,举止有定,胸有成竹,自有把握,不急不躁,不温不火。可是像河上公的解释呢,"不去肠,不去鳞,不敢挠",太具体了,变成大众的烹调手册了。

中国的很多古书,解释得太细致、太多就会煞风景,本来模模糊糊的美得不得了。我跟大家说说这一辈子读书方面最痛苦的事之一。我从小最喜欢白居易的一首词,"花非花,雾非雾。夜半来,天明去。来如春梦几多时?去似朝云无觅处。"这首词太棒了，黄自先生还给它配了一首曲子。可是有一年，大概在十五年以前，我在报上看到一篇文章说这是个诗谜，作者说我们家的保姆特别聪明，当她看到"花非花，雾非雾"这首词之后，立即说这是一个谜语。谜底就是冬天玻璃上的霜花。她把白居易这首词解释成一个谜语，而且给了科学的、靠得住的解释。看完以后我几乎寻了短见。这么伟大的一首词被咱们一位天才的保姆给解释成了谜语了！我今天也是在这儿给大家谈谈对老子、庄子思想的一些理解，我希望不给大家一个聪明的保姆的那种印象。谢谢大家。

（根据2010年3月27日在中央国家机关"强素质，作表率"读书活动2010年第3期主题讲坛上的讲座内容整理）

读李商隐

一篇《锦瑟》解人难

"一篇《锦瑟》解人难",从北宋到清代至今,许许多多学人、诗家讨论李商隐的《锦瑟》,深钩广索,密析畅思,互相引用,互相启发,互相驳难,虽非汗牛充栋,亦是洋洋大观。一首仅仅56个字的"七律"(加题目不过58个字,几乎所有的解人都认为此题不过取首句头二字,相当于无题,那就是56+2-2还是56个字了)引发出这么多学问考证来,在诗歌研究领域,确实并不多见。

追忆当时,笔者则是在没有什么学问考证的情况下读这首诗的。少年时代,初读《锦瑟》便怦然心动,觉得诗写得那么忧伤,那么婉转,那么雅美。虽不能解,如那时我根本不知道望帝化杜鹃的典故,根本想不到"锦瑟"、"玉烟"、"珠泪"的字面上有那么多典故,谈不上"隐僻"(明代诗论家高棅对李商隐诗风的概括)的字词也联结着那么多意味,却能欣赏,并能背诵上口。其意境、其情绪、其形象的幽美与形式的完美,其音乐性,似乎都是可以用现代人的平常心感觉到的,也是完全接受得了的。

及长及今,病中凭兴趣读了些与商隐诗、《锦瑟》有关的书文,才瞠乎于解《锦瑟》之复杂深奥、聚讼纷坛。宋代刘攽提到"锦瑟"是令狐楚家丫环的名字。宋代黄朝英假托苏轼名义说此诗是咏瑟声的"适、怨、清、和"。清朱鹤龄、朱彝尊、冯浩、何焯、钱良择以及今人刘开扬先生等认为是悼亡诗。何焯、汪师韩以及今人叶葱奇、吴调公、陈永正、董乃斌及安徽师范大学中文系古典文学教研组诸先生,认为此诗是诗人回首生平遭际,有的还特别强调是政治遭际之作。吴调公先生明确此诗应属于"政治诗",而须与多首属于爱情诗的《无题》相区分。叶葱奇先生认为此诗"分明是一篇客中思家之作"。程湘衡以为"此义山自题其诗以开集首者",就是说以此为序,概括、回顾、反思自己平生诗作。周振甫、钱锺书二先生亦主此说。钱先生在《谈艺录》中更具体分析《锦瑟》犹"玉琴"喻诗,首两句言"景光虽逝,篇什犹留",三四句言作诗之法,五六句言"诗成之风格或境界",七八句言"前尘回首,怅触万端",等等。

笔者才疏学浅,不敢炒热饭而露底虚,这里只不过是想探讨一个问题:何谓解诗,何谓诗解,何谓解人,如何区分解诗的正误,如何解释一般人、时人对这一难解的诗的喜爱呢?

"诗无达诂"说明了解释的困难,但也没有说"诗也无诂"。诗仍然是需要解释、可以解释的,不准解释于诗无补,也行不通。那么我们平常所说的对诗的解释,究竟包含着一些什么样的意思呢？

第一层应是诗的字面上的意思，每个字、词、语、句和上下文关联的意思，包括文字的谐音、转义、语气、典故。没有这方面的起码知识和判定，当然很难读一首诗。例如"此情可待成追忆"句，有解释"可待"为"岂待"之意，而我们的旧诗是不标问号或逗号的，这当然有点麻烦，也颇有趣。"当时"亦有解作"今时"即现在时的，与"彼时"即过去时不同，而我们的动词又不分加不加 ing 或者 ed。这样，"此情可待成追忆，只是当时已惘然"的《锦瑟》最后两句，也就不好解释了。看来，字面解释亦殊不易。但一首诗能够长期流传、广为流传，终应证明此诗整体字面上没有什么不可能的地方，只不过一些解释留有弹性、留有变通的余地罢了。

从字面上看，"锦瑟"就是"锦瑟"，何必是无题呢？援引诗中字为题即无题么？那为何不标"无题"呢？那时又没批过"无标题"。有题又如何？有的题力图把一切告诉读者，也有的题不过是个影壁，是个记号罢了。从锦瑟及其弦柱开始，写到华年，写到迷蝴蝶与托杜鹃故事，写到海、月、珠、泪与田、日、玉、烟之景观，归结为惘然之情。此诗是从锦瑟出发（是兴、比还是赋就不能仅从字面上看了），写诗人的惘然之情的。这样说虽嫌浅俗乃至鄙陋，却应是探讨的出发点。

第二层是作者的背景与写作的动机。就是作者因何要写此诗？这实际上是从创作论及作家论的角度来解诗，这就需要许多历史、传记、文化背景、创作情况资料方面的积累，需要许多考据查证的功夫。如果不了解牛李党争、义山与王氏的婚姻、王氏的夭亡、商隐仕途之坎坷等情况，当然也就无法做出悼亡、感遇等推测。如不知旧版《玉溪生诗集笺注》、《李义山诗集》多以此诗为开篇，也会大大影响诗序诗艺诗论说的信心。至于令狐家是否有婢名"锦瑟"？王氏是否喜奏锦瑟？商隐是否精通音乐适、怨、清、和之律与偏爱锦瑟这一乐器？这就更需要过硬的材料了。所谓"聚讼纷纭"，往往偏重于这方面的歧见。

  这样的对作家创作背景缘起与创作过程的研究虽然符合从孟夫子到鲁迅的"知人论世"的主张，却也有两个难处。第一，往往缺少过硬的与足够的材料，特别是古代诗人作家的情况，常常是一鳞半爪，真伪混合。因此许多见解、推测、估计，论者一厢情愿的想象的成分有可能大于科学的、合乎逻辑要求的论断的成分。如《锦瑟》乃政治诗说，根据是李商隐一生政治上坎坷失意，却并没有他写此诗抒发政治上的不平之气的任何佐证。再如令狐丫环说，究竟今天谁能论证清楚令狐家有还是无这样一个丫环呢？即使确有这样一个丫环，又怎样论证《锦瑟》一定是为她而写呢？即使令狐家绝无此婢，又怎样论证李商隐毕生不可能遇到过一个名为"锦瑟"的女子，引起他爱情上的怅然、惘然之情呢？或谓"若说是一时遇合，则起二句绝不能如此挚重"（见《李商隐诗集疏注》第2页），这话当然深有其理，但作诗不是有由此及彼的"兴"法吗？从一个无缘相爱相处而又给自己以美好印象的女子身上联想起自己的爱情生活、爱情苦闷，联想起自己一生爱情上、事业上、政治上的不如意，这又为何不可能呢？这里，不论是肯定判断或否定判断，似乎前提都还不充分。聚讼纷纭的结果肯定是莫衷一是。

　　第二，即使作家死而复生，陈述讲明自己的写作缘起和过程，又如何呢？即使我们的论者掌握了可靠的"海内孤本"、"独得之秘"，以至于能相当详尽准确地复述作家的写作情况，这些材料与论断的传记学、史学意义仍然会大于它们的文学意义。我国古典诗作中，题明写作缘起的并不少，如王勃诗《送杜少府之任蜀州》为人熟知，除了专门家，谁又在意王勃此诗具体对象呢？"海内存知己，天涯若比邻"一联，概括性强，气势也好，其文学意义、社会乃至政治意义不知超过送少府外放做官多少倍！再如"访×××不遇"这一类的诗题，又怎能概括得了诗的具体意蕴？一个作家的写作缘起很具体、很微小、很明确，但是一篇感人的作品却往往包含着深刻的内容，包含着作家本人的人格、修养、追求和毕生经验，包含着作家所处时代、国家、民族、地域许多特征，其内涵甚至大大超过作家自己意识到的，这不已是很普通的常识了吗？现在回过头来说《锦瑟》，即使证明它确实是写一个女子或一张瑟或瑟乐演奏的适、怨、清、和，又能给《锦瑟》这首诗增加或贬损多少东西呢？

　　第三层，对于一般读者来说，最重要的是诗的内涵、诗的意蕴。这既与作家创作缘起有关，又独立于作家意愿之外。拿

《锦瑟》来说，则是它的意境、形象、典故和精致完美的语言与形式。一般读者喜爱这首诗，阅读、吟哦、背诵这首诗，应该说首先还是由于美的吸引。它的意境美、形象美、用事美、语言美、形式美，是充满魅力的。其次会着迷于它的惘然之情、它的迷离之境、它的蕴藉之意。"锦瑟无端五十弦，一弦一柱思华年"，这两句朗朗上口，文字幽雅却绝不艰深。从锦瑟起兴，回忆起过往的年华，这个基本立意实在并不费解。"庄生晓梦迷蝴蝶，望帝春心托杜鹃"，回忆之中产生了（或弥漫了、笼罩了）类似庄生化蝶不知己身何物的迷惑，回忆之中又萌芽了类似化为杜鹃的望帝的春心。或解为去回忆那种类似庄生梦蝶、杜宇化鹃的内心经验，也可以。就是说，这里表达的是一种失落感与困惑感，更是一种幻化感：庄生化蝶，望帝化鸟，幻化不已。失什么、惑什么、化什么，诗人没有说，一般读者亦不必强为之说。华年之思化为诗篇，生化为死，青年化为老年，胸有大志化为一事无成，爱情的追求化为失却，都说得通。"沧海月明珠有泪，蓝田日暖玉生烟"，神游沧海蓝田，神交明月暖日，神感珠泪玉烟，又辽阔又寂寞，又悲哀（泪嘛）又温暖，又高贵（珠、玉、月、日）又无奈（有泪生烟，都是自在的与无为的啊），又阔大（海、蓝田）又深幽（泪也烟也转瞬逝去也，终无用场也）又艳丽，又迷离又生动（孤立地解释中间四句其实是生动的），又阻隔（神秘）又亲切。这是什么呢？当然不是咏田咏海，咏珠咏玉，不是咏瑟咏物，而是吟咏自己的内心世界，自己的精神生活，自己的内心感受。内心不过方寸之地，所以此诗虽有海田日月字样却并不令人觉得诗人在铺陈扩张，此诗并无宏伟气魄；内心又是包容囊括宽泛的，其中不但有庄生望帝，蝴蝶杜鹃，沧海日月珠玉，而且有爱情，有艺术有诗，有生平遭际，有智慧有痛苦有悲哀，其核心是一个情字，所以结得明明白白："此情可待成追忆，只是当时已惘然"，写惘然之情。为什么惘然？因为困惑、失落和幻化的内心体验，因为仕途与爱情上的坎坷，因为漂泊，因为诗人的诗心及自己的诗的风格，更因为它把诗人的内心世界写得太幽深了。一种浅层次的喜怒哀乐是很好回答为什么的，是"有端"可讲的：为某人某事某景某地某时某物而愉快或不愉快，这是很容易弄清的。但是经过了丧妻之痛、漂泊之苦、仕途之艰、诗家的呕心沥血与收获的喜悦及种种别人无法知晓的个人的感情经验、内心经验之后的李商隐，当他深入再深入到自己内心深处再深处之后，他的感受是混沌的、一体的、概括的、莫名的，只可意会不可言传因而是略带神秘的；这样一种感受是惘然的与无端的。这种惘然之情、惘然之感是多次和早就出现在他的内心生活里，如今以锦瑟之兴或因锦瑟之触动而"追忆"之抒写之（我倾向于此说）；或是从锦瑟（不论是一件乐器，两个字，类似"玉琴"的一个借喻典故或一个女子的名字，一个女子）得到即时——"当时"的灵感冲击从而获得了幽美婉转的惘然之情。对这两种可能的解释各人又如何能是此非彼呢？

此诗首两句与尾两句其实还是相当明明白白的。有了"思华年"做向导,有了"已惘然"做总结,也就不至于聚讼于庄生望帝、沧海蓝田之间了。思华年思出了蝴蝶杜鹃泪珠烟玉,已惘然惘成了"迷"、"托"、有珠泪之沧海与生玉烟之蓝田。鄙陋之见,能无太廉价及少学乏术之讥乎?

第四层是欣赏者个人的独特的补充与体会或者某种情况下的特殊发挥。例如我在上世纪60年代就对引用晏殊名句"无可奈何花落去,似曾相识燕归来"来讲国际政治大为叹服。情种从《锦瑟》中痛感情爱,诗家从《锦瑟》中深得诗心,不平者从《锦瑟》中共鸣牢骚,久旅不归者吟《锦瑟》而思乡垂泪,这都是赏家与作者的合作成果。我们还可以设想,知乐者认为此是义山欣赏一曲锦瑟独奏时的感受——如醉如痴,若有若无,似烟似泪,或得或失,除了音乐,哪种艺术能这样深度地却又是浑然地打动它的欣赏者呢?这恐怕可以说得通。我们还可以设想一个旅行家、一个大地与太空的漫游者在他晚年时候对他的漫游生活的回忆。再设想一个爱因斯坦式的科学家从这首诗中获得做学问的体味吧——何自然万物之无端也,以有涯逐无涯,何光阴之促迫!功成业就而两鬓已斑,未竟之志虽有春心已无青春年少矣!或功未成业未就而此身非己有,鸟乎蝶乎,将有托乎?茫茫广宇,人类智慧之珠上凝结着多少泪水,还有多少科学真理如美玉而埋在蓝田之下,人们略察端倪如玉之或有之烟,何时能开掘出来呢?一切科研成果都需要时间的长河的冲刷淘洗，即时即地，谁又能判断吾人之科学新说的价值，故而哪个智者又能不惘然呢？

这样说下去或有似相声《歪批三国》之嫌，但笔者虽然性喜调侃意却不在调侃。我只是想肯定李商隐《锦瑟》为读者、为古今中外后人留下了极大极自由的艺术空间，当然大而无当亦不佳，组合这艺术空间的一句句诗其实是很巧妙很贴切很有情有象的。八句诗如八根柱子，读者完全可以在这八根柱子建造的殿堂里流连徘徊，自得其乐。

第五层则是对《锦瑟》做学问研究。因《锦瑟》而及李商隐全人全诗，因一诗而及我国的与世界的诗的宝库、诗的海洋、文学的海洋，因一词一典而及天文、地理、历史、政治、哲学、宗教、语言、音韵……直到自然科学，那当然是研究不完的。此是以学问而解诗乎？抑或因由一诗而弘扬学问乎？到那时《锦瑟》真是起兴了，起中外之才智而兴古今之学识，大哉学问，真无涯而壮观也！吾人自当望洋而兴赞叹！

顺便说一句，按五层之说，有许多明白如话的诗，至少前三层很容易统一。"床前明月光……"就不必解释得这么复杂，也没有这么多争论和学问，同样是好诗，而且是更普及的好诗。本文没有偏爱乃至倡导隐僻之诗的意思，也没有把"五层"割裂的意思。

1990 年

再谈《锦瑟》

很难设想一首脍炙人口的诗却是十分地曲奥艰险,达到了众人难解、专家也无解的程度;很难设想一首一味深奥乃至绕脖子、花式子的诗却流行得家喻户晓。

《锦瑟》的特点是它被广泛接受、广泛欣赏、广泛讨论,却又没有定解,歧义歧议甚多,说明它有一种易接受性、易欣赏性,有讨论价值与讨论兴趣点。没有定解也就是可以有多种解,因而既难解又易解,这是难解与易解的统一,晓畅与艰深的统一,实在辩证得很。

"锦瑟无端五十弦,一弦一柱思华年",这里无一字一词生僻,几乎每个字词都可以原封不动地用在白话文里。"锦瑟"呀,"五十弦"呀,"一弦一柱"呀,都是大白话。"无端"、"华年"、"思",稍微文一点,但仍通用至今。由锦瑟弦柱而思过往的岁月,不费解。一弦一柱是指具体的瑟上的一弦一柱,还是比喻往事历历密密,如弦弦柱柱长长短短排排列列于眼前,乃至是指弦弦柱柱发出的声响?都行,无须深钻力争。因为它不是法规条文。

"无端"二字要紧。"无端"是无来由,无特别具体的固定性之意,即此诗此情此思,不是因一人一事一地一时一景一物而发,不是专指一人一事一景一物一时一地。它不是新闻,不要求不提供新闻必备的诸"W"(何人何时何地为何如何……)。它有更大的概括性与弥漫性。"无端"又是无始无终无头绪之意。本来一切感情思想都是具体的、有端的;一切有端的感情思绪却又都可能与过去的未来的、意识到的未意识到的、精神的肉体的、原生的次生的个人的经历经验相关,乃至与阶级的社会的人类的宇宙的经历经验相关,所以又是无端的。而义山此诗的无端性更强更自觉罢了。

无端还因为这是深层的语言。去商店买货、给孩子讲书、向老板求职,那是需要把话说清楚的,需要把语言规范化、通用化、逻辑化;长吁一声,百感交集,无端愁绪,欲语还止,叫作无言以对,叫作言不达意、言不尽意,只可意会、不可言传。这里提到的"言"是表层的交际语言。求不可言之言,求直接写"意"之言,便是诗,便是深层语言了。

"庄生晓梦迷蝴蝶,望帝春心托杜鹃",只要对典故稍加解释,这两句便于明丽中见感情的缠绕,并不费解。典故可以是谜语,就是说另有谜底,也可以不是谜语,就是说无另外的谜底,只是联想,只是触发,触景生情,触今思(典)故,那么,引用典故便是一种"故国神游",是今与古的一种契合,是李商隐与庄周、望帝之共鸣与对话。李商隐有庄生之梦、庄生之迷、庄生之不知此身为何之失落感,又有望帝之心、望帝之托、望帝之死而无已的执著劲儿。

把诗当作谜语猜,猜中了也未必是定论,猜中了也难算解诗。报纸上载文称白居易的"花非花,雾非雾。夜半来,天明去。来如春梦几多时,去似朝云无觅处"为诗谜,谜底是"霜"。说老实话,这个谜底相当贴切,霜如花而非花,成雾而非雾,夜生而昼消,蒸发后哪有什么去处?这样的解释难以推翻,只是煞风景得厉害。盖以诗为谜,以破谜(读"闷儿")的方法解诗,这个路子就太无诗意。(有这么一解聊备一格倒也挺妙。)

"沧海月明珠有泪",何其阔漠、原始、深情!不知鲛人故事,也会为此句的气象情调所震惊。"蓝田日暖玉生烟",使震惊近于晕眩的读者又徐徐还阳,舒出了一口气。"此情可待成追忆,只是当时已惘然",节奏更加放慢,信息量更加减少,似乎是高潮后的一个歇息,歇息中的一个淡淡回顾,使读者最后平静下来了,李商隐的几首著名的抒情七律,尾联表面看似乎未见佳胜,更非"豹尾"突翻,不是欧·亨利的小说路子——全靠结尾抖包袱取胜。"相见时难"一诗的结尾是"蓬山此去无多路,青鸟殷勤为探看"。"来是空言去绝踪"一首,以"刘郎已恨蓬山远,更隔蓬山一万重"结束。"昨夜星辰昨夜风"一首,以"嗟余听鼓应官去,走马兰台类转蓬"结束,都比较平淡舒缓。

诗人是把劲用在颔联和颈联上的,不像例如长吉(李贺)那样,在高峰之后再立险峰,这就更易攀缘领略,其道理如陆文夫小说《美食家》中所论,几道大菜吃过之后,上的汤应该清淡,清淡到可不放盐也。

八句诗引完,越引越是大白话,从词句的角度看,明白晓畅易懂;从形式特别是音韵方面看,更是朗朗上口,整齐合律,绝不佶屈聱牙。语言明白(有时还有些艳丽,如锦瑟、华年、蝴蝶、春心、杜鹃、珠泪、玉烟诸字)、形式整齐、音韵流畅,使这首诗读起来舒服、美妙。它绝不是一首以读者为"敌"的故作艰深的诗。它读着一点也不费劲、不作难。

那么它的深奥费解到底来自什么地方呢?无端便觉广泛,便觉抓不着摸不住,强解无端为有端,自讨苦吃,自然艰深,这是从内容上看。从结构上看,则是它的跳跃性、跨越性、纵横性。由锦瑟而弦柱,自是切近;由弦柱而华年,便是跳了一大步。这个蒙太奇的具象与抽象、器物与时间(而且是过往的、一去不复返的时间)、有端(瑟、弦、柱都是有端的,当然)与无端之间的反差很大,只靠一个"思"字联结。然后庄生、望帝,跳到了互不相关的两个人物、两段掌故上去了。仍然是思出来,神思出来的,故事神游游出来的。游就是流,神游就是精神流、心理流,包括意识流。再跳到沧海那里,诗胆如天,诗心如海,从历史到宇宙,从庄周到望帝,从迷蒙的蝴蝶到春心无已的杜鹃,一下子变成了沧海月明的空镜头,然后一个特写凸出了晶莹的珍珠上的泪迹，你能不悚然么？你能不感到那样一种神秘乃至神圣的战栗吗？你能不崇拜这时间与空间的无所不包、无所不在、无端无已吗？华年是时间，庄生、望帝的回溯激活的也是时间感，而"沧海月明珠有泪"七字一下子把你拉到了空间，由沧海明月之辽阔而至珍珠泪痕之细小，由沧海明月之广旷而至珍珠泪痕之深挚并近缠绵，呜呼义山，所感所写真是到了绝顶了啊！

然后蓝田玉烟的镜头淡出，暖暖洋洋，徐徐袅袅，是"思"平静下来了么？是"游"歇息下来了么？我们回到了地球，回到了中国，回到了例如陕西蓝田，多了几分人间味。比如气功入定，现在开始收功了。比如交响乐，引子过去了，呈示过去了，发展过去了。追忆惘然之情，已是袅袅余音，淡淡的再现了。以电影手法而论，已是淡淡的回闪了，观众已经站起来了，黑帘已经拉开了，光束已经照进来了。"可待"乎？"何待"乎？"当时"即"当时"抑或"现时"乎？人们争着这个就像观众争着一部电影的未看清的情节一样，也许根本没争完，电影已经散场而观众已经散去了。

这种结构的非逻辑性、非顺序性是李商隐的一些抒情诗特别是无题诗以及脍炙人口的《锦瑟》的一大特点。它的词与词之间、句与句之间特别是联与联之间所留下的空白相当大，所形成的蒙太奇相当奇妙，这些正是这首诗的引人入胜之处。

以明丽的诗语诗句诗联组成迂回深妙的诗情诗境诗意，这是李商隐这一类诗在诗艺上的巨大贡献,是关于语言层次的一些学说的一个很好的例证。就是说,这一类诗证明,人的思想感情并非一开始都采取表层可用的语言形式,所谓可以意会不可言传,就是难以用表层语言表达的意思。追求不可言之言,便有《锦瑟》一诗。欲将不可言之言变成可言之言,欲将一首深邃的抒情诗变成一首明确的悼亡诗、咏物诗乃至感遇诗、怀人诗、叙事诗,便益感诗之艰深莫测。

这样的诗也同时是汉语的奇妙性的例证。汉语不是以严格的主谓宾结构、以语法的严密性为其特征,而是以其微妙的情境传达乃至描绘为其特征的(可参看张颐武发表在《钟山》今年三期上的一篇文章)。杜甫诗有句:"娇儿不离膝,畏我复却去",解释也是聚讼纷纭。换一种动词有人称变化、名词有主宾变化的语言,就根本不会出现这种产生疑问的诗句。起码对于诗来说,这难道是汉语的弱点吗?换一种语法严密,各种词随着它们在句子中的语法地位而严格变化的语言,还能有中国文学,中国文化,例如,还能有《道德经》或者《锦瑟》吗?

这种大跨越的非逻辑非顺序结构造就了奇妙的意境诗境,也带来了一定的随意性。这里说的随意性只是叙述事实,不含褒贬。例如,起码按现代汉语读法平仄上、韵脚上没有不一致处的《无题》——"相见时难"一首,让我们拿来与这首诗掺和起来重新排列组合一下吧,我们可得例如"相见时难别亦难,东风无力百花残。庄生晓梦迷蝴蝶,望帝春心托杜鹃。晓镜但愁云鬓改,夜吟应觉月光寒。此情可待成追忆,只是当时已惘然"一首;亦可得"锦瑟无端五十弦,一弦一柱思华年。春蚕到死丝方尽,蜡炬成灰泪始干。沧海月明珠有泪,蓝田日暖玉生烟。蓬山此去无多路,青鸟殷勤为探看"一首。如果不考虑对仗,甚至可以掺上别的义山《无题》七律中的诗句,另集几首,例如:"相见时难别亦难,一弦一柱思华年。身无彩凤双飞翼,蜡炬成灰泪始干。曾是寂寥金烬暗,夜吟应觉月光寒。此情可待成追忆,锦瑟无端五十弦。"这些新排列的诗虽不无勉强,毕竟仍然像诗。这里形式的完整统一与感情的相通起了巨大的作用。古诗搞集句令人成癖,不知道算不算"玩文学"的一种该批该判的恶劣倾向?联系到具有现代派慧名的"扑克牌"小说,不又是我中华古国早已有之了吗?能有什么启示么?

1990 年

《锦瑟》的野狐禅

从去年不知着了什么魔,老是想着《锦瑟》,在《读书》上发表了两篇说《锦瑟》的文章。今年又在《读书》上读到了张中行师长的文章,仍觉不能自已。

默默诵念《锦瑟》的句、词、字:"锦瑟无端五十弦,一弦一柱思华年。庄生晓梦迷蝴蝶,望帝春心托杜鹃。沧海月明珠有泪,蓝田日暖玉生烟。此情可待成追忆,只是当时已惘然。"

这些句、词、字在我脑子里联结、组合、分解、旋转、狂跑,开始了布朗运动,于是出现了以下的诗,同样是七言:

锦瑟蝴蝶已惘然,无端珠玉成华弦。庄生追忆春心泪,望帝迷托晓梦烟。日有一弦生一柱,当时沧海五十年。月明可待蓝田暖,只是此情思杜鹃。

全部用的是《锦瑟》里的字,基本上用的是《锦瑟》里的词,改变了句子,虽略有牵强,仍然可读,仍然美,诗情诗境诗语诗象大致保留了原貌。

如果把它重新组合成长短句,就更妙:

> 杜鹃明月蝴蝶,成无端惘然追忆。日暖蓝田晓梦,春心迷,沧海生烟玉。托此情,思锦瑟,可待庄生望帝。当时一弦一柱,五十弦,只是有珠泪,华年已。

再一首,尽量使之成为对联风格:

> 此情无端,只是晓梦庄生望帝,月明日暖,生成玉烟珠泪,思一弦一柱已。(上联)
> 春心惘然,追忆当时蝴蝶锦瑟,沧海蓝田,可待有五十弦,托华年杜鹃迷。(下联)

阅读效果一样。

除了说明笔者中邪,陷入了文字游戏、玩文学的泥沼——幸有以救之正之——以外,还说明了什么呢?说明了中国古典诗歌中每一个字、词的极端重要性、相对独立性。真是要"字字珠玑"!做到了字字珠玑,打散了也还是珠玑,打散了也还能"各自为战"!

《锦瑟》有实词:锦瑟、弦、柱、蝴蝶、杜鹃、月、珠、泪、日、玉、烟；有半实半虚的词：五十、一、晓、梦、春、心、沧海、明、蓝田、暖、此情、追忆、当时；有动词和系词：无、思、迷、托、有、生、待、惘（然）；有典故人名：庄生、望帝；还有比较虚的词：只是、可待（我按自己杜撰的中西合璧的词的划分法，其中"弦"、"一"字凡两见；"生"亦两见，一为人名，不计）。看来，这些字、词的选择已经构成了此诗的基石、基调、基本情境。这些字、词之间有一种情调的统一性、联结性，相互的吸引力，很容易打乱重组。诗家选用这些字、词（在汉语中这二者既有区别又有联系，字也是有相对独立的意义的），看来已经体现着诗心，体现着风格。

其次，李商隐的一些诗，特别是此诗，字词的组合有相当的弹性、灵活性。它的主、谓、宾、定、状诸语的搭配，与其说是确定的、明晰的，不如说是游动的、活的、可以更易的。这违背了逻辑的同一律、矛盾律与排中律，这也违背了语法规则的起码要求。当我们说"人吃饭，马吃草"的时候，是不能换成"饭吃人，草吃马"的，但这种更换在诗里有可能被容许、被有意地采用乃至滥用。原因在于，这样的诗，它不是一般的按照语法——逻辑顺序写下的表意——叙事言语，而是一种内心的抒情的潜语言、超语言（吾友鲁枢元君的洋洋洒洒的大作《超越语言》对此已有大块论述，笔者当另作专文谈及）。汉语本来就是词根语言（有别于印欧语系的结构语言与阿尔泰语系的黏着语），在这样的诗中，词根的作用更大了。但不同的排列组合也不可忽视，好的排列会带来例如陌生化之类的效果。如笔者的入魔而成的诗、长短句、对联中的"庄生追忆春心泪,望帝迷托晓梦烟"、"杜鹃明月蝴蝶,成无端惘然追忆"、"沧海生烟玉"、"五十弦,只是有珠泪,华年已"、"此情无端"、"春心惘然"等,都是佳句妙句。

第三,诗是真情的流露,这是绝对无可怀疑的。但这种流露毕竟不是擦一下眼角、叹一口气,里面包含着许多形式,许多技巧,许多语言试验、造句试验,许多推敲锤炼。近几年的新诗,其实也是很致力于这样做的,如舒婷、傅天琳的诗。至于一首耐咀嚼的诗,如《锦瑟》,甚至能够产生一种驱动力,使读者继续为之伤脑筋动感情动文字不已。这简直是一种物理学上不可能的荒谬的永动机。当然,不仅《锦瑟》是这样。但《锦瑟》尤其是这样。同属玉溪生的脍炙人口的《无题》诸首,请读者试试如法炮制一下,远远达不到这种效果。这说明《锦瑟》的诗语诗象,更浓缩,更概括,更具有一种直接的独立的象征性、抒情性、超越性和"诱惑性"。而李商隐对这些诗句的组合,也更加留下了自由调动的空间。

第四,笔者"改作"的一首歪诗,两首非牌性(套用音乐上的"无调性"一词)辞章,不妨作为解诗来参考。即通过这样的"解构与重构",可以增加我们对原诗的理解。例如本诗首句,历代解家皆以"锦瑟无端"或"五十弦无端"解之,即认定"无端"是说的锦瑟、弦,这样解下去,终觉隔靴搔痒。试着组合一下"无端惘然"、"无端追忆"、"无端此情"、"无端春心"、"无端晓梦"乃至"无端沧海"、"无端月明"、"无端日暖"、"无端玉烟"……便觉恍然：盖此诗一切意象情感意境，无不具有一种朦胧、弥漫，干脆讲就是"无端"的特色。看来，此诗名"锦瑟"，或是仅取诗的首句首二字，是"无题"的又一种；或是以之起兴，以之寄托自己的情感。而这个题的背后，全诗的背后，写着美丽而又凄婉的两个字，曰"无端"也。此诗实际题名应是"无端"。"无端的惘然"，这就是这一首诗的情绪，这就是这一首诗的意蕴，在你进行排列组合的试验中，没有比这更普遍有效的词了。这么说，这首诗其实是写得极明白的了。

再如庄生梦蝶、望帝化鸟，典故本身是有来有历有鼻子有眼的，用来表达一种情绪，其实不妨大胆突破一下。庄生春心，庄生明月，庄生沧海，庄生锦瑟，庄生蓝田，庄生烟玉，庄生华年，庄生杜鹃，为什么不可以在脑子里组合一下、"短路"一下呢？如果这样的"短路"能够产生出神秘的火花和爆炸来，那又何必惧怕烧断语法与逻辑的低熔点"保险丝"呢？这不是对本诗的潜力的新开拓吗？

再以"锦瑟"做主语吧，锦瑟梦蝶，锦瑟迷托杜鹃，锦瑟春心，锦瑟晓梦，锦瑟沧海明月，锦瑟日暖玉烟……

这是一个陷阱。这是一种诱惑。这是《锦瑟》的魅力。这是中国古典的"扑克牌"式文学作品。这是中华诗词的奇迹。这是人类的智力活动、情感运动的难以抗拒的魅力。这也是一种感觉,一种遐想,一种精神的梦游。这又是一种钻牛角的苦行。这当然是不折不扣的野狐禅。

　　走远了。魂兮归来!

1991 年 11 月

雨在义山

读义山诗,发现"雨"是其诗作中出现频率很高的一个字。不论从人们常讲的"意境"、"氛围"、"形象"意义上看,还是从稍稍拗口一点的"语象"、"诗境"的角度上看,"雨"是构成李商隐的诗的一个重要因子。其重要性,当不在义山喜用的"金"、"玉"、"蝴蝶"、"柳"、"草"、"烛"、"书"、"梦"等等之下。

翻阅人民文学出版社1985年版的《李商隐诗集疏注》所收李商隐的诗五百七十余首,其中以"雨"为标题的十二首,包括《夜雨寄北》、《风雨》、《七月二十八日夜与王郑二秀才听雨后梦作》、《雨》、《春雨》、《细雨》(二首)、《雨中长乐水馆送赵十五滂不及》、《微雨》、《滞雨》、《细雨成咏献尚书河东公》、《回中牡丹为雨所败二首》等;诗中有"雨"字出现的,则更有五十二首,其中比较著名的有《重过圣女祠》、《无题》(飒飒东风细雨来……)、《临发崇让宅紫薇》、《银河吹笙》、《燕台四首》等,从数量上看是很多的。

"雨"是气象,是自然现象,带有明显的季节与地域特点,这些都无需解释。那么,作为义山诗中的雨的自然特征,也就是他的"雨"的最表层的特点,是一些什么呢?

第一是细。"飒飒东风细雨来"(《无题》)是细雨,"帷飘白玉堂,簟卷碧牙床"(《细雨》)是轻柔如丝织的细雨,"萧洒傍回汀,依微过短亭……稍促高高燕,微疏的的萤……"(《细雨》)是娇嫩而又灵稚的细雨,"洒砌听来响,卷帘看已迷"(《细雨成咏献尚书河东公》)、"小幌风烟入,高窗雾雨通"(《寓目》)、"一春梦雨常飘瓦,尽日灵风不满旗"(《重过圣女祠》)、"秋庭暮雨类轻埃"(《临发崇让宅紫薇》)、"珠箔飘灯独自归"(《春雨》)、"夜来烟雨满池塘"(《韦蟾》)等句,描摹雨之细、迷、轻、飘,如雾如烟,体物传神,刻画入微而又温文纤雅。

有一些写雨的句子比上述这些显得气势开阔洒脱一些,如"雨满空城蕙叶凋"(《利州江潭作》)、"凭栏明日意,池阔雨萧萧"(《明日》)、"封来江渺渺,信去雨冥冥"(《酬令狐郎中见寄》)、"逡巡又过潇湘雨,雨打湘灵五十弦"(《七月二十八日夜与王郑二秀才听雨后梦作》)、"沧江白日樵渔路,日暮归来雨满衣"(《访隐者不遇成二绝》)等。虽如此,但也绝对不是大雨、豪雨、暴雨。其所以这样,当然不可能是李商隐只见过细雨小雨,而是说明,李商隐的创作主体,他内心的诗弦,选择了的是细雨,接受了的是细雨。

第二是冷。"觉来正是平阶雨,独背寒灯枕手眠"(《七月二十八日夜与王郑二秀才听雨后梦作》)、"楚女当时意,萧萧发彩凉"(《细雨》)、"红楼隔雨相望冷"(《春雨》)、"秋池不自冷,风叶共成喧"(《雨》)、"气凉先动竹,点细未开萍"(《细雨》)、"初随林霭动,稍共夜凉分"(《微雨》)、"水庭暮雨寒犹在,罗荐春香暖不知"(《回中牡丹为雨所败二首》)等写雨带来的凉意,丝丝入扣,触动读者的每一根神经末梢。特别是"稍共夜凉分"句,把雨之凉与夜之凉区别开来写,体物精细,令人感到诗人对于细雨带来的凉意的体会,堪称切肤连心。

  第三是晚,即喜写暮雨、夜雨。"君问归期未有期,巴山夜雨涨秋池。何当共剪西窗烛,却话巴山夜雨时。"一首七绝《夜雨寄北》,两番"巴山夜雨"——加题目此诗出现"夜雨"字样凡三次。"更作风檐夜雨声"(《二月二日》)、"暮雨自归山悄悄,秋河不动夜厌厌"(《水天闲话旧事》)、"远路应悲春晼晚,残宵犹得梦依稀"(《春雨》)、"积雨晚骚骚,相思正郁陶"(《迎寄韩鲁州(瞻同年)》)、"却忆短亭回首处,夜来烟雨满池塘"(《韦蟾》)、"楚天长短黄昏雨"(《楚吟》)、"虹收青嶂雨,鸟没夕阳天"(《河清与赵氏昆季宴集得拟杜工部》)、"滞雨长安夜,残灯独客愁"(《滞雨》)以及前面已经引用过的"日暮归来雨满衣"、"觉来正是平阶雨,独背寒灯枕手眠"、"珠箔飘灯独自归"等都写日暮天晚或夜间的淅淅沥沥的雨。有些诗并未明确写暮、夜或白天,但也常用"昏"、"蜡烛"等词渲染出一种暮雨、晚雨、夜雨的景境,如"楼昏雨带容"(《垂柳》)、"必拟和残漏,宁无晦暝辈"(《细雨成咏献尚书河东公》)、"玉盘迸泪伤心数，锦瑟惊弦破梦频"(《回中牡丹为雨所败二首》)、"风车雨马不持去，蜡烛啼红怨天曙"(《燕台四首·冬》)等。雨细、雨冷、雨暮、雨夜，气氛就更加沉晦了。

  细雨、冷雨、晚雨，大致是"雨"在义山诗中的属性。李商隐的诗中当然没有毛泽东的"大雨落幽燕，白浪滔天"与"热风吹雨洒江天"，也没有清新愉悦的王维的"渭城朝雨浥轻尘，客舍青青柳色新"；没有自然的普润众人的"清明时节雨纷纷，路上行人欲断魂"，也没有满足万物的渴望的"好雨知时节，当春乃发生"。李商隐对这种细雨、冷雨、晚雨的描写以及对这一类的雨的偏爱，当不是偶然的。

  那么，我们的探讨从而进入了第二个层次，即李商隐对于雨的主观感受。

  首先，雨对于李商隐，带来了一种漂泊感，一种乡愁。"凄凉宝剑篇，羁泊欲穷年。黄叶仍风雨，青楼自管弦"(《风雨》)，《夜雨寄北》的名句，"滞雨长安夜，残灯独客愁"(《滞雨》)的抒写，都与诗人的"薄宦梗犹泛"(《蝉》)的浪迹天涯的心情相契合。可能是"雨"这种自然现象使诗人更加感受到天地空间，增加了距离感："楚天长短黄昏雨"(《楚吟》)；可能是雨声雨凉使诗人更加感受到思乡的痛苦："曾省惊眠闻雨过，不知迷路为花开"(《中元作》)；也可能是风雨飘摇的不利于旅行、游乐生活的气象现象，使诗人更加感受到自己的艰难、孤独、未有归宿:"珠箔飘灯独自归"(《春雨》)、"上清沦谪得归迟"(《重过圣女祠》)。反正在李商隐的诗中,别情如雨,雨情含恨,他的许多诗(主要指抒情诗)中有着雨的无边无沿而又渗透细密的愁绪。

阻隔,是李商隐对于雨的另一种感受。在他写雨(其实不仅写雨)的诗句中,常常有一种阻隔的感受,雨是被阻隔着体验的:"雨过河源隔座看"(《碧城三首》)、"隔树渐渐雨"(《肠》)、"虹收青嶂雨"等等便是如是。另一方面,雨本身也成为一种阻隔,那就是"红楼隔雨相望冷"了。这里,"阻隔"既是李商隐的性格、心态的一大特点,也是他的诗作的一个风格。

第三是迷离。"细"的客观属性带来"迷离"的主观感受,这本来是很自然的。"渺渺"、"冥冥"、"梦雨"、"烟雨"、"雾雨"、"轻埃"等词,特别是通篇的氛围,使一首又一首诗笼罩在一种如烟似雾的梦一般的蒙蒙细雨之中。"沧海月明珠有泪,蓝田日暖玉生烟",诗人的审美追求特别敏感于宇宙、人生、身世、情感的这种扑朔迷离、可以意会而不可言传的美。那么,本身就具有迷离的特征的雨,受到诗人的青睐,被经常用到自己的诗句中,也就是必然的了。

第四是忧伤,或者用我们老祖宗爱用的字即"愁"字。但这里用略带洋味的"忧伤"一词,似乎更能传义山的幽雅蕴藉的愁苦之神。"飒飒东风细雨来,芙蓉塘外有轻雷"的开端,引出了"春心莫共花争发,一寸相思一寸灰"的结语,这在义山诗中已属有血有泪够刺激的了。更多的则是"怅卧新春白祫衣,白门寥落意多违"(《春雨》)、"阶下青苔与红树,雨中寥落月中愁"(《端居》)。也有时候诗人直抒胸臆,把雨与自己的身世直接联系起来,如"高楼风雨感斯文"(《杜司勋》)、"茂陵秋雨病相如"(《寄令狐郎中》)等。表达李商隐的雨中忧伤,"寥落"确实是一个合适的词。

第三个层次,我们要探讨的是,细雨冷雨晚雨也好,漂泊阻隔迷离忧伤也好,到了李商隐这里,确实是大大地文雅了、升华了、婉转了、缜密了,大大地艺术化了,成为一种非义山难以达到的美的境界。

美是一种体验。冷雨本身无所谓美,忧伤本身也无所谓美,但是一颗追求美、向往美并能时时共鸣沉醉于美的体验的心灵,却可以将天象人事,将冷雨忧伤作为美的心灵的对象来体察、体贴、体味。"红楼隔雨相望冷,珠箔飘灯独自归",此情此景此结构此对仗此词此语经过了诗心的加工,美极了。这里,不但红楼、雨、冷、珠箔般的雨点的飘洒、灯成为审美的对象,"隔雨""相望"的距离感,"独自归"的寂寞感,也变成美的对象。当诗人写诗的时候,一方面可以说与红楼、雨、飘洒、灯、冷以及阻隔而又寂寞的心情亲密无间,体贴入微,同时另一方面却又以一种审美主体的身份君临于这些对象之上,自问自答,自怜自爱,自思自感,美的体验成为美的陶醉、美的享受,成为诗的灵魂、诗的魅力、诗的色彩。

美是一种表达的过程。一种刻骨铭心的对于细雨冷雨暮雨夜雨的飘飘摇摇、迷迷离离、寥寥落落的体验，是无法赤裸裸地原封不动地表达出来的。体验需要表达，所以才写诗，哪怕写出诗来秘而不宣，仍然是表达给自己。就是说，即使是自言自语也仍然是表达，是用语言符号来表达。写诗的过程也是一种自我审视的过程，为了审视必须提供审视的对象，为了形成这样的对象必须有所表达。诗是这样的表达。诗的形象诗的意境诗的象征便是这样的表达的寄托。在雨成为这样的诗情的寄托的时候，雨也就更加诗化了。这就是说，雨的对象因为诗人的诗化表达，而成为了美的对象。诗心诗作将美的特质赋予了雨。《夜雨寄北》之所以脍炙人口，就在于诗人的乡情寄托在"巴山夜雨"上。未有归期而思归，"何当共剪西窗烛，却话巴山夜雨时"。巴山夜雨是实有的，实有的巴山夜雨与虚的未有的归期联系在一起，又与未来的或有的实的共剪西窗烛联系起来，成为或有的实的共剪中的虚的回忆，现时的巴山夜雨，成为未来时的共剪烛中的过去时的回忆，这样的一唱三叹一波三折的表达，当然极大地美化了思乡的"一般性"愁绪。

"一春梦雨常飘瓦，尽日灵风不满旗"，咏雨的此联，完全可以与"红楼隔雨……"句比美。这里，作者的寂寞、漂泊、寥落的身世感不仅寄托在雨上，尤其寄托在圣女像上。这里，雨是梦的，风是灵的，自然的雨和风被赋予了超自然的神灵与心灵的品格。按道理，雨是不大可能飘的，除非雨下得很小，很巧又有一阵阵的风,吹得雨丝飘来飘去。但风也很小,尽日也吹不起一面旗子来。东风无力,细雨飘飘,这超自然的神灵与心灵的力量又是何等的柔弱、何等的无济于事,最终只能无可奈何罢了!而这是"无可奈何"之美!晏殊的名句不正是"无可奈何花落去,似曾相识燕归来"吗?

这些诗句当然不无颓唐,但是诗人的颓唐毕竟与例如酒鬼的颓唐不同,诗艺为哪怕是颓唐的情绪寻找寄托、结构、语言、音韵,制造——或者说是创造情感的节制或者铺陈、寄托的高雅或者亲切、意境的深远或者明白、语言的准确或者弹性,这一切都是美的历程,审美的过程。"一春梦雨"与"尽日灵风"的对偶是美的,但已经不是一种原生的情绪本身的美而是表达的结构与形象的美。"常飘瓦"与"未满旗"的既柔弱又执着的动态是美的,这既是体验的美也是炼字炼句的美。珠箔飘灯,梦雨飘瓦,李商隐用这个"飘"字的时候是充满情感,充满对自己的"羁泊"的身世的慨叹的,因而绝无李白的"霓裳曳广带,飘拂升天行"(《古风·第十九》)或"一朝去金马,飘落成飞蓬"(《东武吟》)中的"飘"字的洒脱与力度。而二李的飘都是美的,因为它们都经过了诗人的编织与创造。至于"留得枯荷听雨声"(《宿骆氏亭寄怀崔雍崔衮》)这一名句之美雅,全在于寄托角度即表达角度的独具风雅;"相思迢递隔重城"(同上诗)的辗转,表现为夜来听遍雨打枯荷的声响,而诗人用留荷听雨的风雅,掩盖了却也从而婉转地表达了相思迢递、夜不能寐的忧伤。

那么,最后,我们可以说美是一种形式了。当李商隐把雨情情雨以至他的一切感受情志表现为格律严格的韵文,表现为用词绮丽而又典雅、深挚而又蕴藉、工整而又贴切的语言——文字的时候,美的境界完成了。这里,孔夫子时代已经奠定的中国式的"乐而不淫,怨而不怒,哀而不伤"的诗艺、诗美、诗教确实是一种理想的力量、美善的力量、健康的因素。寻找形式的过程,特别是李商隐寻找他的精致、幽深、讲究的诗的形式的过程,吟哦的过程,炼字炼句炼意(这三者也是不可分的)的过程,修改的过程,也是一个审美的过程、调节的过程,安慰和欣悦的过程,说得夸张而又入时一点,这几乎是一个心理治疗的过程。不论情绪多么消沉,把消极的情绪诗化的努力仍然是有为的与带有积极因素的艺术实践。不论自叹身世多么畸零,诗的形式(例如七律的种种讲究)的完整与和谐却似乎哪怕是虚拟地实践了诗人对完整与和谐的生命、人生、生活的向往。李商隐的诗特别是抒情诗常常是忧伤的,但读他的诗获得的绝对不仅仅是消沉和颓唐的丧气。在读者为他的忧伤而喟然叹息的同时,你不能不同时感到一种钦佩、赞赏、欣悦乃至兴奋,你会不无惊喜地发现,即使是畸零不幸的身世,也能带来那么深幽的美的体验,带来那么感人的诗情诗心诗作,带来那令人激动的读者与诗人的温馨的心灵交会。诗是巨大的补偿,义山的未尽之才,在诗里其实是尽了——他还有许多或者更多比较不是那么十分出色的诗。他真正堪称精彩的诗，窃以为不超过百首，只占六分之一，能不能说明义山吟诗略尽才呢？他的未酬之志，在诗里其实已经酬了，至今他还牵动着中外许多读者的心！他的未竟之业，在诗里其实已经完成了，又有几个诗人能具有堪与义山伦比的艺术事业的辉煌呢？

笔者曾经有一个讲法：真正的艺术（有时还包括学术）是具备一种"免疫力"的，它带来忧愁也带来安慰与超脱，它带来热烈也带来清明与矜持，它带来冷峻也带来宽解与慈和，它带来牢骚也带来微笑，带来悲苦也带来信念，带来热闹也带来孤独，带来柔弱也带来坚韧，带来误解、歪曲、诽谤也带来永远的关注与共鸣。有诗应去病，得韵自怡神！也许李商隐的感情与意志是柔弱的，但当这些柔弱化为千锤百炼的诗篇以后，这些诗便是很强很强的了——套用斯大林时代一首苏联歌曲的歌词，叫作"在火里不会燃烧，在水里也不会下沉！"

最后，让我们从比较义山的"雨诗"与其他诗人的"雨诗"（词）出发，探讨一下李商隐的性格以及他的身世的性格根源吧。杜甫有句"文章憎命达"（《天末怀李白》），义山有句"古来才命两相妨"（《有感》）。其实综观义山一生，并未遇到类似屈原、司马迁、李白、杜甫、韩愈、柳宗元乃至王安石、苏轼那样的政治挫折、政治危难、政治险情，除了在派别斗争中他的某些行为"表现"为时尚所不容以外，他没有获过罪、入过狱、遭过正式贬谪。但他的诗文要比上述诸人哀婉消沉得多。尽管他的咏史诗表达了许多清醒的见解，表明他不无政治判断力、政治智慧，但他显然缺少政治家的意志与决心，尤其缺少封建政治家的认同精神，即他未能对时代、对朝廷、对皇帝、对同僚认同，也不能对社会各阶层与广大百姓认同，又不能像道家或儒家的另一面那样与天地、与自然、与宇宙万物认同。杜甫的"好雨知时节"，是站在被滋润的万物万生的立场上写的，其心甚"仁"，因而"晓看红湿处，花重锦官城"，他对雨充满希望，对明日的"晓看"充满希望，他替万物承载了"春夜喜雨"的湿润与重量，他代万物立言。李商隐咏雨之作中有"雨气燕先觉，叶荫蝉遽知"（《送丰都李尉》）句，体会了一下燕、蝉、身外的生命的感受，"先觉"、"遽知"则仍然是且疑且惊，无定无力："先觉"固然觉了，仍然吉凶难卜，更不知"先"以后的事会发生些什么；"遽知"叶荫则更含有一种夏将尽晴日将尽的触目惊心的颤抖。"隔树澌澌雨，通池点点荷"句也不算悲凉，但是这里的树与荷对于雨来说，是不相通的，它们之间的相互关系是陌生的、漠然的。"留得枯荷听雨声"亦如是，"枯荷"与"雨声"之间的关系仍然是被动的，无相求相知相悦之情的，这就与锦官城里的红花对喜雨的欣然迎接与接受全然不同了。这些句子，在李商隐的咏雨之作中还是比较明快的，其他，就更加顾影自怜，心事重重：义山多寂寞，浑若不胜雨！"秋应为黄叶，雨不厌青苔"、"离情堪底寄？惟有冷于灰。"（《寄裴衡》）秋、黄叶、青苔与雨浑然一个凄凄迷迷的世界，这世界似乎只余下了一个"冷于灰"的诗人了。

韩昌黎诗云:"天街小雨润如酥,草色遥看近却无。最是一年春好处,绝胜烟柳满皇都。"虽是小雨,视野开阔,感受和悦,春好处虽言绝胜,烟柳皇都未必不佳,诗人对世界对季节换转的眷眷之意溢于言表,空间时间,都牵连着韩愈的济世之心,诗人是用自己的眼睛、自己的心灵来表现为之喜悦的春雨中的世界的。李义山则不同,"花时随酒远,雨后背窗休"(《灯》),雨与随雨而来的时令迁移的暗示引发的是一种渐远渐休的失落感。"帷飘白玉堂,簟卷碧牙床,楚女当时意,萧萧发彩凉"中的细雨,本身就显得有些孤独与寂寞,雨自细自飘自卷自凉,而与世界不得交流。"一春梦雨常飘瓦",雨飘于瓦,本为陌路,与蝉鸣于树相通。"一树碧无情",美丽的"一树碧"却是无情的,何况比碧树更晦暗也更无生意的瓦片?陌路相逢,终难依靠,飘曳而过,雨自萧条,瓦自沉寂而已。"红楼隔雨"、"珠箔飘灯",以我望雨,雨中我归,从我到雨,从雨到我,李义山的许多诗不管用多少典故,多少迷人的境象,最终仍然是从我到我,以我写我;雨也罢,瑟也罢,蝴蝶也罢,终归是我的凄迷婉转、自恋自怜之情的寄托罢了。

让我们再举一些其他人写雨的诗词的例子。后主词"帘外雨潺潺,春意阑珊",自是名句。"罗衾不耐五更寒。梦里不知身是客,一晌贪欢!"多情别恨,贯通如注,不像义山诗作那样曲绕麻烦。"独自莫凭栏,无限江山。别时容易见时难,流水落花春去也,天上人间。"愁也愁得晓畅,悲也悲得痛快,天上人间,无限江山,春已去也,"别时容易"(而不是"相见时难别亦难"),再见了,过往的美好时代!后主毕竟是对现实的萧瑟,也还能从怀旧的回忆中得到某些感情的缓解与排遣——他梦里还能"一晌贪欢"呢!李商隐能吗?"梦为远别啼难唤"、"独背寒灯枕手眠",梦里也没有欢乐的回忆呀!

再看一首作者常常与义山并提、艺术风格上有某些接近之处的温庭筠《咸阳值雨》,诗曰:"咸阳桥上雨如悬,万点空蒙隔钓船,还似洞庭春水色,晓云将入岳阳天。"视野阔大,联想纵横,吞吐自如,远远不像义山那样执著凄迷。温庭筠词中有"海棠花谢也,雨霏霏"句,丽句却无多少可咀嚼处,相形之下,何义山诗境之层次深叠也!

王驾《雨晴》诗曰:"雨前初见花间蕊,雨后全无叶底花。蜂蝶纷纷过墙去,却疑春色在邻家。"构思别致,清新明丽,花事有始终,蜂蝶迁移,不无逝者如斯之叹,万物静观,倏忽消长,应生超然自得之怡。"却疑",云云,从高处看,是一种宽容的可以理解的幽默;从"蜂蝶"本身来想,毕竟希望在人间,有几分浪漫的"非消极"了。李商隐的《回中牡丹为雨所败二首》,题材相近,其一曰:"……无蝶殷勤收落蕊,有人惆怅卧遥帷。章台街里芳菲伴,且问宫腰损几枝。"其二曰:"浪笑榴花不及春,先期零落更愁人。玉盘迸泪伤心数,锦瑟惊弦破梦频。万里重阴非旧圃,一年生意属流尘。前溪舞罢君回顾,并觉今朝粉态新。"仍然是寄托身世的感慨,蕴藉含蓄,层次深遥,"惆怅"、"伤心",不但牡丹先期"零落","章台芳菲"即"章台柳"的命运亦是风雨飘摇,委实寥落已极。但又自我欣赏,自我咀嚼,虽"惊"、"破"、"属流尘"、"落蕊"而"粉态"犹"新",自恋未曾稍退。

至于苏轼写雨,不论是"水光潋滟晴方好,山色空濛雨亦奇,欲将西湖比西子,淡妆浓抹总相宜"(《饮湖上初晴后雨》),还是"山下兰芽短浸溪,松间沙路净无泥,萧萧暮雨子规啼。谁道人生无再少,门前流水尚能西!休将白发唱黄鸡"(《浣溪沙》),都把雨作为大自然的一种净化的、涤洗俗尘的因子来写。后面那首《浣溪沙》写的是"萧萧暮雨",写了人生无再少之叹(虽然用了休将、谁道的否定语气),却有几分豁达。而这种豁达,来自苏轼对"天"、对大自然的认同。李白诗中亦不乏这种认同,如同对于"五岳"、"名山"的向往。而李商隐却做不到这种认同,"碧云东去雨云西,苑路高高驿路低"(《雨中长乐水馆送赵十五滂不及》),碧云和雨云,苑路与驿路,东西高低相互是疏离的。这还是一首比较愉快的诗,乃至有的注者以为诗含戏谑。其他众多的诗里,如前所述,雨带来的是更加无端无解的忧伤情愫了。

当然也有一些唐代诗人,写雨的情调与义山相近。如韦应物的《赋得暮雨送李曹》:"楚江微雨里,建业暮钟时。漠漠帆来重,冥冥鸟去迟。海门深不见,浦树远含滋。相送情无限,沾襟比散丝。"又是微雨,又是暮钟,又是漠漠,又是冥冥,又是鸟去迟,又是深不见,语言、迷离氛围,像义山了,而"相送情无限"句,直言情无限,有友谊的温暖了,有感情的直露了,"沾襟比散丝",再凿实一步;结果冥冥漠漠的氛围衬托的是明确无误的离情友谊。前述李义山送行诗的结句"秋水绿芜终尽分,夫君太聘锦障泥"的感情色彩则含而不露得多,失落感要更加弥漫得多。

更近义山雨诗的是谭用之的《秋宿湘江遇雨》:"湘上阴云锁梦魂,江边深夜舞刘琨。秋风万里芙蓉国,暮雨千家薜荔村。乡思不堪悲橘柚,旅游谁肯重王孙?渔人相见不相问,长笛一声归岛门。"湘江遇雨、锁梦、暮雨、乡思、橘柚与王孙之叹,特别是诗人的仕途困踬、怀才不遇的不平之气,颇近义山,唯"江边深夜舞刘琨"的豪气为义山所少有。秋风万里、暮雨千家,芙蓉国、薜荔村联也比义山诗境开阔。结句"渔人相见不相问"用渔人问屈原典,诗人的遭遇不如屈平,连相识相问的渔人都没有,语极悲怆。但紧接着一转而为潇洒豁达飘然之语:"长笛一声归岛门",自我感觉良好地回到大自然中去了。相形之下,义山的"永忆江湖归白发,欲回天地入扁舟"则要更加压抑怨嗟得多。至于李商隐写到潇湘雨的那首诗《七月二十八日夜与王郑二秀才听雨后梦作》,是古体,是梦境,当然难与谭用之此诗比较,结尾两句"觉来正是平阶雨,独背寒灯枕手眠",更显寥落怅惘。唐人诗古体、七律、五律即较有篇幅的诗篇,往往在写罢困厄牢骚之后于结尾处书豁达排解之语,给自己的情感以出路。李白的《行路难》写罢"欲渡黄河冰塞川,将登太行雪暗天"的"行路难"之后,结尾却是"长风破浪会有时,直挂云帆济沧海"。杜甫的《不见》,写过李白的"佯狂真可哀"、"世人皆欲杀"以后,结束于"匡山读书处,头白好归来"(当然,杜甫诗中有大量结尾是沉重的)。白居易的一首非常沉郁的诗《自河南经乱,关内阻饥,兄弟离散,各在一处。因望月有感,聊书所怀,寄上浮梁大兄,于潜七兄,乌江十五兄,兼示符离及下邽弟妹》:"时难年荒世业空,弟兄羁旅各西东。田园寥落干戈后,骨肉流离道路中。吊影分为千里雁,辞根散作九秋蓬",写到这里,可谓步步紧逼,沉重得要塌下来、压下来了,结尾两句却是"共看明月应垂泪,一夜乡心五处同"。虽然不得相聚,却能通过明月而互相交流,"一夜乡心五处同",于无可奈何之中得到了与明月认同并使乡心互相认同的安慰。而义山呢,常常在怅惘寥落无限之后,于结尾两句再下血泪辣手,再给人的心灵以惨痛的一击,如"刘郎已恨蓬山远,更隔蓬山一万重","春心莫共花争发,一寸相思一寸灰",或者是余音袅袅,使有限的伤感弥漫于无限的时空,如"此情可待成追忆,只是当时已惘然"(《锦瑟》)与"玉郎会此通仙籍,忆向天阶问紫芝"(《重过圣女祠》),寓悲凉于无迹无形。

从以上的比较分析不难看出,作为一个诗人,李商隐常常深入地钻进自己的内心世界,对于自己的身世与情感的"寥落"、"惆怅"境况十分敏感,又十分沉溺于去咀嚼体味自己的"无端"的"寥落"与"惆怅"。他似乎有一种自恋的情结,有一种并非分明可触的难言之隐,使他生活在自我的忧伤心绪里,从而与天与人都呈现不同程度的疏离。他的"独自归"、"独背寒灯"使他难于和外界相通,这种难于相通常常使他更加感到孤独。这样一种孤独感和陌生感使他对自己的境遇和不幸更加自怨自怜。自怨自怜的结果当然会使一个敏感、多情、聪明而又抑郁的诗人更加失群寡欢。他的诗中绝少畅快淋漓,哪怕是佯狂癫放。他很少洒脱超拔,哪怕是自欺自慰。他更少踌躇意满,哪怕是扮演一个求仁得仁的悲剧式英雄。他经常好像是什么都没有得到,甚至什么都无法再寄予期望。这样,大自然的细雨冷雨暮雨夜雨,就常常成为他的细密、执着、无端无了、无孔不入的温柔繁复而又迷离凄婉的忧伤的物化与外观了。

而他的才华,他的修养,他的钟情与他的节制,使他用自己的忧伤自己的不如意,也用雨用瑟用蝴蝶柳枝用书信梦境用金玉摆设又用各种动人的典故为自己构筑了一个城池叠嶂、路径曲折、形象缛丽、寄寓深遥的艺术世界。城池叠嶂而互相交通又互为阻隔,路径曲折而易于走失又突然获得,形象缛丽而信息充溢美不胜解,寄寓深遥而或指或非体味无尽。可以想象,这样一个精致而又独到,虽不阔大却是十分幽远的艺术世界,将会怎样地吸引着诗人自身!诗人一生用了多少时间、多少情感智慧来构筑、来徘徊、来品味他的诗的艺术世界:这样一个世界的缔造者注定了要成为它的沉醉者、漫游者、牺牲者,他又怎么样去过正常人的生活、仕宦的生活!这样的世界令当时乃至千年来的读者咀嚼不已,流连不已,赏悦激动不已!这样一个诗的世界当是出色的、奇妙的,但这样的世界本身不是也可能成为李商隐与他的社会生活、仕途生涯的一个阻隔吗?如果说诗的艺术可以成为一种健康的因素、调节的因素、"免疫"的因素,那么,从世俗生活特别是仕宦生活的观点来看,那种深度的返视,那种精致的忧伤,那种曲奥的内心,那种讲究的典雅,这一切不也同时可能是一种疾患、一种纠缠、一种自我封闭乃至自我噬啮吗?

呜呼义山!你的性格成就了你独特的诗风,你成为一个着实吸引古今中外读者的诗人,而你的作品的阅释的困难又带来了那么多歧义以及与歧义一样多或者更多的兴趣。同样,你的生平经历也招引了不同的解释与评价。你的生平就像你的诗一样,在顿挫、抑郁的外表下面包含着莫名的神秘。难道一切不幸就出自牛李党争,出自你娶了王茂元的女儿为妻从而"站错了队"了吗?这唯一的解释能那么充分和令人满意吗?似乎不难推测,李商隐的性格偏于软弱内向,缺少"男子汉"、"大丈夫"的杀伐决断,咏史诗写得再好只能说明尚有见地与热情罢了,这离社会对于一个济世的实行家的要求还差得很远很远。他能联合和依靠一切可以联合依靠的力量去实现他的济世安邦的理想吗?他能分析形势、不失时机地做出必要的选择与表现吗？"烦君最相警，我亦举家清"（《蝉》）的李商隐，当然也不会、不肯夤缘时会、见风使舵、左右逢源，更不可能与宵小们同流合污、蝇营狗苟了。谈到他的身世的悲剧性，除了社会历史、派别斗争的原因以外，是否也可以从他的性格特点上找到一点根由呢？

1990 年

对李商隐及其诗作的一些理解

义山诗或可分为政治诗、感遇诗与抒情诗三大类。李商隐政治诗的特点是气象恢宏、嗟叹深沉、见识卓然,既有一种旁观者的清醒冷峻,又有一种旁观者(无法投入、无法发挥什么"主体性")的无可奈何的悲凉。是他的身世造就了他的悲凉乃至不无颓唐的性格吗?是他的性格影响了他的命运遭际吗?读义山生平诸事亦多矣,总觉得还是难以理解。不像例如李白、苏轼、陆游,读其诗作再知其生平概略,便凸现出一个活脱脱的"典型人物"来。

著名的《重有感》:"玉帐牙旗得上游,安危须共主君忧。"首联高屋建瓴,正气凛然,有一种绝对的政治——道德观念所形成的优势、一种自信所形成的势能。"窦融表已来关右,陶侃军宜次石头",两句一句接一句,有一种紧锣密鼓的紧迫感。即使对窦融陶侃的典故不详,也可从表、军、已来、宜次、关右、石头及两个人名中感到一种一浪高于一浪的前激后涌的气势。

"岂有蛟龙愁失水,更无鹰隼与高秋",执着的诗情已经大于政治评论的理智了,蛟龙失水,鹰隼铩翼,历史当时,岂"无"先例?岂"有"云云,书生气了。尾联"昼号夜哭兼幽显,早晚星关雪涕收",急切有余而从容不足,有政治激情而未必有政治手腕。政治与诗情诗才,固难两全也。

另一首脍炙人口的咏史—政治诗《筹笔驿》:"鱼鸟犹疑畏简书,风云常为护储胥。"开始两句气象最为不凡而又诉诸感觉,清晰可视。鱼、鸟、风、云都是写实的与客观的,"畏简书"与"护储胥"则是历史的兼想象的了。"犹疑"也,"常为"也,言之渺渺,似真似伪,给鱼游鸟飞风吹云移的豪迈而又略带险峻的大自然与军令严明、"工事"密集的过往军旅生活之间安放了一道软索似的桥梁,令人觉得境界丰富,富有张力。十四个字左冲右突,有动有静,有实有虚,且缓且急,气象万千。《筹笔驿》之所以不同凡响,很大程度上靠的是这首两句。"徒令上将挥神笔,终见降王走传车",这种悲剧性的故事概括十分精当。"徒令"云云,这种遗憾屡见于李诗中。"徒劳恨费声"(《蝉》)是"徒";"春心莫共花争先,一寸相思一寸灰"(《无题》)也是"徒"啊。在"胜者王侯败者贼"的观念源远流长的中国,对诸葛亮这位失败的英雄却是歌颂怀念备至。"管乐有才真不忝,关张无命欲何如"以及"他年锦里经祠庙,梁父吟成恨有余",语言锤炼不够,更接近于平铺直叙。"有才"与"无命"的矛盾,倒确是此恨绵绵,万古同悲。

温李齐名，商隐并有《闻著明凶问哭寄飞卿》诗作，"昔叹谗销骨，今伤泪满膺。空余双玉剑，无复一壶冰……"，情挚语奇，跌宕悲邈。《唐才子传·温庭筠》曰"……侧词艳曲与李商隐齐名，时号温、李"，但总觉温与李不同，李的气象要丰富得多，风格要变化得多，感喟要深邃得多，寄兴要迢阔得多。"侧词艳曲"云云，太皮相了，完全不能概括李商隐的风格。一句话，李商隐的作品更有分量。而这种分量的一个重要的因子乃是政治。有政治与无政治，诗的气象与诗人的胸怀是大不相同的。一个完全不涉政治的侧词艳曲的作者，不可能获得那种思兴衰、探治乱、问成败、念社稷、忧苍生的胸怀，不可能获得那种与历史、与世界、与宇宙相通的哲学的包容，不可能达到那种亦此亦彼、举一反三的感情深处的通融，不可能达到那种幽深复杂、曲奥无尽的境界。有什么办法呢？李商隐在政治上是失败的，甚至连失败都谈不到，因为他根本没有获得过一次施展政治抱负、哪怕是痛快淋漓地陈述一次政治主张的机会。但这种无益无效的政治关注与政治进取愿望拓宽了、加深了、熔铸了他的诗的精神，甚至连他的爱情诗里似乎也充满了与政治相通的内心体验。

古代写政治诗与从政，大概并不是一回事，甚至说不定往往相悖相反。有见解有情致又有很好的文字功力，大概可以写出不错的政治诗来。但政治并不是诗，政治要现实得多、平凡得多、艰巨得多也风险得多。水至清则无鱼，太清高不行，太浊污庸俗也不行。太急不行，太谨慎——小手小脚小鼻子小眼也不行。没有见解不行，只有见解没有推广落实自己的见解的意志、手段与韧性，或不懂得某些情况下做出妥协，即放弃或部分放弃、暂时放弃自己的某些见解的必要性也不行。甚至见解言而非时，见解过于超群而招众恶，完全不懂得随众从俗的必要性也是不行的。这一类事情，大概难以入诗，入"太史公曰"没准还凑合。总之在古代，好的政治诗人未必是好的政治家。

感遇诗其实既是政治诗也是抒情诗。如《安定城楼》："迢递高城百尺楼，绿杨枝外尽汀洲。贾生年少虚垂涕，王粲春来更远游。永忆江湖归白发，欲回天地入扁舟。不知腐鼠成滋味，猜意鹓雏竟未休。"首句言高，二句言远，虽平平未见佳妙却也流露了一种失意的空旷寂寞，时髦一点讲，叫作"失落感"。贾生王粲句抒写不得志的郁郁，即使不太详细这二典的原委，仍然可以从"虚垂涕"与"更远游"中感到那悽悽惶惶、无依无托的苦况。古人怀才不遇的太多了，诗里写怀才不遇的也太多了，这两句虽对仗工整，读之上口，仍然很难打动谁。颈联"永忆江湖"、"欲回天地"，其实是无可奈何的颓唐中的自我排遣和解脱。这样的心情也相当传统，起码从春秋时越国大夫范蠡那里就可以找到先例，不同的是范蠡功成名就之时急流勇退，飘然携美女西施而去，而李商隐则不但没有"大夫"过，甚至政治上还没发芽就被"剪去"了"凌云一寸心"，又没有西施可携，于是抱怨旁人是"鸱鸟"，而以"鹓雏"自况。这里也有悖论：既然对"腐鼠"轻蔑厌恶，既然"永忆江湖"而且"欲回天地"，那么又何必兴贾谊王粲之叹？既然有贾谊王粲之思，又如何能将相位、将功名利禄视为粪土、视若"腐鼠"？试看义山在《漫成五章》之三中，慨叹道："借问琴书终一世，何如旗盖仰三分。"这种进取意向又如何能与归江湖的淡泊洒脱统一起来呢？如何与"鸥鸟"划清界限呢？或说李商隐之追求功名与那些蝇营狗苟之辈不可同日而语，他是为了苍生，为了社稷，而那些家伙是为了私利。这种动机上的崇高与卑下的区分并不像江湖与朝廷的区分那样明白啊。我们的诗人李商隐既要清高又不能心平气顺地甘于寂寞；既要在政治上有所作为又不能与包括贾谊王粲也包括腐鼠鸥鸟在内的权力的占有者与角逐者认同，既要"凌云"又要"入扁舟"，真难啊！也许，这首诗的魅力恰恰在于它对这种两难的心态的传达？

　　政治—人生的通塞浮沉所引发的感慨，也像爱情婚姻所引发的感触一样，它们所获得的知音和共鸣往往能超过各自本义的范围。"皇都陆海应无数，忍剪凌云一寸心？"（《初食笋呈座中》）在"食笋"的题目下竟写出这样痛心疾首的诗句，无意于仕途的读者同样也会为之一恸。同样，这样的对于挫折的敏感，这样的小遇不顺就大为悲哀（写此诗时义山只有二十几岁，即使试而不第，似亦不必如此痛苦），实在不能说是强者的性格。"浪笑榴花不及春，先期零落更愁人"（《回中牡丹为雨所败·其二》），读此章后笔者甚至要问，开成三年，二十五岁的李商隐对于"先期零落"的体验,不是太"超前"了么?究竟是太多的牡丹"先期零落"了,还是我们的诗人"先期愁人"、"先期悲叹"了呢?他怎么会有这么强的"先期零落"意识?简直是"夭折意识"呢!本诗尾联"前溪舞罢君回顾,并觉今朝粉态新",似有自慰,又似更加悲观,将来会更加零落,这里的更加零落是预测将来,并觉今朝则是立足于未来所回顾的过去即现在。用更加悲观的未来反衬悲观的现在尚称差强人意,太颓丧了!但这种时间上的后推前溯,灵活地推来推去的办法,是义山用得很纯熟的一种表达一波三折的情感的路数,也是一种很摇曳、很婉转的赋诗方式。"何当共剪西窗烛,却话巴山夜雨时"(《夜雨寄北》)是如此,"此情可待成追忆,只是当时已惘然"(《锦瑟》)也是如此。这种时间的处理既飘逸又深挚,既悲极而又因悲极而觉今日未必极悲,不能不说是充分地发挥了汉语汉字的长处,例如汉语动词时态缺乏严格规定变化,说不定反而成全了这种灵活的时态处理。

那么就说一说《夜雨寄北》吧。"君问归期未有期",谁问了?是真的当面问了或来信问了或传话问了吗?抑或只是虚拟"如果某人"相问?妙哉汉语之分不大清"虚拟语态"与"陈述语态"、"第二人称"与"第三人称"也。我更愿意想象这是诗人与千里之外的亲人乃至天人相隔的亲人(其时可能其妻王氏已死)在想象中的对话,是诗人与想象中的故乡的对话。"巴山夜雨涨秋池"很美,很饱满也不无凄清。因为一个"雨"再加一个"秋",在汉诗传统中不知积淀了多少离情别恨、孤凄情愫,没有汉诗修养的人当难以尽情体会。如果说此诗第一句有一个显形的"君"在问一个隐形的"我",第三句第四句有一个隐形的"我们"或"咱们"做主体的话,那么这句"巴山夜雨涨秋池"就是一个优美的"空镜头"了。在虚拟的问答之中,楔入一个秋天的巴山夜雨从池中满涨起来的实景,加上这样一个鲜明具体而又意在象外的境象,使全诗的虚实搭配更加和谐。而空间上,既写到巴山,又想着何时将归、何时在那里共剪西窗烛的故乡;时间上,既写到即时客居,又写到已成为过去、将成为未来的故乡与将归故乡,尤其是写到将归后的对于即时——巴山夜雨的回忆、可能的回忆,这样萦绕心头,深挚而又轻灵优美,回旋如歌曲如绵绵的秋雨,含蓄如面带微笑的叹息,而这一切表现在二十八个字中。二十八个字中仅"巴山夜雨"就出现两次,两个四,占了八个字;两个"期"一个"时",含义相近,占了三个字;"何当"、"却说",语气词发语词又占了四个字,短小精练却绝不局促,绝没有删削造成的残伤,甚至可以说是天衣无缝地完整而又从容,堪称绝唱!

　　政治诗、咏史诗、感遇诗,李商隐写得很多,也很好,像《夜雨寄北》、《乐游原》("夕阳无限好,只是近黄昏")这样的抒情诗,《蝉》("一树碧无情")、《晚晴》("天意怜幽草,人间重晚晴")、《霜月》("青女素娥俱耐冷")这样的咏物诗,以及别的怀友诗、寄赠诗……不乏杰作,更不乏佳句。"留得枯荷听雨声"、"雏凤清于老凤声"、"可怜夜半虚前席,不问苍生问鬼神"、"嫦娥应悔偷灵药,碧海青天夜夜心"、"成由勤俭破由奢"、"夜来烟雨满池塘",以及"黄叶仍风雨,青楼自管弦"、"人闲微病酒,燕重远兼泥"这些类型完全不同的诗句,其实是相当普及地被接受、被传诵、被引用的,是被读者认可、被文学史认可了的。《红楼梦》中的林黛玉,喜欢王维,喜欢李白,喜欢杜甫,喜欢陶渊明、庾、鲍、阮等前朝诗人,不喜欢相对比较雕琢的李义山,但仍肯定其"留得残(枯之误)荷听雨声"之句(见《红楼梦》第四十回、第四十八回)。至于毛泽东喜欢三李(李白、李贺、李商隐)的说法,流传就更广了。

所有这些诗都是重要的、有意义的,但李商隐之所以为李商隐,李商隐之最最独特的创造与贡献,却不在于或主要不在于这些诗,而在于他的那些为数并非很多的意境迷离、含义曲奥、构思微妙、寄寓深遥的七律《无题》诗,及风格接近于这些《无题》的一些诗,如《锦瑟》、《重过圣女祠》、《春雨》等。

"相见时难别亦难",一句诗胜过多少当哭的长歌!其实诗语本身写得明白如话,差不多是大白话,而又概括了多少人生的痛苦!离别是痛苦的,是难的,"生离死别"、"离情别恨"是写不完的"永恒"题材。然而,相见也是难的,相见的机会难得,即使见了又怎么样?相见便能相知相印相聚合相对话,一句话,相见又如何能够相通呢?相见不相通,不如不相见。把"相见"的难与"别"的难相提并写,这是李商隐的创造,叫作

"相见时难别亦难"。这种高度的概括,使诗既是写爱情的,又超出了爱情。一切珍贵的、被自己想念的却又常常易于失去或已经失去的东西,不常常是"相见时难别亦难",常常是"来是空言去绝踪"吗?

"相见时难别亦难"与"来是空言去绝踪",两首七律都是头一句便给读者"当头棒喝",头一句便把欲哭无泪或有血有泪的苦衷"轰炸"在读者头上。比较起来,两个"难"稍自然些、婉转些,难只是难罢了,还不就是"空言",就是"绝踪",还没有"空言"与"绝踪"那样决绝。而"来是空言去绝踪"便是横空出世,突兀得紧,太悲哀了,太痛苦了,给人一个"休克",令人一下子喘不过气来。接下去,一首是"东风无力百花残",一首是"月斜楼上五更钟",孤立地看,这两句只能说是平平,与前句连起来看,使节奏得以舒缓,使深度的情感获得一个画面,获得一种可感知的、自然的与人世间的外观。东风无力,百花凋零,月斜楼上,钟漏五更,端的是愁煞人也!

"春蚕到死丝方尽,蜡炬成灰泪始干",千古妙联,浑如天成,工整贴切,无懈可击,悲苦执着,"到死"、"成灰",是大悲也。当然爱情,当然际遇,当然悼亡,当然怀旧;生老病死,诸种烦恼,焉得不悲!"方尽"、"始干",仍有节制,知止而后有定。或改之为"春蚕到死丝不尽,蜡炬成灰泪未干"(笔者少年时听一位有学问的大姐这样讲过),不断吐丝,一味流泪,其实反而乏味。丝尽了,泪干了,"惘然"了,肃穆中产生出一种无言的战栗,是真境界。底下"晓镜但愁云鬓改,夜吟应觉月光寒",其心眷眷,其情依依,有一种女性的细腻与纠缠,有一种相互的依恋与关注。晓愁云鬓,应是女性;应觉月寒,则是女性对男性的体贴。"但愁"是自己愁,是陈述;"应觉"是别人觉,是虚拟,是代言。如果自己说自己"应觉"如何如何,也是大大地把自我对象化、自恋化了。

"梦为远别啼难唤,书被催成墨未浓。蜡照半笼金翡翠,麝熏微度绣芙蓉",四句精当有余而浑厚不足,功力有余而气象不足,但仍然是李氏精品。啼难唤而有梦,墨未浓而成书,蜡照能以半笼,麝熏终可微度,大悲哀大绝望的冥冥之中,似乎有一种朦朦胧胧的东西聊可自慰,聊胜于无。诗人是悲哀的,因为真正属于他的唯诗而已;诗人又总是差可自慰的,因为当他失去了青春、失去了爱情、失去了前程又失去了财富之后,甚至在失去生命之后,他还有几首诗留在那里!

两诗的尾联都写到"蓬山","蓬山此去无多路,青鸟殷勤为探看","刘郎已恨蓬山远,更隔蓬山一万重",写法相异相反,情致则相沟通。一种没有希望的希望,一种尚有希望的无望,在海上的虚无,在仙山的缥缈,既是此去无多路,又是相隔一万重,这里难道还存在着远与近,一万与无多的差别吗?刘郎何人,青鸟何禽,已恨也罢,殷勤探看也罢,一切的一切又有什么二致呢?

与这两首《无题》相比,"昨夜星辰昨夜风"的起句要亲切、自然得多。昨夜是切近的，刚刚发生，记忆犹新的，昨夜又是已经逝去了，甚至是一去不复返的。"昨夜"这个词就充满张力，昨夜本身就是诗，是歌，像那首著名的由曼陀瓦尼乐队演奏的轻音乐——Yesterday。星辰是清晰动人的，却又是不可接触的。风拥抱你并且撩拨你，却又是原本无形、终于无迹的。起始一句已经充满了张力，充满了摇曳感，悲哀中呈现出潇洒来，难得之至。

"画楼西畔桂堂东"，一西一东，确定的地点，摇摆的视角，迁移的视线，明确的空间位置后面有不确定的且西且东，主观感受，谁能不感应到呢？

明确的时间和地点后面是高度概括的"身无彩凤双飞翼，心有灵犀一点通"，是不由自主的"身"与自由的"心"的相伴随，是没有翅膀、无法飞越的遗憾与一点灵犀、终相通达的慰安的相联结。悲乎喜乎？非喜非悲。通乎隔乎？亦通亦隔。是虚枉吗？是悲极生"乐"？是哀而不伤？是终有的相知的温暖？这里面涵盖了多少辛酸多少镇静！

"隔座送钩春酒暖，分曹射覆蜡灯红"，李商隐的《无题》诗中还很少这样的句子，实感、生动、温馨、贴近，这几乎可以说是快乐的了。翻遍《玉溪生诗集笺注》，又有多少这样快乐的句子？"浣花笺纸桃花色，好好题诗咏玉钩"（《送崔珏往西川》）、"金鞍忽散银壶漏，更醉谁家白玉钩"（《即日》）、"愿得化为红绶带，许教双凤一时衔"（《饮席代官妓赠两从事》）、"陶然恃琴酒，忘却在山家"（《春宵自遣》）……不多的几句，又大多与酒、与钩戏有关；"忘却在山家"云云，未必是真的忘却，不得志的悲凉又来了，诗人很难摆脱掉它。

"沧海月明珠有泪，蓝田日暖玉生烟"，脍炙人口的《锦瑟》此联，传达了一种不可思议、不可描述、不可企及的精神——艺术境界：迷茫、苍凉、空旷、远古而又悲戚、静穆、神秘、虔敬，无边无际、无始无终（叫作"无端"，诗开篇便是"锦瑟无端五十弦"嘛）。这样的诗语诗境，有一种宇宙本原的品格，艺术本原的品格，是李诗诗语诗境的一种概括，也是其诗语诗境的一个大超越，李诗中再找不着这样细腻柔情而又同时博大庄严的句子了。宜哉以此诗为《李义山诗集》之首篇也！宜哉以此诗为商隐诸诗之序（其实恐是代序）作也！宜哉学界巨子如钱锺书氏力主《锦瑟》主题为论作诗之道也。虽然，此诗题旨未必在序诗论诗，它的概括力显然比诗本身更广泛。

迷茫与悲戚的体验在商隐诗中屡见不鲜。"一春梦雨常飘瓦，尽日灵风不满旗"，这样一种软弱的、无可奈何的美，这样的性格又如何"旗盖仰三分"？看毛泽东是怎样写雨的："大雨落幽燕……萧瑟秋风今又是，换了人间"（《浪淘沙·北戴河》）、"冷眼向洋看世界，热风吹雨洒江天"（七律《登庐山》）。《重过圣女祠》写得楚楚动人，"白石岩扉碧藓滋，上清沦谪得归迟"，首句略有沧海月明的宇宙本初感、迷茫感，二句有"珠有泪"的悲戚感,但没有《锦瑟》此联的静穆与空旷。"沦谪"云云,写得太苦亦太露。"春梦雨"联亦是千古丽句。颈联:"萼绿华来无定所,杜兰香去未移时",文字的工整华美中透露出空间与时间(无定所与未移时)皆非己有、"此身非我有"的迷茫。尾联"玉郎会此通仙籍,忆向天阶问紫芝",与"殷勤探看"的"青鸟"一样,又是一个无可奈何的升华、超拔,也是逃避、自慰,用关于天阶、紫芝、仙籍的回忆的幻想(既是回忆又是幻想,其用法与"巴山夜雨"、"前溪舞罢君回顾"等略同)掩盖自己在沦谪的寂寞的碧藓前的无可奈何。再深一步想,什么是诗?什么是李义山的诗呢?李义山的诗在李义山的人生中的位置,不就是"通仙籍"吗?是"蓬山"吗?是珠泪与玉烟吗?是"天阶"上的"紫芝"吗?是"墨未浓"的"书"与"啼难唤"的"梦"吗?叫人说什么呢?

"红楼隔雨相望冷,珠箔飘灯独自归。远路应悲春晼晚,残宵犹得梦依稀"(《春雨》)的情感如是;"曾是寂寥金烬暗,断无消息石榴红"(《无题》)的情感也如是。其他就多了,"沙禽失侣远,江树著阴轻"(《城上》)、"谁料苏卿老归国,茂陵松柏雨萧萧"(《茂陵》)、"羽翼摧残日,郊园寂寞时"(《幽居冬暮》)、"薄宦梗犹泛,故园芜已平"(《蝉》)等,莫不流露出这种迷茫和悲哀。所有这些,却都赶不上《锦瑟》的境界。

值得玩味的是,李商隐这位诗人往往能把他的颓唐的情绪用艳丽精致的文字加以表现。读其诗,不难感受到诗人的彻骨的（并非没有深度的）与敏感的（不无神经质的）悲哀、孤独、无奈、软弱。而从形式上看，这种负面的情绪的表达却采用了绮美、艳丽、工整乃至雕琢的形式。就拿我们前面提到过的诗句来说吧，"金翡翠"、"绣芙蓉"、"珠有泪"、"玉生烟"、"玉郎"、"红楼"、"珠箔"、"金烬"、"石榴"、"彩凤"、"灵犀"、"凤尾"、"香罗"、"金蟾"、"玉虎"、"芙蓉"、"春心"……以及用事中的"蝴蝶"、"杜鹃"、"萼绿华"、"杜兰香"、"贾氏窥帘"、"宓妃留枕"……单纯从字面上看，也给人以金雕玉砌却涉疑俗浊、美不胜收却涉疑轻佻、感觉细腻却涉疑脂粉气的印象。我们可以容易地设想用这样的语词语象去编织荣华富贵、侧词艳曲、闲愁幽怨、小悲小恨……却很难设想用这样的风格形式、语词语象去表述一种深挚、概括、迢远的大迷茫与大悲哀。也许，这正是李商隐之所以为李商隐的奥妙所在吧？

　　李白曰："弃我去者，昨日之日不可留；乱我心者，今日之日多烦忧。"东坡曰："我欲乘风归去，又恐琼楼玉宇，高处不胜寒。"弃则弃矣，乱则乱矣，忧虽忧矣，欲归而无归矣，他们仍然保持着维护着相对比较稳定、比较洒脱、比较放达的"我"，保持着"我"与昨日、今日、琼楼玉宇的一定距离。后主曰："问君能有几多愁，恰似一江春水向东流"，这里的"君"就是谪仙居士的"我"，中国人早就会在诗中运用人称变化的手法，我能问"我"，作为主体的我能与作为对象的"我"即"君"对话，这也算得上一点清醒和超脱。而"一江春水向东流"的名句，是何等美妙而又痛快的宣泄啊,这种略带夸张的表述,怎能不给读者、作者于悲哀中带来一种快感呢?

义山不同了。"烦君最相警,我亦举家清"(《蝉》),这是义山诗中少有的"我"字出现。在这首《蝉》里,"我亦举家清"的独善其身的矜持,保护和保持"我"的"清"的意图,毋宁说相对其他众多的同一个诗人的诗作来说是少有积极的。可惜的是,这种矜持的意图终于淹没在"本以高难饱,徒劳恨费声"的牢骚与"五更疏欲断,一树碧无情"的哀音乃至丧音里。"一树碧"云云,本来是艳丽的,"无情"二字续绝了,又艳丽又冰冷彻骨,这是李商隐的独特的体验吗?这是李商隐对于人生色调的独特把握吗?当然就又羡慕又眷恋却又绝望哀戚了。能不茫然吗?"梗犹泛"、"芜已平",颇有进取心,颇能肯定人生和入世,至少不无矜持的诗人,显得是怎样地颓丧呀!这里的"我"就是蝉,就是徒劳,就是牢骚和哀怨,哪里拉得开距离呢?

"锦瑟无端五十弦,一弦一柱思华年"(《锦瑟》),试以此联与谪仙的"弃我去者"句比较,义山是怎样地缠绵和不可解呀!李白曰:"人生在世不称意,明朝散发弄扁舟。"历史上并无李白弄舟江湖的记载,但李白确有这种气质。义山讲了一回鸥鸟鹓雏江湖扁舟,似乎连自慰的作用也极有限。"身闲不睹中兴盛,羞逐乡人赛紫姑"(《正月十五夜闻京有灯恨不得观》),八年之后,诗人甚至连因服母丧而身闲也自觉羞辱了。可怜的诗人，你"羞"什么呢？太不够浪漫了啊！

杜甫曰："感时花溅泪，恨别鸟惊心。""花溅泪"与"鸟惊心"是善感的与富有想象力的，"感时"、"恨别"，却是历史的与具体的。商隐曰"珠有泪"，曰"春心莫共花争发"，迷茫得多，无边无际得多。历史的具体的痛苦可以得到历史的具体的解脱并转化为快乐，所以老杜有"白日放歌须纵酒，青春作伴好还乡"之类的句子。迷茫无际的悲哀却是无依无傍无解的。这位诗人又是怎样地不够现实、不够历史和具体！

"此情可待成追忆，只是当时已惘然"（《锦瑟》）、"直道相思了无益，未妨惆怅是清狂"（《无题》）、"春心莫共花争发，一寸相思一寸灰"（《无题》）、"晓镜但愁云鬓改，夜吟应觉月光寒"（《无题》）、"怅卧新春白袷衣，白门寥落意多违"（《春雨》），以及"嫦娥应悔偷灵药，碧海青天夜夜心"（《嫦娥》）、"夕阳无限好，只是近黄昏"（《乐游原》）……李商隐的这些历久不衰而且广泛流传的句子似乎更钟情、更深邃、更彻骨、更弥漫，也更具有一种原发的语言（即尚未完整地符号化与规范化的"心语"）、原发的诗情（即更多的是一种灵感、一种情绪、一种悟觉）的性质。这里，一方面是由于诗人的遭际，他像一颗注定了不能发芽的种子，却一直有着成长为参天大树的梦。"还似旧时游上苑，车如流水马如龙。花月正春风"，后主总还有往日的幸福的回忆。李义山去回忆什么呢？"雕栏玉砌应犹在，只是朱颜改"，后主惦念的对象也是具体的与清晰的。"梦里不知身是客,一晌贪欢",他的梦里仍然保留着欢乐的往事。商隐呢,"一弦一柱"思念的华年旧事当中可没有什么车水马龙、花月春风,而只有庄生化蝶的迷失、杜宇化鸟的伤恸。他想象的蓝田玉本身也是烟一样地缥缈,不是"应犹在"而是"无定所"(《重过圣女祠》)、"未有期"(《夜雨寄北》)、"断无消息"与"更隔蓬山一万重"(均见《无题》);即使做梦也无法"贪欢",而是"为远别"而"啼难唤"。最后的结论呢?"来是空言去绝踪","春心莫共花争发,一寸相思一寸灰",更加彻骨的悲哀!

　　中国古代的一些大诗人,认真地严肃地把自己摆进去写爱情诗的极少。《长恨歌》也好,各式的"怀春"、"闺怨"也好,柳永、温飞卿的词也好,他们多是以一种或多或少的玩赏的态度来写爱情特别是女人的爱情生活的。《长恨歌》好一些,但也有"洗凝脂"、"侍儿扶起娇无力"这类的句子。戏曲里的爱情表现如《拾玉镯》就更没分量。李商隐也有这一类诗作,如《又效江南曲》等,影响不大。陆游《钗头凤》("红酥手,黄縢酒……")、晏殊诗"油壁香车不再逢……"写了自己的内心的秘密,写爱情写得确实"触及灵魂"、"刺刀见红",便觉深挚得多,庄严得多。这样的诗表达了诗人的爱情生活中的永远的遗憾与灵魂的寂寞,便决然地没有了调情一类的轻佻。李商隐的爱情生活则更隐蔽,虽然有各种传说记载,但李诗中绝不直言其人其事,连"错、错、错"、"莫、莫、莫"这样的够含蓄而终于抒其胸臆的语言也没有。李商隐总是用一些形象、用一些典故、用一些似比似兴似赋的咏物咏景咏情咏事的诗语来塑造一种特殊的意境，塑造诗人的深不可测的内心体验的某种外观。"沧海月明珠有泪，蓝田日暖玉生烟"，仿佛什么都没有说，又把什么都表达了。深刻地、敏锐地、痛苦地却又是相当隐晦地抒写自己的内心世界，把情感写得如此切肤、如此彻骨、如此温柔又如此美丽，既表达着男性的苍凉，又体贴着女性的哀婉，这就是也只能是爱情，只有爱情才有这样的品格和力量。对于爱情的体验，是成就李商隐的抒情诗的独特风格与独特魅力的一个重要因素。

对于天才的诗人来说，含蓄乃至隐晦的代价是不会白白付出的。这里的含蓄和隐晦不是一种廉价的（例如怪字僻词、颠倒语序之类的文字游戏式的）遮眼法，像如今某些新潮诗人那样。这里，含蓄和隐晦正如艳曲侧词一样，只是表面现象，其实质是对于感情的深度与弥漫的追求。爱和恨都不是无缘无故的，当然，深到一定的程度，爱和恨又都不是一缘一故那样有端的了。这个道理和临床诊病一样，小病是有端的易解的，受凉而感冒、过食而拉稀，谁不清楚明白？得了癌病，死了，反而难以用一时一事解说清楚，这并不是因为病人吞吐"主诉"，也不是由于医生不谙脉理。比如前面说过的诗人的那种茫然和悲戚，是政治上的失意、是爱情上的失意、是令狐党派的不见谅、是王氏的夭亡造成的么？肯定有关，同样肯定的是诗人的全部气质、性格、遭遇所形成的一种精神品格、艺术品格，造就了他的特殊的诗语、诗情、诗境。怎么能用一事一人一时一地来解释他的那些无题诗与准无题诗呢？或曰爱情，或曰悼亡，或曰感遇，或曰议政，或曰怀旧，或曰思乡，或曰言诗艺，言之有故而又聚讼纷纷，使这部分李诗具有一种独特的解释学的魅力。"巧啭岂能无本意？"（《流莺》）这些诗并非一味遮遮掩掩绕圈子，它们提供的形象、景境、比喻与典故恰恰是很生动、很贴切，单纯从字面上看甚至是美妙华丽而又明白清晰的。"飒飒东风细雨来，芙蓉塘外有轻雷"、"春心莫共花争发，一寸相思一寸灰"，其实是明明白白的；"金蟾啮锁烧香入，玉虎牵丝汲井回"、"贾氏窥帘韩掾少，宓妃留枕魏王才"，稍加疏注也无难解处；"相见时难别亦难……"、"昨夜星辰昨夜风……"，甚至堪称明白如话。恰恰是这些"无题"诗，至少从字面上看，比同一个李商隐的《柳枝五首》、《燕台四首》和那些一百韵、七十二韵、四十韵、三十二韵的古体诗更好懂而不是更难懂，更普及更流传而不是更曲高和蹈空，这不是很有趣吗？它们的费解不是由于诗的艰深晦涩，而是由于解人们执着地用解常诗的办法去测判诗人的写作意图（何时何地因何人何物何景何事而写，相当于用写一份上呼吸道感染的病历的模式去写肝癌），而没有适应这些诗的超常的深度与泛度。

现在再回过头来继续探讨李商隐为何喜用一些美艳的带女性气息的语词物象来编织自己的深刻的悲凉吧。李商隐一生追求功业与爱情，但没有成就任何功业，没有能济世、施展自己的政治抱负，也没有获得与功业的成就俱来的富贵荣华，显然，他向往这些富贵荣华，向往"密迩平阳接上兰，秦楼鸳瓦汉宫盘"（《当句有对》）的宫廷生活。他追求爱情，王氏的夭亡给他以沉重的打击，与王氏的婚姻使他在功业追求上付出了惨重的代价。他与其他女性的感情纠葛我们不详，但不论与女道士风流一番也罢，狎游也罢，都无法真正地酣畅并满足他的精神与情感的渴求则是显然的。他聪明、敏锐、钟情而脆弱，对于失败、孤独、徒劳、漂泊、分离……显然比对于生活的希望和乐趣更加敏感。他充满了一个智者、一个情种、一个自视甚高而时运不济者的悲哀。外务的失败使他"向内转"起来了，在发掘自己的内心世界方面，很少有哪个中国的古代诗人能够与他相比。他的内心世界悲哀而又美丽——用美丽装点了悲哀，又用悲哀深邃了美丽。他对于荣华富贵的向往，对于爱情的向往，最后只是通过诗来虚拟地实现，来画饼充饥。画饼充饥如果不包含轻视或排斥炊事加工的含义的话，未尝不说明了艺术的补偿方面的功能。他的诗的悲哀是用金玉珠凤的华美材料构筑的，原因就在于此。"却羡卞和双刖足，一生无复没阶趋"（《任弘农尉献州刺史乞假还京》）的激愤之语，与"鹓雏"之叹一样，则是另一种诗的补偿，另一种画饼充饥。其实正像李商隐没有得到功名、爱情一样，他也没有得到"江湖"、"天地"的解脱，连卞和式的像样的戏剧性冤屈也没有。

"古来才命两相妨"(《有感》),"曾苦伤春不忍听"(《流莺》),他的诗歌的成就,不是正从另一个方面说明着他这种类型的文人功业上的大失败吗?可怜的诗人,可怜的诗!

1991 年 1 月

通境与通情

——也谈李商隐的《无题》七律

修辞上讲"通感",哲学上讲"通理"——普遍规律,诗境上能不能讲"通境"、诗情上能不能讲"通情"呢?就是说,我们的诗人能不能创造一种这样的诗境,涵盖许多不同的心境,抒发这样一种诗情,与各种不同的感情相通呢?

让我们看看李商隐的六首七律——《无题》,谨按个人熟悉的程度,似乎也是这六首的普及程度为序,抄录如下:

> 相见时难别亦难,东风无力百花残。
> 春蚕到死丝方尽,蜡炬成灰泪始干。
> 晓镜但愁云鬓改,夜吟应觉月光寒。
> 蓬山此去无多路,青鸟殷勤为探看。

> 昨夜星辰昨夜风,画楼西畔桂堂东。
> 身无彩凤双飞翼,心有灵犀一点通。

隔座送钩春酒暖,分曹射覆蜡灯红。
嗟余听鼓应官去,走马兰台类转蓬。

来是空言去绝踪,月斜楼上五更钟。
梦为远别啼难唤,书被催成墨未浓。
蜡照半笼金翡翠,麝熏微度绣芙蓉。
刘郎已恨蓬山远,更隔蓬山一万重。

飒飒东风细雨来,芙蓉塘外有轻雷。
金蟾啮锁烧香入,玉虎牵丝汲井回。
贾氏窥帘韩掾少,宓妃留枕魏王才。
春心莫共花争发,一寸相思一寸灰。

重帷深下莫愁堂,卧后清宵细细长。
神女生涯原是梦,小姑居处本无郎。
风波不信菱枝弱,月露谁教桂叶香?
直道相思了无益,未妨惆怅是清狂。

凤尾香罗薄几重,碧文圆顶夜深缝。
扇裁月魄羞难掩,车走雷声语未通。
曾是寂寥金烬暗,断无消息石榴红。
斑骓只系垂杨岸,何处西南待好风。

可以继古人而继续争论义山写这几首诗的动机,有(寄)托?无托?艳情?狎游?感遇?政治?悼亡?致令狐楚?可以遍引有关解释这首诗的资料并加论述,使资料上再添资料,使这解释成为一种学问。

更可以去思量一个问题:这些诗提供了什么样的语言语象典故,这些语言语象典故构筑了怎样的诗情诗境,这样的诗情诗境为何至少既可以解释为爱情又可以解释为政治?

从诗的文本开始,于是,从这六首七律《无题》中我们获得了一个又一个夜晚:"夜吟应觉月光寒"、"昨夜星辰昨夜风"、"卧后清宵细细长"、"月斜楼上五更钟"、"碧文圆顶夜深缝"、"曾是寂寥金烬暗",等等。

我们看到了夜晚的蜡烛,"蜡炬成灰泪始干"、"蜡照半笼金翡翠"、"分曹射覆蜡灯红";看到了夜晚的星、月,有"星辰"、"月斜"、"月光寒"、"月露"、"月魄"等;得知了"梦","梦为远别啼难唤"、"神女生涯原是梦"等。

我们获得了一些典故、故事的引用,刘郎蓬山、贾氏窥帘、宓妃留枕、莫愁、斑骓、小姑、神女等皆有出处。这些典故多与女性有关,与爱情有关,与一种不成功的、被阻隔的、终未断绝的、朦朦胧胧的情感有关。

六首诗也提供了直写情感的句子,"晓镜但愁云鬓改"、"嗟余听鼓应官去"、"梦为远别啼难唤"、"春心莫共花争发,一寸相思一寸灰"、"曾是寂寥金烬暗"、"直道相思了无益,未妨惆怅是清狂"等。总的情绪是愁,是寂寥,是惆怅,是无益的即没有结果与呼应的相思。再比喻一下,就是"春蚕到死丝方尽,蜡炬成灰泪始干"的痛苦的执着与执着的痛苦了。

为什么痛苦?因为遥远和阻隔:"相见时难别亦难"、"来是空言去绝踪"、"更隔蓬山一万重"、"梦为远别啼难唤,书被催成墨未浓"、"重帷深下莫愁堂"、"车走雷声语未通"、"断无消息石榴红"……美好的东西被阻挡在遥远的地方了。

却又执着,又相信感情的穿透的力量,乃至获得了一种亲切感、相通感。"身无彩凤双飞翼,心有灵犀一点通",无翼而有通,身体是不自由的,行动是不自由的,然而心灵的力量与情感的力量是可以穿透的。"昨夜星辰昨夜风"这一首《无题》是六首中最亲切的,除结尾两句发嗟叹之情以外,通篇似乎是写十分美好的回忆。"蜡照半笼金翡翠,麝熏微度绣芙蓉"、"金蟾啮锁烧香入,玉虎牵丝汲井回",都写出了这种情感的穿透的渗透的力量,锁也锁不住,深藏也可以汲出来。"贾氏"、"宓妃"典亦是讲此。"斑骓只系垂杨岸,何处西南待好风"、"蓬山此去无多路,青鸟殷勤为探看",希望仍存,春心未泯。虽然另一首诗说"更隔蓬山一万重",总的情感仍然是矛盾的统一。这里,是"一万重",阻而又隔,那里,是"无多路"、"心有灵犀一点通"嘛。"一点通"与"语未通","无多路"与"一万重","月光寒"与"春酒暖","金烬暗"与"石榴红","去绝踪"与"待好风",乃至"菱枝弱"与"桂叶香",这种远与近、隔与通、冷与暖的心情，互相矛盾而又互相统一在诗人的内心世界、诗艺世界里。

以上说的是诗人提供的材料。读义山诗，也许更有兴趣的是看看他没有提供的是什么。他写下了什么是重要的，他没有写下的也许更重要。善哉海明威之比喻也，文学作品如冰山，八分之一露出来了，八分之七隐藏在海水的下面。那八分之七又是什么呢？

没有提供确定的主体与客体。如果是抒情，总要有"抒情主人公"，如果是赠答、送别、悼亡、相思、嘲谑……总要有诗的主体与诗的对象，但这些诗没有。"晓镜但愁云鬓改，夜吟应觉月光寒"，是诗人的自思自叹？是诗人设想他所思念的一位女子的寂寞心绪？还是"晓镜"句写一位女子（"云鬓"嘛），"夜吟"句写诗人自己（"吟"当是吟诗喽）？同样，"梦为远别啼难唤，书被催成墨未浓"，也是没有人称的，是写自己思念别人——我念她或他，还是她（他）在思念自己？互相思念？一般性的，普泛的，人类性宇宙性的思念之情？也许写作动机缘起很明确具体，那不是我辈考证得出来的；反正写出来成了"无头公案"，也就成了"多头公案"了。

汉语是绝了，动词没有时、位的变化。光看动词看不出你、我、他来。真不知道这样的诗如译成动词有人称变化的语言当如何译？只写动词原形？而汉语汉诗惯于写无主语的句子，或有及物动词做谓语而没有宾语的句子，不独义山然，不独《无题》然。

没有提供具体的时间与空间。"东风无力百花残",有时间了,"相见时难别亦难"却是超过空的概括。那么,东风无力,百花残落,究竟是具体的暮春时节景色还是仅仅是一个象征、一个虚拟的背景,表达"见难"与"别难"的无可奈何呢?

"飒飒东风细雨来",是具体的,"金蟾啮锁"、"玉虎牵丝"则只是比喻,没有具体的时间与空间的规定性。"贾氏窥帘"、"宓妃留枕"是用典,用典目的是以古喻今,而不是讲西晋或东汉的往事。"春心莫共花争发,一寸相思一寸灰",又是超时空的普遍规律了。

"昨夜星辰昨夜风"有具体的时间,"画楼西畔桂堂东",有具体的空间,"身无彩凤双飞翼,心有灵犀一点通",却又是超时空的概括。"春蚕到死丝方尽,蜡炬成灰泪始干"连同前面提到的"相见"句,"春蚕"、"春心"、"身无"、"梦为"诸联,都是无时间无空间无主体无对象的艺术概括、哲理概括、比喻概括,而越是这种"四无"句子,越是普及和易于接受,脍炙人口,人们可以不知这六首诗或某一首"整"诗,却没有人不知这几句几联。

时间与空间,是世间万物存在的不可缺少的背景、条件与形式。什么东西才能打破时间与空间的具体性、规定性和不可混淆的性质呢?只有诗、诗心、诗人的精神活动以及常人的内心生活。"直道相思了无益,未妨惆怅是清狂",相思、惆怅与清狂是没有时空界限的。对相见时之难与别之难的咀嚼是不受时空限制的。心有灵犀，就更不受限制。近十余年谈文学新潮什么的，或曰"打破时空界限"之类，其实，我们老祖宗压根儿就没让具体的现实的时空把自己围住。

没有提供现实与非现实、叙事、用事、借喻、神话之间的区别。"相见时难"一诗概括的当然是人世间，"蓬山"、"青鸟"一联，却带来了神话或梦幻的色彩。"飒飒东风细雨来，芙蓉塘外有轻雷"很写实的，"金蟾"、"贾氏"二联一上，现实成就失落了。"昨夜星辰"篇相对来说写得最实最亲切，名句却是巧喻——"心有灵犀"也。"重帏深下莫愁堂，卧后清宵细细长"，"重帏深下"与"卧后清宵细细长"似乎都很现实，"莫愁堂"是怎么回事？写莫愁的故事？当然不是或至少不仅仅是。"来是空言去绝踪"是抽象的，"月斜楼上五更钟"又是写实的。"梦为"、"书成"又像实写又像借喻。"蜡照半笼金翡翠，麝熏微度绣芙蓉"，写实乎？借喻乎？前句写实——难以说"蜡照"句在比喻什么——后句借喻乎？抑或这两句写的都不是"实"，而只是诗人的心理活动——想象、追忆、幻境、梦境？

这样，新闻学里讲的几个 W——什么（What）、谁（Who）、对谁（Whom）、何时（When）、何地（Where）、为何（Why）、如何（How）——你在李商隐的这几首诗里是找不到、至少是找不全找不清的。而注家诗家学者便遍索资料来解答这"7W"，以便用某人某事某时某地某因某果来解释这几首诗。这样，就势必以推测来代替推论，以想象代替证明，以对诗人生平境遇的考察代替对诗的客观内涵的把握（其实境遇和诗作关系未必是即时的与直线的），这又怎么能不聚讼纷纭、莫衷一是呢？

尤其重要的是，这些诗没有提供形象之间、诗句之间、诗联之间的联结、关系、逻辑与秩序。孤立地一句一句或两句两句地看，这些诗句并无难解之处，它们大多是具体的、形象的或平实的、确定的，"相见"、"东风"、"春蚕"、"蜡炬"何难解之有？"昨夜"、"画堂"、"隔座"、"分曹"何难解之有？"飒飒"、"芙蓉"、"梦为"、"书被"何难解之有？即使用典用事，稍加注疏，也很好懂。问题是诗句，特别主要是诗联之间，空隙很大、空白很大、跳跃很大，使你往往弄不清头两句、次两句、再两句与最后两句（即首联、颔联、颈联、尾联）之间的关系，并因而弄不清全诗的主旨，弄不清主题，甚至弄不清题材，即不知所云。从颔联的"金蟾"到颈联的"贾氏"，从颔联的"神女生涯原是梦，小姑居处本无郎"到颈联的"风波不信菱枝弱，月露谁教桂叶香"，从"梦为"到"蜡照"，从"身无"到"隔座"，从"扇裁月魄羞难掩，车走雷声语未通"到"曾是寂寥金烬暗，断无消息石榴红"，最后从"春蚕"到"晓镜"，这六首诗的颔联与颈联的关系实在不易断定。逻辑推理关系吗？时间顺序关系吗？主从关系？递进关系？虚实关系？兴起关系？所指能指关系？堆砌（无贬义，指含义主旨相近的句子放在一起）排比关系？景情关系？人境关系？比喻关系？似乎都不完全说得通。

当然不仅颔联、颈联之间有这样大的空白。按"七律"的要求，这中间最要紧的二联，也是李义山最下功夫（许多名句都出自其诗的中间四句）的部分的这种"不联结"特色表现得特别明显，特别引人注目。这样，就产生了一种奇妙的效果：具体与具体不甚连贯地放在一起，产生的效果是概括的抽象，如从"春蚕"联到"晓镜"联；确定与确定放在一起，产生的效果是一种不确定、一种朦胧，如"飒飒东风"一诗；明白与明白放在一起，产生的效果是曲奥和艰深，如"来是空言去绝踪"一诗。不连贯性，中断性，可以说是李商隐这几首诗的重要的结构手法，"蒙太奇"手法，叙述手法。王是用这种手法，构筑了、熔铸了诗人的诗象与诗境，建造了一个与外部世界有关联又大不相同的深幽的内心世界，造成了一种特殊的"蒙太奇"，一种更加现代的极简略的"蒙太奇"。现代电影较少用"淡出"、"淡入"、"叠影"蒙太奇手段，而常常是直接跳进去。开始，人们也会觉得不太习惯，看多了这样的电影，观众就会开动脑筋用自己的想象补充蒙太奇的变化。对于诗句诗联的"蒙太奇"，我们可不可以花一点脑筋？

以"相见时难别亦难"为例，第二句"东风无力百花残"，第一句是抽象的情，第二句是具体的背景。两句连在一起，使情变得具体可感，使背景变得具有概括性的内涵。颔联"春蚕"、"蜡炬"，又具体又抽象，又精微又独特，又痛切又模糊。

现在,第一句的叙述,第二句的描写,第三、四句的象征放列在一起,"难"这一客观的存在与主观感受的结合变成了丝一样、泪一样感人的执着了。颈联"晓镜但愁云鬓改,夜吟应觉月光寒",本身是并不艰深的描述,却使"难"、"无力"、"残"、"尽"、"干"这些抽象的悲哀一下子变得富有人间味、亲切感。具体分析这两句,"晓镜"句更人情,"夜吟"句人情之中更流露出一种飘然的寂寞。这六句诗下来,抽象的、具体的、人间的、宇宙的、叙述的、抒情的、描绘的、象征的都有了,一个世界已经诞生了。最后两句又有点超人间了,蓬山仙境,不但有"此岸",而且有"彼岸"了。

回过头来看全诗:"相见时难别亦难",这是写一种不得相见——扩而言之,这是一种不得相应相和相通相悦相满足的悲哀。悲哀铭心刻骨、难尽难干、与生俱在,如蚕之吐丝至死,蜡之滴泪至无。"东风无力百花残",青春正在逝去,消极之中仍有一种体贴、一种眷恋,愁云鬓之改,觉月光之寒,并非槁木死灰,却又无可奈何。无奈之中遐思彼岸之蓬山,身无双翼而青鸟有翼,能为之殷勤探看乎?一丝希望,一点春心,袅袅无穷。

"昨夜星辰昨夜风",这起句其实是了不起的。连用两个"昨夜",过去的事已是永远的不复返的过去;星辰和风却这样地亲切可触,这样地历时不变,"星辰"与"风"与"昨夜"一样而人事已非,这七个字里不是包含着一种"张力"吗?首联、颈联都比较具体,中间夹一句概括性极强而无具体所指的妙喻："身无彩凤双飞翼，心有灵犀一点通。"这两句在某种意义上已经脱离了全诗而被独立接受，并用来形容许多事情，乃至"文革"前后可以用这两句来批判"三反分子"的相互"呼应"！尾联淡淡地嗟叹，弥漫开去。从颈联的美好具体的回忆（在六首《无题》中其回忆的温暖应属绝无仅有），跳到"嗟余听鼓应官去，走马兰台类转蓬"，与"身无彩凤双飞翼"呼应，道出了作者的身不由己的怅惘。

"来是空言去绝踪"，没头没脑、横空出世的第一句。是一个梦吗？是许多梦想和渴望的抽象概括吗？与次句"月斜楼上五更钟"之间留下了空白，抽象与具体在这里交融而变得更加富有弹性。"梦为远别啼难唤"与"书被催成墨未浓"之间又是一片空白。谁梦了？谁书了？谁啼了？谁唤了？同一时间同一地点同一人？不同时间同一地点同一人？不同地点同一时间两个人？（排列组合下去，设想绵绵）此颔联又在与首联及颈联间留下空白，使你觉得诗人在表达一种无法表达的心情，在想象一种难以想象的意境。颈联"蜡照半笼金翡翠，麝熏微度绣芙蓉"，似乎突入贵夫人的深闺（如果是小姐，似不应这样点缀奢华）。是梦人吗？是致书吗？是别后的回忆吗？连作者自己也似乎不明晰了，"刘郎已恨蓬山远，更隔蓬山一万重"。

从色彩、风致上看，此诗首联悲凉，"来是空言去绝踪"甚至是一种使人震惊的冲刺，幸有一句"月斜楼上五更钟"的平实之句才使读者打了一个趔趄之后却没有跌倒。颔联多情而且纤细,"墨未浓"云云有点女性化。颈联绮丽幽雅朦胧,让你觉得诗人对红尘生活诸多眷眷甚至不无非非之想。尾联又悲凉了,但悲凉已经"化开",虽说"一万重"但也淡淡,没有什么新的刺激,而且尾联的节奏减缓,容量减少,读起来不吃力了。

"飒飒东风细雨来",此诗同样汇具象、抽象、典故、比喻、哲理、抒情于一炉,联与联之间的巨大反差使诗意闪烁而又无所不包。综观之,当仍是对相知相悦相应相和的一种向往,雨细雷轻,在理想与现实之间,在人与人之间,这里有一种不事张扬却又相互吸引的情感力量,锁坚而香可入,井深而丝可牵。贾氏倾慕韩寿,甄妃向往曹植,感情世界中那些像烟一样无形的东西其实是无可阻挡的;那些深埋在井底的东西也终将汲出。而这一切又都不可能获得圆满的结果。春心与花争发,这该多么迷人,而终于成灰,又是多么悲凉。悲即美,这不是川端康成的命题吗?

"重帏深下莫愁堂",这一首写得更加朦胧,若隐若现,写相思的惆怅与清狂,失眠的夜晚当中,咀嚼着、品味着内心的深情。好事难全,神女、小姑又成就了什么?弱的菱枝承担着人间的风波,清爽的桂叶,因月露而益香,美在失却,爱在失却,理想在失却,都留下了某种沁人的芳香。

"凤尾香罗薄几重",阻隔与希望共存。凤尾香罗是美的,"几重"却使美深藏。"碧文圆顶夜深缝"不但是美的,而且有一种难以触摸的神秘感。"扇裁"掩盖而又难掩,扇与羞都是阻隔又都不是那么决绝。语未通而能听到车走的雷声，这不也是"身无"而"心有"吗？寂寥是因为没有消息。金烬暗与未有的石榴红都在有无之间呈现一种婉转的美丽。终于抱着一丝希望，等待着能够"入君怀"的"西南风"的到来。

这是写爱情吗？当然是写爱情。这里有对夭折的妻子的思念吗？完全可能。这是写人生的自怨与自解吗？也是。每首诗的情境都是自相矛盾而又自成格局的。这是写作者政治上的坎坷，怀才不遇、怀情不遇吗？乃至写到牛李党争给自己带来的厄运吗？完全可以这样解释。"7W"没写清，但读者可以用自己最熟悉最痛感的"W"去补充。

汉语"空间"一词何其妙也！既空且间，诗句与诗联之间的空白、空隙、间离、间隔构成了这六首诗的谈不上宏伟阔大却十分美丽深幽、曲折有致的艺术空间。读者、学者、史家、传记家与诗人同行，大可以在它们的艺术空间中做出自己的选择、想象、补充与欣赏，这种"空"、"间"便是通情与通境，不同的"W"的情感与不同的"W"的环境都可以与它们的艺术空间相通。而这种"空"与"间"的性质，正是李商隐这几首诗的绝妙之处。

那么，这样的艺术空间，这样的蒙太奇，这样的"W"的隐去或朦胧化，是怎样形成的呢？当然不会是李商隐受了什么流派理论的影响。通观这几首诗以及诗人其他一些抒情诗（如著名的《锦瑟》）的特点，套用一个既摩登又不合时宜的说法，这一类型的诗似可说成作者"向内转"的产物。只有当诗人致力于表现自己幽深婉转多愁善感的内心世界、感情世界的时候，他才会不知不觉地摆脱"7W"，不知不觉地摆脱某人某事的因果顺序，乃至摆脱时空限制、逻辑限制与语法限制。内心世界与"7W"的现实生活息息相关，因此诸诗不乏具体形象、具体描写以及时隐时现的某个或几个"W"。内心世界又不是绑在几个确定的、不可入的"W"上的，所以，内心世界的自由、广阔与瞬息万变的流动性又使得一首诗中出现属性大不相同的句、联。内心世界、感情世界的相反相成，使这些不甚连贯的诗句联成一体。每一句特别是每一联的功力使得它们既是整诗的一个有机组成部分又具有独立存在的价值与魅力，有许多联就是离开全诗而被传诵至今的。汉字的整齐，七律的严格的格律，更从形式上、语言上、音乐感上帮助了每首诗的完整与统一，使一颗一颗的珍珠，一道一道的彩练，组合成一个又一个令人目眩神迷的艺术圣殿，却也是艺术迷宫。

1990 年

混沌的心灵场
——谈李商隐无题诗的结构

一般的诗的结构大致也如语言结构,主、谓、宾、补、定、状之属可以区分,诗的大意可以用一句——或繁或简的——话来表达。"白日依山尽,黄河入海流",状语从句是也;"欲穷千里目",条件从句也;"更上一层楼",虚拟态动词做谓语也,主语略,大致应判定为第一人称,单数复数,均解释得通。

语言结构的另一面其实就是逻辑结构。如一种是递进结构:李白的《静夜思》就是从天上的明月写到地上,再写到自己的动作——举头,再写到自己的心思——思故乡,层次分明,由远及近,由浅入深。孟浩然的"春眠不觉晓"也是递进的,泛起若漫,点题在最后,叫作"抖包袱"结构也许更贴切。它们使我想起相声与欧·亨利的小说。"打起黄莺儿,莫教枝上啼,啼时惊妾梦,不得到辽西"亦属此类。

"花非花,雾非雾。夜半来,天明去。来如春梦几多时,去似朝云无觅处。"白居易的诗写得够朦胧的了,结构却非常平实有序。先说形状——无一定的形状，所以非花非雾。再说活动规律，夜来朝去，昼伏夜出。最后写的是感觉、是意象。如这似那，感觉也。春梦、朝云，意象也，有此意象统领，花呀雾呀夜半呀天明呀也就都意象起来了。这首诗的朦胧美，就是由一群意象编织起来的。

杜甫的诗公认是层次比较繁复，信息量比较大的。以著名的《喜达行在所三首（其二）》来说，"愁思胡笳夕，凄凉汉苑春"，一胡一汉，从正反两面说了自己目前的同一遭遇。"生还今日事，间道暂时人"，依照时间的大顺序，又小小地回溯了一下，写了昨日的危险与刚刚获得"生还"的庆幸心情。"司隶章初睹，南阳气已新"，用刘秀的典故概括身经的历史事变与自己的兴奋与期望。最后呢，"喜心翻倒极，呜咽泪沾巾"，合乎逻辑地却又是辩证地喜极而泣起来。从过往到今朝，从险到夷，从经验到心绪，从庆幸到哭泣，其结构极"顺"极自然，完全符合语法逻辑、空间时间的自然顺序，一点也不艰深复奥。我们之所以不用"行云流水"、"明白如话"之类的形容李白某些诗作的词句形容杜诗，不是因为他的结构有什么麻烦，而主要是由于他写的内容深重艰难，抒情翻过来掉过去，遣字力透纸背，与李白的"飞流直下三千尺"大不相同。

李贺的诗艰深奇诡，想象怪诞，修辞险峻浓丽，是比较不那么好接受的，但是他的诗的结构也井然有序。以著名的《金铜仙人辞汉歌》为例，前四句是："茂陵刘郎秋风客，夜闻马嘶晓无迹。画栏桂树悬秋香,三十六宫土花碧。"这都是写汉武帝的,先是主语,然后是曲折地写其已成为历史陈迹。后两句则是已经成为陈迹的汉宫景象。来去匆匆的过客,我们常常用这个话来讽刺那些煊赫一时而又没有"根"的二等政治家,其实,从生命短促、历史沧桑的角度来看,谁又不是来去匆匆的过客呢?

中间四句:"魏官牵车指千里,东关酸风射眸子。空将汉月出宫门,忆君清泪如铅水。"想象与语言之奇绝均臻极致,几如天书。字面上的困难解除以后,便知这四句写铜人情状,也很合乎叙述表达的常理常序。魏官把金铜仙人拉了出来,感受到了东关酸风,眸子为之酸痛,四顾茫茫,唯见一轮明月还如汉时,追随着自己。此情此景能不落泪如铅水乎?经历、光景、情绪,三者的排列一如风格题材完全不同的杜诗。

最后四句:"衰兰送客咸阳道,天若有情天亦老。携盘独出月荒凉,渭城已远波声小。"李贺体贴入微地写铜人离去后的途中感受。"天若"句是主观感受的高度概括,苍凉遒劲,实已由想象的金人辞汉事生发了开去。此句如杜诗之概括喜极而泣然,都是从一事而及彼,举一隅而三隅返。然后回到铜仙人的征程上来,最后两句是一个电影蒙太奇。余音袅袅,怅望无穷,正宜结在此处。

也可以换一个表达方式,这些诗正如绝大多数其他体裁的文学作品一样,其结构可以称为主线结构,就是说你可以从中

混沌的心灵场

找出一条主要的线索，或叙事而有先后，或抒情而分浅深，或状物而言形质，或比兴而因物事再及意旨……都是有迹可循、有线可依、有序可排列的。

那么有没有结构扑朔迷离、无线无迹无序、令人捉摸不透的诗呢？有。其最精彩的范本就是李商隐的无题诗与准无题诗。

此类诗的一大特点是既朗朗上口又艰深费解，既广泛流传又聚讼纷纭，既令人爱不释手又总是叫人觉得抓不住摸不着。"飒飒东风细雨来"、"春蚕到死丝方尽"、"尽日灵风不满旗"、"碧文圆顶夜深缝"、"梦为远别啼难唤"、"昨夜星辰昨夜风"等等，从字面上看是相当明白晓畅的，而且文字本身已经很有审美价值，所以它们很易接受，与李贺的怪诞或韩愈的某些诗的拗口完全不同，诗里用了一些典事，今人看起来麻烦一点，但典事总是可以说得清楚的，清楚了就是清楚了，难点显然也不在这里。

难点是在意旨的理解上。意旨理解的难处又在神龙见首不见尾的虚拟与前言不搭后语的语序特别是"联序"上。

为什么那样虚拟、那样含糊呢？除了有所不便的环境原因之外，主要是诗人这里写的不是一时一地一人一事，而是自己的整个心境，或是虽有一时一地一人一事的触动，着力处仍在于去写深藏的内心，这正是此类诗隐秘丰邃、不同凡响之处。义山诗是提纯了的：把一切用散文用议论用注解能表达的非纯诗的东西全部洗濯干净了，此得宋人杨万里"诗须去意方可"说之精髓者也。

为什么前言不搭后语呢？除了风格形式美的需要以外，就在于作者构建的是自己的独特的心灵风景，而心灵风景不受空间时间形式逻辑的束缚。心灵是说不出道不来的，说出来的可能只是一小部分，而更多的东西全靠你在字里行间反复体味。

以"来是空言去绝踪"为例，这第一句如前引白居易诗，非花非雾，道可道，非常道，名可名，非常名，诗可诗，非常诗，情可情，非常情。第二句"月斜楼上五更钟"可就让人傻了眼了，怎么时间又是这么具体，诗语又是这么大白话起来了呢？"梦为远别啼难唤"，一种朦胧而又雅致的忧伤情境表现出来了。"书被催成墨未浓"，这一句笔力不如上联，似是先有了上句，后冥思苦想搜索出来的；但此联两句同一种色调，尚属易解。"蜡照半笼金翡翠，麝熏微度绣芙蓉"，象征比喻些什么只有天知道了，这一联的诗语诗境意象与来去、五更、钟、月、梦、书、墨……有什么关联也难说。最后是"刘郎已恨蓬山远，更隔蓬山一万重"，混混沌沌，若即若离。

当我们苦于抓不住此诗的结构顺序的时候，我们不妨换一个方法排列排列：把相对比较平易的首二句与最后二句连通起来，就是说弃"骈"而取"古"，弃"腰"而取首尾，请看：

来是空言去绝踪，月斜楼上五更钟。

混沌的心灵场

刘郎已恨蓬山远,更隔蓬山一万重。

好懂多了。是写别情的。于是梦也好书也好啼也好墨也好都解开了。

这种"但取首尾法"对于义山的一些其他难解的诗亦为有效,如著名的《锦瑟》:"锦瑟无端五十弦,一弦一柱思华年。此情可待成追忆,只是当时已惘然",这么读,何难解之有哉?写的是思华年的惘然之情,难道还有什么疑问么?首句起兴,二句直奔主题,尾联则是思华年引发之情绪。没有什么麻烦。

"飒飒东风细雨来,芙蓉塘外有轻雷。春心莫共花争发,一寸相思一寸灰。""相见时难别亦难,东风无力百花残。蓬山此去无多路,青鸟殷勤为探看。""重帏深下莫愁堂,卧后清宵细细长。直道相思了无益,未妨惆怅是清狂。"这么一删繁就简,开放首尾"直通车",所写为何、全诗大意似乎明白了许多。

可简约性,可直通性,是这一类诗的第一个特点。

且慢,我们读一首诗毕竟与读一篇例如告示不同,从一首诗里,我们希望得到的可不仅是大意,这就像是听音乐的目的不仅是辨别声音出自什么乐器或是声音是在模拟什么,观赏一幅画的时候也不是意在弄清画的是鱼虾还是虫鸟一样的。艺术欣赏的要义是一种心神的共鸣与愉悦,是一种会心的温暖。仅仅有大意是得不到艺术的。

何况义山有的诗则不仅是颔颈二联而是通篇捋不出线索来。如此首：

> 凤尾香罗薄几重，碧文圆顶夜深缝。
> 扇裁月魄羞难掩，车走雷声语未通。
> 曾是寂寥金烬暗，断无消息石榴红。
> 斑骓只系垂杨岸，何处西南待好风。

是的，义山某些律诗，它们或全篇或颔颈二联，句与句之间，联与联之间，留下了太多的空白。《锦瑟》中"庄生"、"望帝"、"沧海"、"蓝田"四句，《重过圣女祠》中"一春梦雨"一联与"萼绿华来"一联之间，"昨夜星辰昨夜风"中前三联之间，《春雨》中"怅卧"、"白门"、"红楼"、"珠箔"、"远路"、"残宵"、"玉珰"诸句间，都留有极大的空白与跳跃。这也是他的这些诗耐人咀嚼的一个重要原因吧。

跳跃与空白，生出的是别诗没有的一种独特的张力。这种特点尤其表现在他的律诗的颔颈二联中，显然，律诗的中腰部分，正是义山最下功夫经营的部分，是他的诗的主体。相对来说，义山这一类诗具有淡入淡出的特点。它们的首尾相对比较平和，这样就更加突出了颔颈的奇峰。

跳跃、空白、首尾的相对平和与中段的异峰突起，是这一类诗结构上的第二特点。

混沌的心灵场

义山的这一类诗的结构的第三个特点是它们的弹性,可更替性,可重组性。此点甚奇,值得体味。盖只要音韵方面没有大困难,几首诗的几联是可以重组的,说得时髦一点,是可以解构然后重建的。例如我们可以重建一首这样的诗:

来是空言去绝踪,月斜楼上五更钟。
身无彩凤双飞翼,心有灵犀一点通。
蜡照半笼金翡翠,麝熏微度绣芙蓉。
碧文圆顶夜深缝,凤尾香罗薄几重?

或是:

锦瑟无端五十弦,东风无力百花残。
春蚕到死丝方尽,蜡炬成灰泪始干。
沧海月明珠有泪,蓝田日暖玉生烟。
蓬山此去无多路,只是当时已惘然。

我还曾经把《锦瑟》全篇五十六个字打乱重建变成:

锦瑟蝴蝶已惘然,无端珠玉成华弦。
庄生追忆春心泪,望帝迷托晓梦烟。
日有一弦生一柱,当时沧海五十年。

> 月明可待蓝田暖，只是此情思杜鹃。

略有牵强，但仍然可读，而且情调不变。

我还曾将《锦瑟》五十六字拆解重组为长短句：

> 杜鹃明月蝴蝶，成无端惘然追忆。日暖蓝田晓梦，春心迷，沧海生烟玉。托此情，思锦瑟，可待庄生望帝。当时一弦一柱，五十弦，只是有珠泪，华年已。
> ……

虽说这样做是野狐禅，是走火入魔，但仍然令人惊叹。绝了！

从这些特点——可简约性、跳跃性、可重组性之中，我们又如何分析他的每一首诗的结构，特别是每一首诗的联结、连续、内聚力、凝集力呢？

很显然，它们首先靠的是情感的统一性。你找不着叙事的线，空间的线，时间的线，逻辑的线，特别是找不到或较难分明表意的顺序，却很容易找到那同一种情绪。甚至，可以说这一类诗情绪也大致是统一的。惘然，无奈，寥落，凄凉，漂泊……主宰着它们。

其次，它们靠的是意象与典事的统一性。蝴蝶、翡翠、麝香、金蟾、玉虎、玉烟、珠泪、春蚕、蜡炬、蓬山、青鸟、东风、细雨、彩凤、灵犀、芙蓉、云鬓、庄生、望帝、贾氏、宓妃……包

混沌的心灵场

括惘然、追忆、相思、无益、微度、寂寥……这些个比较虚的词，都有一种忧伤而又朦胧，雅致而又无奈，艳丽而又梦幻的特点。他的这些诗里是不会有诸如"惊雷"、"狂飙"、"长啸"、"痛饮"一类词的。故这种统一性也可以说是词汇的统一性。

第三是形式的统一性。形式的统一性是我国诗的一大特点。所以我国早就有集句的传统，比西方现代派的"扑克牌小说"早了一千多年。如果没有形式上的相对比较严格的统一标准，句是集不成的。而李义山的律诗在形式上是很讲究的，即使留下了许多空白，跳跃性很强的诗篇也很完整好读，甚至解构重建以后，仍然十分严整上口。形式问题不能不说也很有作用。

好吧，情绪上统一起来了，意象上语言上统一起来了，形式上更是严整起来了，这些诗又究竟写了些什么，这些诗又是怎么结构为一个整体的呢？

诗家颇有注意到李诗的结构的与众不同的。例如《夜雨寄北》的结构就极有致，何焯称之为"水精如意玉连环"，张采田称之为"潜气内转"，黄世中称之为"往复回环"。

这些说法之中，潜气内转说颇有概括意义。盖回环往复云云特指《寄北》，而潜气说则通用于李商隐的一大批诗。潜气的意思是李诗有这么一部分是写一股沉潜之气的。什么气？不平之气、嗟叹之气、怅惘之气、期盼之气。说到底无非是一种情结或用香港的说法叫作"情意结"，一种得不到宣泄得不到呼应得不到报偿而又充溢饱满浓郁深厚的"力比多",又不仅是弗洛伊德的力比多,是故潜气者潜意识也,亦可以是中国文人所称之"块垒"也。潜气不是浮气,浮气多半是针对一时一事身外之物的,此一时一事改变了,浮气也就没了。潜气则不同,长期积累,未必自觉,若有若无,难分难解。这当真是一种"心病",这又积累着巨大的心理能量,要求着释放与喷发。如果这种心病块垒,压迫在一个天才诗人身上,它就成为诗人的天才诗篇的无尽源泉了。这种力比多或情意结或胸中块垒的形成,自然是种种因素而不是一种原因、长期积压而不是一时刺激所造成的。对此,文学史家考证研究的成果甚丰,爱情与事业的不称意,这男人一生的最大两件事都够李商隐压抑一辈子的。这不需我的学舌与多言。

内转说则更有趣味了。当代文学是否存在"向内转"的趋势,这是文学评论家鲁枢元提出的一个受到重视也引起争议的命题。转入内心,则是古今中外一大批作家特别是诗人的实际。特别是一些在"外务"中屡受挫折的文人,作为一种补偿,一种"移情",转入内心,转入一种类似自恋自怨自嚼自味只是无以自解的沉迷状态者,比比皆是。从经世致用的观点看,这种"向内转"的作品殊无可取,向内转的文人殊无可用,这种轻视内转的传统在我国可谓源远流长,于建国后而尤烈。故而李商隐诗长期以来得不到应有评价,而一千多年后的鲁枢元的命题也屡遭非议。问题是诗的价值并非一元,经世致用恰恰不是诗功能的强项,以诗治国或诗人治国本身就是幻想,大可不必这样去衡量诗与诗人。而向内转的作品由于探幽察微,开出诗中奇葩,更有别类无法替代的抚慰、共鸣、润泽、导引的奇异效应。

毕竟是今日了,我们完全可以更好地研究一下这一类心灵诗。

外务及身外之物是比较明晰的,空间时间,轻重缓急,吉凶祸福,成败利钝,是非得失,用藏浮沉及因之产生的种种喜怒哀乐,都是可以说明与明说的。这些诗可能碰到道德、政治、文化、环境方面的表述困难,却不是语言困难。所以那些面向外务、外物包括因外而及内(如本文所引杜诗)的诗,结构都较为有序、有规律。而内心的世界,长期的情意之结,特别是敏感多情、雅致而又软弱的诗人李商隐的情意之结,迷迷茫茫,混混沌沌,如花如雾,似喜似悲,若有若无,亦近亦远,且空且实,恐怕他自己也说不清楚——依弗氏学说,说得太清楚就没有这块垒、潜气,心病也就痊愈了,也就没有这一批诗了。盖它们不但会碰到经世致用、文以载道主张者的贬斥,而且首先遇到的是语言上的困难——你找不到可以表述内宇宙的精当语言。一般的交际语言在用来表现内心世界的时候常常是千篇一律,挂一漏万,买椟还珠,因言害意。这样,潜气内转的诗人就必须另辟蹊径,另寻非同寻常的语言与结构。这就是古今一批诗人的内向之作读来前言不搭后语、朦胧费解的缘故。

其实,李商隐的这一类诗,称之为"混沌诗"要比朦胧诗贴切得多。朦胧是表面，而混沌是整体、是立体也。人的内心，被称之为内宇宙，确实是扑朔迷离、无边无际、无端无底的，只有用"混沌"二字才好概括。

混沌是抓不住的，动不动企图为混沌做出明晰的考证，便如给一个深度精神病人做出简单的器质性病变判断，然后去头痛医头、脚痛医脚地做皮肤科或外科手术。也恰如《庄子》里的混沌故事，为混沌凿出了七窍，也就把混沌杀死了。

但是诗又是给人看的，至少这些诗给人看了并且被人们接受而且流传下来了。诗人自己的内心痛苦要凭借语言来抒发。知其不可而为之，诗必须为混沌找出相对应的语言来。义山的这一类诗，堪称是此种不可为之为、不可言之言的范本。这语言里可以有相对明白的直抒胸臆，如说是"惘然"、是"追忆"、是"相思"、是"惆怅"、是"清狂"、是"寂寥"，等等。这些情绪是朦胧的，语言却是明白的。这些可称是明白的混沌。但是，仅凭直抒胸臆对于一个诗人或是一首诗来说又是远远不够的。诗的特点、诗的迷人之处、诗的动人之处要求诗人能够为混沌朦胧的情意寻找出、投射出对应的相对要直观得多的形象意象以及典事来。就是说还要搞出混沌的明白来。

于是诗人从心灵出发，以内转的潜气为依托、为根据，精心搜索编织，铺陈营造，探寻寄寓，建成了他特有的城池叠嶂、路径曲幽、陈设缛丽、堂奥深遥的诗的宫殿、诗的风景。

这一类诗的结构，可称之为"心灵场"。心灵是能量的源泉，意象与典事是心灵能量的对象、载体与外观。心灵的能量受到外界即身外之物的影响，宠辱祸福，人们是无法全不计较的。但人的心灵能量又不完全是外界的投影，它还包含着人类固有的与生命俱来的欲望与烦恼、快乐与恐惧。而且这种能量是长期积累乃至无意识积淀的结果，常常是自己也不自觉，自己也掌握不住。说它是一个场，是由于场的本质是一种能量，而能量在没有遇到接受能量的物质对象的时候它是看不见也摸不着的，例如电磁能，谁能看得见呢？但是如果有铁屑，一切便排列起来了，图案化了，图形化了，从而清晰可见了——有了场自己的风景了。同时众铁屑毕竟不是一个刚体，它没有固定的形状，不具备不可入性。正如这一类诗，道是无形却有形，道是有结构又似无结构，非此非彼，亦此亦彼，它们的风景具有极大的灵动性、奥妙性。这里，心灵是能量的来源，而各种形象、意象、典事则是可见的"铁屑"，是风景的表层对象。

　　如前述，《锦瑟》诗意，有首尾二联已经大体表明了，但仅有意思是没有心灵的光辉、感应、力度与美感的。就是说首尾二联的能量是太有限了，仅有首尾二联就像是一块还没有在线圈上通上电的铁棒，还没有能出现场风景。乃有"庄生"、"望帝"联与"沧海"、"蓝田"联，借具象以表达抽象的心志情意，这在中国是一种极为普遍的美学传统与创作方法。画家们更喜欢这样做，画石画竹、泼墨山水，都宣泄着画家的志趣块垒。义山诗作，比起画家们的寄托，就要繁复幽深得多了。

这种典事与意象同作者心灵的关系，一是贴切，二是距离，三是无（主）线无序又恍若有线有序，四是放射而又回归，五是纯粹。

贴切的意思是诗人建构可以感知的人生场、人生风景的时候，不是模拟外在的人生，而是源于内心的体验。庄生、望帝、蝴蝶、杜鹃、锦瑟、琴弦、沧海、明月、珠泪、玉烟直到翡翠、芙蓉、金蟾、玉虎、金烬、石榴……都是那样的李义山的内心化了的。与其说是义山接触到了这些事物典故才有了这样那样的感想，不如说是义山蓄积了太多的抑郁哀伤，生发出来了以上种种景象——叫作心生万象。这样才能传心传情，貌离神合，如有天助。这个天就是自己的内宇宙，戏用一个气功名词，就是自己的小周天或大周天。

距离的意思是，第一，任何人生风景与心灵场"景"都不可能完全重合，而是保持着距离，从第一个景到第二个景，这正是咀嚼与体味此类诗的妙处。第二，各个意象、风景、典事之间，保持着距离。这样才能言不言之意，抒不言之情，得意而忘言，得心灵而失风景的确定与确解。它们言有尽而意无穷，令人流连难舍，生发出别的类型的诗作不可能具有的欣赏兴味。

无线无序非无景，是说一个风景你可以有多种进入和浏览欣赏的路径。你可以移步换形，回眸创意。夸张一点说，李义山的这些诗几如"扑克牌小说"，表现的是活质，是重组的可能性，是创而造之的诱惑，倒背横插皆有无比的情致，乃能表现场

混沌的心灵场

的动态、场的能量；诗语虽然凝固在那里，诗情诗意却还在飘摇运转乃至奔腾冲突，结合分离。

距离与无线无序的特点有时又令人想起今世电影的蒙太奇手法来。沧海是阔大的、迷茫的、地上的，明月是清晰的、集中的、天上的，沧海与明月，这是第一个蒙太奇。然后是珠，一下子微观了许多，等于从一个远镜头变成了特写镜头，这是第二个蒙太奇了。而有泪，又一下子从无生命变成了有生命，从无情变成了有情，从"天地不仁"变成了万物有心有意。这三个蒙太奇只能令人叹为观止。几个蒙太奇过去，浩渺而又精微，洪荒而又雅驯，无极而生太极，太极而四象而八卦而万物。空荡荡之中凭空流露着无尽的绵绵情意。诗到了这里，便已经进入了终极，进入了绝对，进入了永恒了。

所说终极绝对也者主要是指一种审美的巅峰体验。心灵是看不见的，灵魂是看不见的，见到了诗人的灵魂我不能不感到震撼已极，我不能不匍匐于地。每每读到《锦瑟》的颈联便有一种战栗与服膺：如见上帝，如通大道，如明法理，便有大自在大恐怖大升腾大悲戚。

获得此种体验之时，便忘却了诗句，忘却了结构，忘却了典故，更忘却了有关李商隐的一切研究考据。乃知得意忘言是极大的欣赏喜悦，极高的欣赏境界。信然。

典事与形象，不可截然划分。"庄生"、"望帝"一联，既有特定的故事，又有自己的意象，可以整体整合，也可以解构飘摇:晓梦是也,蝴蝶是也,春心是也,杜鹃是也。甚至有些名词也是这样,例如"蓝田"语义是指陕西省蓝田县,这是没有多少疑义的。但是由于汉语的方块字的分合特点与对仗引起的态势暗示,这边是沧海,那边是蓝田,从审美上体贴,蓝田完全可以给读者以蓝色的田野的感觉。这里有一个汉语汉字的潜能问题,李诗恰如曹雪芹的《红楼梦》,算是把汉语汉字用活了、用神了、挖尽了潜力了。

放射与回归即潜气内转,说明场的中心、诗的核心是那发出能量的源泉即诗人的心。有直接的回归,如黄世中先生所分析的《夜雨寄北》式的往复循环,今日之巴山夜雨,在诗人心中虚转为他日的回忆与谈话题目。有间接的回归,如一些无题诗首联与尾联之联结直通。同时每个意象、每个典事都既是人生的风景又是内心的回转。这里,景即是心,心即是景。这里的景心关系与一般写景文字的寓情于景、见景生情不同处在于,后者是景实情虚,因景而情,而李诗是心灵为源、为核心,派生投射为意象与典事,为特殊的风景。

纯粹也者是指义山在这类诗里基本上淘洗干净了"身外之物",淘洗干净了语言与心灵之隔。你在这些诗的本文里很难找出"本事",硬找出来也牵强片面,煞风景得厉害。当语言失去了表现"本事"的功能以后,反而焕发出来它的言外之意,反而表达了常规语言无法表达的内心世界。纯诗本来是无法写也无法读的,因为它排斥着常规语言。义山这一类诗的最大成就之一是他直观地捕捉住了、掌握了语言的最高层次——超语言。关于这方面的理论请参阅鲁枢元的专著《超越语言》。

心灵场结构与一般的线性结构之间的区分并不是绝对的。无线无序也者，不是漫无次序之意，而是指它的"序"的灵活性、可变易性与立体性。更准确一点，这些诗应该说是无序中的有序，有序中的无序，无线中的有线，有线中的无线。例如《锦瑟》，强硬解来无大难处：首联，兴而思之；颔联，思而迷茫难托；颈联，因有而无，从无而有，荒漠中不无温暖，温暖中终于荒漠；尾联点明"追忆"与"惘然"。草蛇灰线，有迹可求，此诗绝非故弄玄虚的天书。但由于迹似有似无，求起来往往各执一词，借题发挥，难得原意。不若明白其为心灵场结构而以心解之，拥混沌而拒凿窍，得潜气而弃小儿之所谓明白，不损诗情诗意诗美也。

这也算是解剖麻雀。扩而大之，不仅一首一篇，而是这许多首诗构筑了李义山的完整的心灵场。它们是许多首不同的诗，却又是同一个寥落的李商隐的心灵场。既然是心灵场，既然不是记叙或议论的线性结构，这些诗之间就存在着更多的同一性、可交流性、可替代性、互补性、互证性，这也是他与他人他诗大不相同的地方。

如果我们不是以线性思维、语法思维、逻辑思维的定式去与作者较劲，去与李义山的美极婉极深极的臻于绝对的诗歌较劲，而是以感觉体贴徜徉于义山的心灵风光之中，转此一念，处处皆活，应能如行山阴道上，美景应接不暇也。而到了彼时，种种分析，连同这篇旁门左道的文字与"图形"，对于义山的极生动极有味的诗篇来说，便都如佛头着粪，弃之如敝屣可也。我盼望着。

读《红楼梦》

《红楼梦》纵横谈

人生性

人生性是我独出心裁的一个词儿。我们喜欢看一部文学作品,特别是长篇小说,原因说来不过有两条,一是文学性,一是人生性。文学性包括得很多,包括作者才华、作品风格,以及人物描写、情节安排、故事结构、遣词造句、语言运用,等等。任何一部文学作品都具有人生性,也都具有文学性。文学性也离不开人生。但是有一类作品,看完了之后,能让你感觉到它描述的是活生生的人生,是血淋淋的人生,是充满着血泪又充满了各种美好事物的人生,以至于你会忘记了它是一部小说,忘记了它是一个作家写出来的,而就像面对真实的生活一样。

自古以来就有这样的例子。清朝有由于读《红楼梦》得精神病的,这是事实,历史都有记载的,读完《红楼梦》,他就整天惦记林黛玉,整天惦记晴雯、芳官等等,得了精神疾患,于是家里人就把《红楼梦》烧了，患病者就在那儿呼天抢地的：为什么烧了我的林黛玉？为什么烧了我的晴雯？不吃不喝，最后就死了。一直到"文化大革命"结束以后的1977年，中国还发生过一件事，还不是《红楼梦》这部书，而是越剧《红楼梦》。有一对青年男女，他们的爱情不是特别顺畅，但也没有碰到太大的问题，看完了越剧《红楼梦》以后太难过了，觉得天下有几个有情人能成眷属？有几个男女爱情能给人带来幸福？爱来爱去最后能得到什么？最后双双殉情。当然这是很极端的例子，我们也非常不希望出这种事。但这就说明，《红楼梦》能够给人一种人生的悲凉感、荒谬感和罪恶感，曹雪芹就写到了这种程度！

鲁迅先生说《红楼梦》"悲凉之雾，遍被华林"，在美丽的一砖一瓦一石一柱之上，在美丽的风景之中，处处透露着悲凉。

《红楼梦》一开始就告诉读者，这一切都已经不存在了，都已经过去了，只剩下了大荒山无稽崖青埂峰，只剩下了一块石头，是这块石头上记载着这些往事。它先宣布那些人物已经死亡、消失，再写那些人物，而且从头到尾，中间不断地提醒读者这种死亡和消失，生怕你会忘记这个人物已经死亡了。为什么老在"玉"上做文章？为什么老在"一僧一道"上做文章？就是要告诉读者这个现实世界是虚无的，是转瞬即逝的，一切的美貌都会消失，一切的青春都会淹没，一切的富贵荣华都会无影无踪。我想来想去还是用"悲凉感"这个词儿来描述《红楼梦》好，本来可以用"虚无感"这个词儿，但《红楼梦》又没有真正做到"虚无"，因为还有一块石头，石头上还有记载，记载中还有故事，而且仍然让人看了之后感觉到是那么悲哀。

记得上世纪50年代我二十多岁的时候，一个食堂的做饭师傅，他就告诉我说他不爱看《红楼梦》，他说不爱看，实际是对《红楼梦》的表扬。因为他说他看《红楼梦》看到荣国府被抄家那一段，实在看不下去，太痛苦了，太难过了，以至于饭都吃不下。

而且，中国的小说一般是教化性的，所以真正写到罪恶，而且又不是真正的特别坏的人的罪恶，并不多。但是《红楼梦》里却充满着罪恶。譬如说贾宝玉，贾宝玉本人就充满着罪恶。一开始就说他辜负了天恩祖德，他也是公子哥儿，同茗烟闹书房的时候，那种强梁，那种不讲道理；见到一个稍微漂亮一点的，不管是男性女性，表现出来的那种轻薄；还有回去的时候叫门，开门慢了一点，开门的是袭人，袭人是对他最好的人，他既接受袭人的关爱，接受袭人的引导，而且贾宝玉同袭人还有试云雨情的关系，却仍然照着袭人就是一个"窝心脚"。再比如说王夫人，她的罪恶就更大了，但王夫人似乎是无懈可击的，怎么看也不像一个坏人，她是为了维护封建道德，为了维护男女之大防。但王夫人手底下又有多少条人命啊？金钏是被她迫害死的，司棋是被她迫害死的，晴雯是被她迫害死的……所有这些无一不充斥着罪恶感。至于《红楼梦》里的那些男人，那些下三烂的行径，就更充满着罪恶。像贾雨村，刚开始还想搞点"廉政"，但如果要搞廉政的话他这官就没法做了，经过手底下人对他的"教育"，葫芦僧乱判葫芦案，只好睁一只眼闭一只眼。《红楼梦》能将罪恶感写到这种程度，正如柳湘莲所言：贾府里除了两个石狮子以外都是不干净的，都是肮脏的。

还有就是《红楼梦》所表现的荒谬感，什么事都是事与愿违，特别是几件大事。一个就是为秦可卿办丧事，借着丧事交了钱、捐了官给秦可卿的丈夫贾蓉；又是北静王路祭，又是贾宝玉受到北静王的赏识；轰轰烈烈，将一场丧事变成了一场没落官僚的示威，真是荒谬绝伦，何况秦可卿的死还有诸多可疑之处。贾宝玉挨打也荒谬，贾政打得荒谬，非要把他打死不可。贾母一出来就更热闹，她一句话就让贾政直挺挺地跪在地上：比他高一级的人出来了，贾政威风就没了。到了抄检大观园，就更加荒谬，为了追查一个淫秽的工艺品搞抄家，闹得整个大观园杀气腾腾，鸡飞狗跳，整个都震撼了，但绣春囊到底是谁的？责任到底是谁的？没有人出来负责。而且王夫人做这件事的时候充满了一种道德责任感，好像维系家国的道德面貌就靠此一举。这就是《红楼梦》所表达的荒谬感。

要是仅仅只有这一面还好说，我们可以认为《红楼梦》是一部颓废的作品，是一部悲哀的小说，但是不，问题是在充满着悲凉感、屈辱感、荒谬感、罪恶感的同时，又有爱恋感和亲和感。我想了半天，用什么词儿好呢？可以叫依恋，可以叫眷恋。

我想《红楼梦》还是讲"爱恋",因为不管讲多少"色即是空,空即是色",其中心还是讲"情","情"在《红楼梦》里是难分难舍的,比生死还要强烈。贾宝玉毕竟是小说里的中心人物,他不但对林黛玉是充满了情的,而且对其他姐妹也是充满了情的。这种情是真诚的。我无法用道德的观念去分析,说贾宝玉爱情应该专一。他对林黛玉是真情,以至于紫鹃的一句玩笑话引发得他差点儿得了神经病,他对薛宝钗也有情,对史湘云也有情,对晴雯也有情,对袭人也有情,对芳官也有情,对金钏玉钏也有情。他见一个,"情"一个,都是为了"性"吗?我想不能这么理解。他对爸爸妈妈奶奶也有情,你能说这种情是假的?空虚的?荒谬的?不错,最后这些"情"都完了,都没有开出花结出果来,是没有结果的,但又是难分难舍、难以释怀、刻骨铭心的,"到底意难平"。即便最后贾宝玉变成石头了,整个贾府变成石头了,整个世界、整个宇宙灰飞烟灭了,《红楼梦》里的这种爱恋之情依然弥漫在天地间,弥漫在宇宙中。

《红楼梦》会让你觉得是这么亲和,虽然它抽象地说一切都是空的,一切都是虚幻的,一切都是泡影,一切都要毁灭,白茫茫一片大地真干净,但是一进入具体的场面,一切又都是那么可爱:一块儿吃螃蟹,吃螃蟹不是空虚的,有没有螃蟹吃感觉是不一样的;一块儿作诗;一块儿说说笑笑。譬如说"芦雪亭联诗",简直就是一次青年联欢节,也是一次诗歌节,即便是现在,倘若能够参加这么一次活动也是非常好的,既有美女,又有靓仔,又有美酒,又有烤鹿肉,外面天空飘着大雪,你一句诗,我一句诗,争相联诗,才思敏捷,诗作得非常好。所以说《红楼梦》是充满了生活的魅力。你会觉得空虚,但又觉得这种空虚很值得,因为它不是一开始就空、从空到空,而是无中生有,有再归于无,不是从无到无。从无到无有什么可说的?从无到有,从有到无,有就是无,有最后会变成无。"有"本身是非常可爱的,是值得我们为之付出一切的,是值得为之承担对"无"的种种焦虑和悲哀的。即使感到种种焦虑和悲哀,也能觉得到此世界上走这一趟是值得的。

《红楼梦》就是这样,一方面给人的感觉很荒谬,很空虚,而另一方面,又是很真实的,很值得的。譬如贾宝玉,一个年轻人,体验了那么多爱爱愁愁,"享受"了那么多女孩子对他的情谊,就是活十几岁、二十几岁也是值得的,不一定非得活一百○八岁。还有贾母,刻画得很真实,栩栩如生,很容易为读者接受。这是《红楼梦》的人生性。

总体性

有很多很好的小说最终只能算是行业小说。武侠小说是行业小说。《儒林外史》也是一部行业小说,写当时读书人的事。再比如农村题材、商业题材、工业题材、环保题材等等都属于行业小说,凡是能够用题材划分的小说,一般都有点行业小说的痕迹，而《红楼梦》是超行业的。不仅如此，《红楼梦》最大的总体性，在于它超越了中国文学自古以来以道德教化为剪裁标准的观念。在这里，善和恶、美和丑、兽性和人性乃至佛性都是结合在一起的。没有回避任何东西。

建国以后，以毛主席为代表的新红学侧重于从阶级斗争和社会发展的观念去看《红楼梦》，往往把人物分为两类：一类是反封建，一类是封建的鹰犬。前一类是正面人物，如贾宝玉、林黛玉、晴雯等，后一类是维护封建道德和封建秩序的，如贾政、王熙凤、袭人等。自古以来都有认为袭人是奸臣的看法，但产生这一观点的时代就有问题，它所批评的，是袭人没有为贾宝玉守寡，也没有自杀以守住名节，又改嫁了，而且嫁的是一个戏子蒋玉菡，所谓好女不嫁二夫，忠臣不事二主，所以有的评者就将袭人视为奸臣，这本来就是靠不住的。但是我们细细看来，不管林黛玉还是晴雯，不能说她们没有毛病，她们也有很令人讨厌的地方。譬如说晴雯，有反封建的一面，但也有维护封建秩序的一面。我们知道，怡红院的丫头是严格分等级的，谁能够做贾宝玉的贴身丫头，谁能够给贾宝玉倒水，谁能够给贾宝玉铺床，谁只能够在院子里扫扫地，谁只能够在门口看看门，都是非常严格的。有一个小丫头没有按照这种次序，过来想给贾宝玉倒杯茶，就使得晴雯大怒；另一个小丫头偷了东西，晴雯对之施行肉体迫害。但我们曾经为贤者讳，为"革命者"讳，老想把晴雯打扮成一个革命者的形象，一个半女侠的形象，从来就不提这些。整个贾府，整个大观园，美和丑就是如此糅合在一块儿。有的人，比如贾琏、贾蓉、薛蟠，他们有些做法就像野兽一样，但是古人还都挺喜欢薛蟠。其实现在也是这样，一个人粗俗不怕，但假如自己承认粗俗，别人就能理解他、原谅他，人性就是这样的。其实刘姥姥也很粗俗，可刘姥姥的粗俗是贾府所需要的，尤其是贾母所需要的。因为贾母经常接触的都是一些上层人物，人五人六的、装模作样的接触得多了，就希望有一个粗俗的人。即使是读者读到薛蟠口中那些低级下流的语言的时候，也觉得很过瘾。本来，世界上有子曰诗云的高雅，也有一张口什么都来的大荤大素。

《红楼梦》这一点尤其难得，在一部爱情小说里居然写了如此多的经世致用的东西，写了如此多的"政"。《红楼梦》有两条线，一条是"情"，感情，一条是"政"，政治。但《红楼梦》具体表现的不是朝廷政治，而是家族政治，家庭行政，有那么多的人情世故。而且曹雪芹一再表现"事、体、情、理"，自古以来中国都强调这些，《红楼梦》也说"世事洞明皆学问，人情练达即文章"。所以说，《红楼梦》是一部超题材的小说，它有爱情的主线，可政治家也喜欢读，有材料证明慈禧太后就喜欢读《红楼梦》，而且还有批语，只是批语已经找不到了。毛主席也喜欢读，长征中曾经发生过《红楼梦》是否可读的争论，有人对长征中读《红楼梦》进行批斗，但毛主席说可以读。他在《论十大关系》中说，我们对世界的贡献还是太小了，我们无非就是地大物博，历史悠久，还有一部《红楼梦》。这是我们中国立国的依靠啊，一、地大，二、物博，三、历史悠久，四、《红楼梦》。这是毛主席说的，不是我说的。据说江青也爱读《红楼梦》，她自称是半个红学家。陈伯达也写过几十万字的关于《红楼梦》的文章。

所以说《红楼梦》是一部超题材的作品，如果说这是一部政治书，那说法就更多了。这恰恰反映了文学的一个特点，因为文学的特色不在于开药方，不在于把生活、人生分成一条一条的，再给一条一条的生活和人生开出一条一条的药方。文学的力量在于把生活的状态、生命的状态揭示出来，"横看成岭侧成峰"，文学必定要揭示人生的本质，但提供给人的却永远不是本质，文学要是本质的话就变成哲学了，文学提供给人的永远是剪不断理还乱，永远是纷繁的现象、形象、情感、色彩和声音。中国的文学作品，能够做到从总体上反映人生的只有《红楼梦》。外国作品中，就我所读过的来讲，能够和《红楼梦》并提的，不好找。托尔斯泰很伟大，著作比曹雪芹多得多，如《安娜·卡列尼娜》、《战争与和平》、《复活》，卷卷是精品，但托尔斯泰在自己精致的天才的笔端，有着过多的取舍。写舞会，写一群贵妇人在说无聊的话，用法语在不断地对话，很精致，但是不像《红楼梦》那样，滋味是如此地难以咂摸，难以拿捏，难以掌握。我个人愿意非常谨慎低调地说，到现在为止，《红楼梦》是唯一的一部这样的小说：能从总体上逼近人生的一切方面，酸甜苦辣咸、美丑善恶、空无实在、情与政、有趣与无聊、吃喝拉撒睡、生老病死、金木水火土、地水火风等等，全有。

开放性

《红楼梦》有一种活性，有一种开放性，香港有一个词叫作"动感"，《红楼梦》给人一种动感。这本书本身是活的，让人觉得《红楼梦》就像一棵树，看完了这本书，这棵树就种在心里了，种在脑子里了。然后慢慢地长出枝杈，长出叶子来，开出花来；一夜没见，又开出一朵花来；又一夜没见，又长出一个枝杈来。这样的书非常少。

《红楼梦》的一个最大特点，现在被各派专家所普遍认定的，就是《红楼梦》前八十回是曹雪芹的原作，后四十回是高鹗的续作。这是一个非常大的遗憾，因为人们已经找不到最后那四十回的原作了。但是这遗憾又给《红楼梦》带来了很多开放性和活性。为什么呢？既然已考证出《红楼梦》的后四十回是高鹗的续作，不是原作，那么我们读者立刻就增强了信心，我们的专家立刻就增强了信心，立刻就指出后四十回这一点是不对的，那一点是不对的，应该是这样的，应该是那样的。新中国成立以后，大家尤其指责它写到了兰桂齐芳。本来曹雪芹就已经讲了，《红楼梦》的最后结果是"白茫茫大地真干净"，为官的当不成官了，有家的家业凋零了，飞鸟各投林，落了个白茫茫大地真干净。哪儿像高鹗写的那样，荣国府被抄家以后，后来又还给他们了，贾政又恢复了原来的级别待遇。哪有这事儿？说他写得不对。俞平伯也分析过，说用调包之计，明明娶的是薛宝钗，但是偏要告诉贾宝玉说是林黛玉，贾宝玉把盖头掀起来以后，才知道不是林黛玉而是薛宝钗。这个写得也是不对的，是不合理的。

对后四十回有各种各样的推测，各种各样的说法，这种现象使我产生一种奇怪的想法：《红楼梦》压根儿就是无法结局、难以结局的。因为前八十回实在是写得太生动了、太复杂了，它的层次太多了、方面太多了、可能性太多了。在这种情况之下，你想把它收拢已经不可能了。曹雪芹也是没有办法控制了，怎么给它结束？怎么给它收拢？要想把它变成一部能收拢的书，前面的线索必须明确，必须有一种封闭式的结构。什么封闭式的结构？譬如说，一件侦探案，一上来是一具女尸，最后弄清楚了，是谁杀了人，中间有四个、五个人都不是凶手，但是你看着都像是，最后真凶出来了。基本上就是从哪儿开始，到哪儿结束，它是封闭式的。再譬如奸臣陷害忠良，把忠臣搞得好不狼狈，但是最后忠臣又翻过身来。《赵氏孤儿》也是最后翻过身来了。原来是你砍我的脑袋，现在变成我砍你的脑袋了。再或者是才子佳人，已经定了亲了，小姐慧眼识英雄，但是又有很多的坎坷，中间有很多的风波，最后仍然是成功了，男的做了大官，女的封了一品夫人，五男二女，子多孙多，这才结束。可

《红楼梦》不行,写出来以后就结尾不了了。世界上许多事都是这样。所以你看,《圣经》一上来就讲世界是怎么制造的。上帝说应有光,所以就出来太阳;上帝说应有水,就出来海、河;上帝说应有陆地,就有了陆地;上帝说应有植物,就有了植物。基本上还是有条有理的,你觉得上帝造世的时候很有章法,很有条理。但是上帝造出世界以后,上帝也管不了了。上帝造出了这么多人,人越繁殖越多,人越活越聪明,还有各种的主义,各种的意识形态,而且人还会杀人,会用刀片杀人,会用毒药杀人,会活埋人,然后有了枪,有了炮,有了导弹,有了原子弹,有了热核武器、化学武器、大规模杀伤性武器。你说这时候上帝怎么办?它管得住谁?

我从《红楼梦》里得到这么一种启示,它是一种开放性的结构,它各种的矛盾、各种的问题、各种的任务,它每一种关系,都有无穷的可能性。尽管曹雪芹在开始的时候,通过金陵十二钗的判词对一些人物做了大概估计,但这个判词本身就是很玄妙的、模棱两可的,是无法让她们一步一步地走下去。有时候我就想,是不是曹雪芹压根儿就没有把这四十回真正写完?这是第一个问题。

第二个问题,如果我们现在真找出曹雪芹后四十回来了,假如说,某年某月某日,在哪儿挖掘墓葬,发现了曹雪芹的后四十回,很多问题就都解决了。为什么史湘云也有一个什么麒麟?为什么王熙凤"一从二令三人木,哭向金陵事更哀"?都解决了。这是不是好事呢？这会不会使《红楼梦》反倒减少了一些魅力呢？当你一切都知道，既知道它从哪儿来，又知道它往哪儿去，而且知道它一步一步怎么走，那你对它的关切是不是反倒减少了呢？命运的吸引力就在于它的不可预知性。当然有些人说命运就像下棋一样，说他能看好几步。对，好几步是能看的，有人看三步，有人看五步，有人能看到十几步。如果他一上来一下子就把这一百二十步全都看完了，那这棋他还用下吗？就不用下了。人活一辈子也是这样，算卦也好，科学预见也好，计算机预测也好，假如一生下来某人就能把他一生的年表制定出来，你一看我这年表，就知道2003年1月19日我要在国家图书馆讲《红楼梦》，最后一直看到哪一年生病，哪一年寿终正寝，还是死于非命，这就没有人生了，是不是？连人生都没有了，还要文学干什么？所以，我们从这后四十回的不可靠，体会到《红楼梦》的开放性。神秘性并不是这本书的弱点。手稿的丢失完全是偶然的，但是现在，它已经变成了一种文化现象，已经合乎天意了，已经是必然的了，已经是《红楼梦》魅力的一部分了。

还有一个奇怪的事儿，是我始终不得其解的。高鹗后四十回已经被读者接受了，已经被历代的读者接受了，后来是胡适、俞平伯这些人才考证出来这是个续作，甚至是伪作，而不是原本。《红楼梦》能被续四十回，而且续得能被读者普遍接受，这是不合乎情理的，这是不合乎文学的基本常识的。纯情节性的可以续，比如《悲惨世界》之后，就珂赛特这个人物写出一个续集来，这都是有可能的，我说的是写歌剧，却不可能有谁写出《悲惨世界》的续篇来。《红楼梦》当然也不可以续。最近我听说《红楼梦》的电视剧又在重新拍，说要严格按照曹雪芹的原意拍。我听了之后就相当地紧张。因为就按照后四十回高鹗的续作拍的话，它起码是个东西，如果说按原意拍，可是原意在哪儿呢？你有没有办法请曹雪芹复活，给你这个电视剧当顾问？因此，所谓按原意，就是按你所理解的原意是不是？譬如说是张教授，就按张教授的原意拍，是李教授，就按李教授的原意拍，更可怕的呢，是按八个教授的原意拍，张王吕郑赵钱孙李一共八名教授都是专家，都洞彻曹雪芹的原意，都明白高鹗的糊涂，这八个教授加在一块儿再重新拍《红楼梦》，我怎么觉得这么恐怖呢！我说还不如就按高鹗的拍，因为高鹗至少有个本子在那儿，这是有根据的呀，年代起码比现在更接近曹雪芹。现在有人要改后四十回，要突出刘姥姥的作用。看到后来，刘姥姥一出来，我立刻就感觉到像抗日战争时期的贫农老大妈，遇到好人有难的时候，出来一个老贫农照顾大家，那个味儿就不如高鹗的，高鹗的起码是当年清朝的味儿，可这样一改就有了中华人民共和国的味儿了。

到现在为止，指责后四十回的种种理论还没有能够完全说服我。譬如对它最大的指责是没有写"白茫茫大地真干净"，而剩下一个贾兰贾桂，兰桂齐芳，而且又是科举拔了头筹等等，好像这样就影响了《红楼梦》的悲剧性。但是我觉得，为什么《红楼梦》是悲剧性的呢？《红楼梦》中真正被人们所关切、被人们所接受的人物是贾兰吗？是贾桂吗？如果说贾宝玉出家了不知所终，如果说林黛玉死了，如果说薛宝钗苦苦守寡，如果说探春远嫁，如果说迎春误嫁中山狼婚姻极不美满而且经常遭遇家庭暴力，那么这种情况下，只有贾兰和贾桂在"芳"，无非就是这个悲剧的一个纪念，这个悲剧的一个见证。相反，假如说贾府这儿发生了一次断层地震，哗啦一下子全部人都没了，老太太没了，丫环也没了，小孩也没了，老的少的全部干净了，那就没有悲剧了。就像研究哪年地球毁灭一样，地球毁灭不是悲剧，它已经毁灭了，谁来悲啊？月亮为地球悲？不可能的。有存在才有悲，没有存在还有什么悲？《红楼梦》的结局给人一种非常悲凉的感觉，绝不会给你一种温暖的感觉、欣欣向荣的感觉。什么人看《红楼梦》专看"兰桂齐芳"？贾宝玉临走了还留了一个种，然后他还做了官，贾宝玉死了就死了吧，只要他子孙还能混个司局级也就行了，我想不会有人这样想的。

还有，说后四十回写林黛玉死的时候不对，哪能那么快就死了？我也想啊，林黛玉她什么时候死才合适呢？底下要写一大堆人的死，这是小说家的大忌。你不能一章死俩啊，一共计划着死三十个，从倒数第十五章开始，一章死俩，那不是小说，那叫机关枪点射啊。如果没有林黛玉的死在前，贾宝玉是出家也好是干什么也好，你不能写贾宝玉也死了。林黛玉死时说，好你个狠心短命的贾宝玉或者怎么样,然后贾宝玉快死的时候说,好你个林妹妹不像话……这是无法处理的。即使作者在事先已经计划好了要怎样写,到时候他也无法处理,他必须拉开,死了之后也还得有点别的事儿。如果一部作品前面写得很全面,有坏事,也有好事,比如元妃省亲,如何地张扬,如何地辉煌。还有过年,过年的时候既有好事也有坏事,家乡收成不好,歉收。但是也有大家一块儿,又唱又吃又喝又玩,吃喝玩乐。写到最后呢?就写死、写哭……任何一本书,假如连着三章都是写哭和死人的话,这本书是卖不出去的了,也没有读者看,自己也写不下去。所以这也是一个非常离奇的事情。就是说,这是高鹗的续作,这也增加了《红楼梦》结构上的一种神秘感。

我没有考据学的功夫,也没有做这方面的学问,我宁愿相信曹雪芹,他是有一些断稿残篇,而高鹗呢,做了一种高级编辑的工作,这个比较能够让人相信。如果说这就是高鹗续作,而且完全违背了作者的原意,这是我的常识所不能接受的。何况还有人做这方面的研究,就是把《红楼梦》的前八十回和后四十回做语言的定量分析,比如说,他喜欢用哪些语气词,喜欢主谓宾的结构怎样排列,喜欢用哪些定语和状语,有哪些和正常的语法相违背的等等,有人把这些输入计算机进行搜索,搜索的结果,说是后四十回和前八十回没有差别。所以,我觉得后四十回的问题是一个特别有趣的、有魅力的问题,使你老惦记着《红楼梦》,使你老不踏实。有时候我想《红楼梦》就像是人生，对后四十回的讨论就像是对人生的关切、对亲人的关切。不知道后四十回是什么，要是什么都知道，也就没有这种关切，没有这种惦念了啊！

本体性

《红楼梦》和其他各种书给人一种不一样的感觉，往往使人忘记了它是一本书，而是将它看作宇宙的本体、人生的本体。

举个例子来说，托尔斯泰的《安娜·卡列尼娜》，内容也很繁复，文字也很多，除了写安娜一家，写安娜和渥伦斯基的婚外情、婚外恋以外，还写了有作家自况在内的列文和吉提，他们的爱情的成功等等。但是，从总体来说，《安娜·卡列尼娜》写的是一个爱情的悲剧，是在宇宙和人生的本体上长出来的一棵树，这棵树的姿态、命运、形状，能够引起读者无限的悲伤、忧思和沉重感，甚至是罪恶感，但这并不是本体本身。《红楼梦》不一样。《红楼梦》虽然写了贾宝玉和林黛玉的爱情，而且用的笔墨也很多，也被许多人所接受，特别戏剧戏曲，改编《红楼梦》都是突出爱情，但《红楼梦》更多的是表达人生的本身。

再譬如《三国演义》，写得也够全面的。里面人物众多，事件众多，但它只是人生的一个方面，就是所谓乱世英雄，合久必分，分久必合，政治和军事的种种争斗，它是一个"景"，像拉洋片，比如赤壁之战，吕布戏貂蝉，六出祁山等等，一篇又一篇。

但是《红楼梦》给人的感觉就不同。怎么不同呢？所谓人生的本体又是什么意思呢？对宇宙，对人生的本体，可以有以下一些说法。

一种是从物质的层面来说，宇宙也好，人生也好，它是由一些最基本的元素所构成的。中国最普通的说法就是"五行"：金、木、水、火、土。印度的说法就是"四大"：地、水、火、风。《红楼梦》没有具体写金木水火土、地水火风，但是它写到了阴阳，写到了月盈则亏、水满则溢，写到了世界的消长变化，写到了世界的永久性。

其次，《红楼梦》写到了生老病死、聚散离合、兴衰荣辱、吉凶祸福、是非功过、善恶曲直。人的一生，生老病死，这是与生俱来的忧患痛苦。生也不容易，老了也很苦，生病不好，死亡也是很痛苦的事情，《红楼梦》里的生老病死很多。一上来就讨论聚散离合问题。林黛玉是喜散不喜聚，贾宝玉是喜聚不喜散。其实这个没有太大的区别，她喜散不喜聚是什么意思呢？就是说，既然聚完了最后还得散，不如咱们就不聚。实际上她仍然是喜聚，她怕的是聚以后的散。林黛玉是多看了一步棋，意思说现在聚了，待会儿还得散，所以干脆就别聚了。贾宝玉说既然聚了，最好就永远不散。还有探春的远嫁，在《红楼梦》中也作为非常不幸的事情，这和当时的空间观念有关。《红楼梦》也写到了兴衰荣辱。贾家是名门之后、功臣之后，是贵族，是豪门，是特权阶层当中的人物，但是又没有实权。他们最关心的事情，最担心的事情，而且往往又是无法避免的事情，就是终有衰的那一天。吉凶祸福也是这样，《红楼梦》里还经常出现一些预兆，特别是到后四十回。现在古今中外再找不着一本书，像《红楼梦》一样能够写这么多的生老病死、聚散离合、兴衰荣辱、吉凶祸福。我刚才还提到的是非功过、善恶曲直，这些我不想细谈，因为《红楼梦》并不着重进行道德价值的判定和道德上的歌颂与谴责。虽然里边也有一些比较激烈的话。比如说，通过柳湘莲之口，说贾府里头非常肮脏，宁国府只有门口的两个石头狮子是干净的。但是这种谴责非常笼统，在写到具体人物时，作家的心情却是非常复杂的。读《红楼梦》的时候，你会感到对人生命运的沧桑体验，其强度甚至于超过了实际生活。

《红楼梦》里有一种宿命论和报应论，这是中国人最普通的对命运的两种感受。这两种感受是并存的，又是对立的。宿命论认为盛极则衰，荣尽则辱，水满则溢，一切都是命，没有道理。贾家被册封、元妃省亲等等，所谓鲜花着锦、烈火烹油，忽然又出事了，被抄家了，这是命运，一切都是命中注定的，所谓气数已尽。与此同时又有报应论。就是说每一件坏事都有它的原因，所以贾家的衰败也并不是无迹可求。锦衣卫查抄荣国府的时候，说的那些问题，大部分都和王熙凤的所作所为有关。另外，管理混乱、道德败坏、仗势欺人、逼出人命……什么石呆子的扇子、多浑虫等等，各种低级下流的事情贾府里都有。所以《红楼梦》里既有宿命论，又有报应论；既有宿命感，又有罪恶感。

说《红楼梦》有本体性，就是说它充满了人生的酸甜苦辣、喜怒哀乐，它写到了人性的各个方面。从情感上来说，甚至于从审美的角度来说，人生的过程就是一个酸甜苦辣的过程，就是一个感受的过程。在《红楼梦》里，大荤大素，大文大白，大粗大细都有。

那么，为什么说《红楼梦》好像人生的本体一样，好像是宇宙的本体一样呢？我有一个观点，就是本体先于方法，本体产生方法，本体先于价值，本体产生价值。中国文学，一直强调教化传统，所谓不关风化题，纵好也枉然。在道德上，文学作品体现的是一种二元对立的观念，一种是君子，一种是小人；一种是忠臣，一种是奸臣……分得是非常清楚的。《红楼梦》的可贵之处，就在于不急于做先验的价值判断，比较缺少二元对立的色彩，而更多的，是让你知道这样一个家庭，这样一种地位，这样一批人，他们是怎么样生活的，他们的可爱之处在什么地方，他们的令人叹惜之处在什么地方，他们的窝囊无用之处在什么地方，他们的卑劣下作之处在什么地方。《红楼梦》是本体在前，在方法之前，在价值之前，本体先于方法。

所以我有一种说法，我认为《红楼梦》有一种耐方法论性。文学有各种各样不同的方法、不同的流派，用这些方法、这些流派分析《红楼梦》都有收获，都行。什么写实主义，现实主义，甚至历史写实主义，用这些方法来分析《红楼梦》，现在还是非常有成就的。

《红楼梦》反映了封建社会的必然灭亡，而贾宝玉要求个性解放，则反映了中国资本主义的萌芽。这种分析完全讲得通的呀，而且都是有根有据，言之成理，非常清楚的。讲典型人物、典型性格、典型环境，这也是非常合适的。贾宝玉、林黛玉、薛宝钗是，贾政是，熙凤、晴雯、探春都是典型，这是现实主义。

魔幻现实主义在《红楼梦》里也有，又是和尚、道士、太虚幻境、无稽崖青埂峰、神瑛侍者、绛珠仙子的故事，又是出生的时候嘴里含着玉，又是这儿一个钗，那儿一个麒麟。

再说象征主义，《红楼梦》里的象征太多了：喝酒行令、抽签抽花神，晴雯抽的是芙蓉，黛玉抽的也是芙蓉，这是什么意思？为什么两人抽的一样？而且都是芙蓉，所以说要在《红楼梦》里找象征，每一个人的姓名都是一个象征。而且我们都已经接受了，不能改了。紫鹃只能叫紫鹃，绝对不能叫红鹃，包括吃的什么样的饭，拿的什么样的灯，穿的什么样的衣服，似乎在日常生活的背后，还有一种深层的意义，这就是象征主义。

再说神秘主义，《红楼梦》有多少神秘？紫鹃拿贾宝玉开玩笑，说林黛玉很快就要被接走了。于是贾宝玉一下就乱了，脑子就昏了，等于是发了一次青春期的癔症，这是贾宝玉和林黛玉之间的青春期的一种性意识，包括情感上的意识流。如果找现在的心理分析专家来分析，我认为完全符合心理分析，完全合乎意识流的过程。

最奇怪的，就是把《红楼梦》当密电码来分析。有这么一个索隐学派,认为《红楼梦》是一部密电码。作者要反清复明,作者有反清复明的思想,写了这么一部小说。索隐学派里的有些是大学问家,如蔡元培。他们的考证非常之多,譬如说袭人,袭人就是龙衣人,是崇祯皇帝;贾宝玉是皇帝的玉玺,他为什么爱舔他那些姐妹脸上的胭脂呢?因为玉玺要不断地蘸红色的印泥……每一件事都有分析。虽然我对索隐派的说法和做法不敢苟同,但这也说明了一个问题,就是《红楼梦》具有一种符号的丰富性,这个符号太丰富了,这个符号的量太大了,而且可以解释。所以索隐的方法也只能用于《红楼梦》,没听说过用索隐的方法来研究别的书。

刚才讲的是方法。还有就是耐价值论,耐价值判断。我们从马克思主义的观点来说,《红楼梦》同情女人、歌颂女人,好像有点女权的意思。还有,《红楼梦》描写农民。《红楼梦》里真正的农民并不多,除了一个刘姥姥算真正的农民,但起码还有丫环。丫环从成分上说比主子们好一点,阶级出身比主子们好一点。所以从中国共产党的意识形态、价值判断来说,我们完全可以肯定《红楼梦》。毛主席是一个很爱批判已有文化成果的人。他批判武训,批判《水浒》,但是毛主席老说《红楼梦》的好话。

儒释道在《红楼梦》里也都有所表现,而且,对于儒家的东西,如忠君、尊卑、长幼等等,也是歌颂的。从《红楼梦》里,想考证出来反儒家的东西并不是那么容易的事情。贾宝玉不喜欢读经，不喜欢做官，主要原因是贾宝玉任性。中国自古以来有两种人，一种人提倡性灵，就像魏晋时那些文人一样，另外一种人提倡仕途经济，要入世，要做事，要做官，要发财，才对得起天恩祖德。但是为了性灵而忘记仕途经济，其实自古以来也是有的。

《红楼梦》在客观上有很多反封建的东西，但是却不能说《红楼梦》的思想本身是有意识的反封建。还有，贾宝玉批判"文死谏，武死战"。连"文死谏，武死战"这么被认为最高的道德，都被贾宝玉批判了，难道还不能证明《红楼梦》反封建吗？其实，贾宝玉批判的目的不是为了反封建，他是在用极"左"的方法来批判"左"。他批判"文死谏"，意思是做臣子的不能光顾着自己提意见痛快，最后凭着一腔的愚忠，一腔的热血，撞死在不听劝谏的皇帝面前，却把皇上置于何地呢？用死来证明自己是忠臣，同时不也就证明了皇帝是暴君，是昏君吗？这是假忠。"武死战"也是这样，这话也很有道理，作为武将，应该胜利，死了谁保卫皇帝？这话说得也非常好。他这种批判，并不是真的反封建。至于释道那些思想，确实是真有的虚无，一切归于虚无，所谓"色即是空，空即是色"。但是色即是空，空即是色又有一种悖论。因为在时间的坐标上，最后色变成空；但是如果把时间坐标放在色当中，色就是五颜六色的，是缤纷灿烂的。色不是空的，色是非常充满吸引力的。色和空是互相背离的。

所以在价值判断上,《红楼梦》也能够容许你有多种的价值判断。喜欢林黛玉,反感薛宝钗,这是新中国成立以后的阶级斗争和反封建的色彩。但是,从清朝开始,喜欢林黛玉的人,多把薛宝钗说成是奸佞、小人,说成是诡诈、虚伪。我想一方面这和人们同情弱者有关系,再一点就是人们看书,特别是看闲书,喜欢性灵型的人,不喜欢一举一动都非常符合礼教、符合社会规范的人。讨厌规范,喜欢性灵,这是看闲书的人的特色。所以《红楼梦》在价值判断上,在文学创作上给我们的启发也很大。现在写作,譬如说要歌颂真诚的爱情,批判为了金钱的虚伪的爱情,倘若把价值放在前头,反而说不清爱情本身是怎么回事儿了。所以,注重本体的作品,都是把方法和价值看作从本体延伸出来的东西。

原生性与可比照性

好像世界上无论什么事,都可以从《红楼梦》里找出来比照一下,特别有参照价值。这种参照有时候你会觉得匪夷所思,因为一方面人间的各种事是不断变化的、变动不居的,另一方面其中又有一些不变的东西。《红楼梦》讲的很多事情都合乎事体情理。事体指本体,情理指逻辑。人的职业可以变,比如说经商、从政、教学、读书还是务农,是可以变化的,但是有些事体、情理是不变的,比如说人应该真诚待人,应该精益求精,应该敬业,这些事体、情理是不变的。《红楼梦》给人一种百科全书的感觉,一种万物皆备于我的感觉。

举几个例子。比如冷子兴和贾雨村。冷子兴做皮货生意,有钱,但是文墨上差一点。贾雨村又会作诗,又会填词,又会作赋,但是经济实力差一点,所以愿意多接触多合作,这不就是现在所说的企业家和文艺家联姻吗?作协、文联、出版社,想办法和企业建立联系,也是很必要的;而企业可以增加知名度,可以提高人文形象。

再比如秦显家的,很短的不到一天的时间,掌握了厨房的权力,就是茯苓霜玫瑰露那段故事。原来管厨房的柳嫂子被停职反省了,秦显家的到那儿非常兴奋,干了两件事儿。第一件事儿就是查前任柳嫂子的疏忽,第二就是给为她接任厨房起了作用的人送礼物。但后来柳嫂子官复原职,秦显家的就麻烦了,不但没有赚到任何的便宜,还得赶紧自己花钱把送出去的东西补上。这么一个故事,里面简直太精彩了。第一像夺权。1967年"文化大革命"的时候,各地都夺权,造反派把图章抢过去,就算夺权了,夺权没几天就军管了,所以权也没有真正夺到。第二,这里也有些为官之道。比如说接受一个新职务,应该先把脚跟儿站稳一点,那么急着批判前任干吗呀?还没坐稳就批判前任,结果自己也下去了。

再比如说邪教,《红楼梦》里头也有邪教,就是赵姨娘和马道婆。赵姨娘最恨的人是谁呢?贾宝玉。她有一个儿子贾环,没出息，形容猥琐，言语窝囊，心胸狭隘，一无可取。他们恨贾宝玉，就请马道婆做一个小人，把贾宝玉的生辰八字写到上面，往这个小人身上心里扎针，结果贾宝玉就中邪了。

还有一个例子，比照完全是相反的，就是"扫黄"——绣春囊这段。"扫黄"的原告就是王善保家的，但是这次扫黄是失败的，扩大了打击面，不辨是非，而且想当然。抄检大观园一事，王夫人认为除了王熙凤，别人断不可能有绣春囊。于是就把王熙凤叫来，而且情况非常严重，整个变了脸，说绣春囊就是王熙凤的，只可能王熙凤和贾琏有，别人不可能有这个。不讲逻辑，不讲查证，也不讲证明，更没有无罪推定，也不允许辩护。用的人又不当，用王善保家的，最后，绣春囊到底是谁的没查出来，却把司棋赶走了，把晴雯赶走了，弄了一个鸡飞狗跳。

还有大字报，《红楼梦》里有小字报，就是揭发贾芸的那些所谓"招揭"。《红楼梦》里还有文艺工作者和宗教工作者，戏班子、尼姑庵。还有生日派对，"寿怡红群芳开夜宴"那个party开得非常好。还有青年联欢节，诗歌联欢节，"芦雪亭联诗"，一边吃着鹿肉、喝着酒，一边作诗。它还写同性恋，写各种各样的人生。千奇百怪，各种故事都可以在《红楼梦》里找到某种比照，或者是反面的，或者是对比。《红楼梦》写人生的这些东西，生命力这么强，真可谓是封建社会的百科全书，是人生的百科全书。

《红楼梦》还有一个很特殊的命运——外国人基本上不

接受。西方人比较容易接受《西游记》，东南亚比较容易接受《三国演义》，认为《三国演义》能够教人们智能。《红楼梦》虽然也有各种的译本，但是大部分人不知道，因为它不是作为阅读书籍而是作为专家研究书籍翻译介绍过去的。而且翻译后的《红楼梦》，无论如何是传达不出原汁原味来的。我有一年到新西兰，见过《红楼梦》的一个译者，中文名字叫闵弗德，送我一本他译的《红楼梦》，我一看王夫人全部是 lady Wang，贾母完全是 lady Shi，贾政说"ladies and gentlemen"，味道就全变了。文化有它的共性，又有它的不可通约性，你没法找到它的最小公分母，没法化成它的符号。毛主席说，中国有什么了不起？中国就是地大物博，历史悠久，还有一部《红楼梦》。这是将《红楼梦》作为中国的一个特点，既然我们是中国人，我们就应该好好体会《红楼梦》里的人生沧桑，好好体会其中的人生智能吧。

《红楼梦》的自我评价

《红楼梦》第一回就自我评价，作者曹雪芹讲到这本书的缘起。他说："列位看官：你道此书从何而来？说起根由虽近荒唐，细按则深有趣味。"这就提出了两个概念：一个是荒唐，一个是趣味。你光荒唐没有趣味也没有人听你的。那么为什么又荒唐又有趣味呢？这我们底下要研究。他又借空空道人的口评价这本书："据我看来，第一件，无朝代年纪可考；第二件，并无大贤大忠理朝廷治风俗的善政，其中只不过几个异样女子，或情或痴或小才微善。"这个也值得玩味，无朝代年纪可考，是为了不干涉时政。我不说是哪个朝代，尤其不能说是清朝，你一说清朝不是往枪口上撞吗？所以它无朝代年纪可考。从时间上说，它跳出了具体的时间范畴，这是很有趣的一个事情。看得出来，这不是来自西方现代主义的艺术思路，而是中国的小说本身所有的这么一种灵动性。中国人办事不够认真，但中国人脑子特别灵活，这样不行就那样，他总能想出一种方法来，至少在写作上可以办得到。第二他说没有大贤大忠理朝廷治风俗的善政，这也是自我边缘化的意思。小才微善，几个女子，女子在那个社会本来就比男人低一等，而且又是女子的小才微善。不是女王，不是女相，也不是女将军，既不是武则天，也不是花木兰。

这样降格以求，自我边缘化，有什么好处呢？好处就是多一点空间，你如果讲朝廷、讲风俗、讲理朝廷治风俗、讲善政、讲男人，讲大才、大善、巨善，那你任务太重了。你写出来的个个都如周公、孔子，如尧舜，如嬴政，那要怎么写？曹雪芹写不了。可能有人写得了。

第一回还有一些自我评价，说此书不过是"大旨谈情，亦不过实录其事，又非假拟妄称，一味淫邀艳约"。这也很有意思，"大旨谈情"，只是谈点爱情，当然他没有"爱情"这个词儿。"实录其事"，这和前边的"虽近荒唐"有一点矛盾，我们底下再说。最后，"并无伤时骂世之旨"，再一次声明：第一，没有伤时，就是没有对社会的不满，没有对那个时代、朝代的不满；第二，没有"一味淫邀艳约"，就是不属于扫黄打非对象。

然而最关键的《红楼梦》的自我评价，我觉得还是那几句："满纸荒唐言，一把辛酸泪。都云作者痴，谁解其中味？"你很难再找到这么短又这么到位的几句话，二十个字，来对自己的书进行评价。

小说与荒唐言

一个是人生的荒唐感。我说人生感,没说人生观。因为很难说《红楼梦》里头宣传了人生的一种观点、一种理论、一种信仰。但是作者有很多的感慨,而且把这个人生感慨写到了极限,写到了极致。这里有人生本身的荒唐,这里我暂时不谈。更重要的是由于小说,他选择了小说这样一个形式,而小说本身就有几分荒唐。

我们不妨讨论一下中国和西洋对"小说"的解释。《辞源》上讲,"小说"最早见于《庄子》。庄子说:"饰小说以干县令,其于大达亦远矣。"就是说,小说是些浅薄琐屑的言论。所以庄子说,你用这个小说来说些比较大的事情,那距离太远了。还有一个材料也很好玩,《汉书·艺文志》将小说列为九流十家之末。我们讲三教九流嘛,起码是维持生存的一种手段。那时候也称小说家。小说家是九流之末,不但是臭老九,而且是臭老九里头最低的一种。《汉书·艺文志》说:"小说家者流,盖出于稗官。"稗官就是小官儿,像稗子一样的,不是稻子,不是谷子,是稗子,稗子苗,它不成材的。街谈巷议,道听途说,所谓稗官野史,到后来把它发展成引车卖浆之流。从中国古人的眼光来说,这个小说家是最低的。官儿大了是不能写小说的,写了小说也是不能做大官儿的。它更多的是一种民间性,而且是一种城市性,"街谈巷议",它不是田头,不是村头,也不是河边。

但到了汉朝呢，那个桓谭又说小说"治身理家，有可观之辞"，就是说小说虽然是一些稗官野史、道听途说、街谈巷议的不经之言，但是里边也能牵扯到一个人的修身和齐家，家庭关系呀，孝悌忠信呀，也有"可观之辞"，也有两下子。小说在末流之中，靠自己的贡献引起了社会的一点点重视。清朝罗浮居士写过一篇《蜃楼志》序，他在序中说："小说者何别乎大言？言之也"，就是说，它不是"大言"。"一言乎小"，第一是小，"则凡天经地义、治国化民，与夫汉儒之羽翼经传、宋儒之正诚心意，概勿讲焉"，这里不讲经传，不讲正诚心意，不讲治国化民，所以它是小。第二，"一言乎说"，它不是文，它是说，更加口语化的，"则凡迁、固之瑰玮博丽，子云、相如之异曲同工，与夫艳富、辩裁、清婉之殊科，《宗经》《原道》《辨骚》之异制，概勿道焉"，就是那种非常文雅的、非常经典的东西，它没有。就是说，它没有特别重大的内容，也没有那种经典性，"其事为家人父子、日用饮食、往来酬酢之细故，是以谓之小；其辞为一方一隅、男女琐碎之闲谈，是以谓之说。然则，最浅易、最明白者，乃小说正宗也……《大雅》犹多隙漏，复何讥于自《邶》以下乎！"意思就是说，它是比较通俗的。当然这只是一方面的说法。

我们马上就可以找到另一面的说法。比如梁启超，他就认为小说特别重要，"欲兴一国之政治，先兴一国之小说；欲兴一国之社会，先兴一国之小说；欲兴一国之经济，先兴一国之小说；欲兴一国之风俗者，先兴一国之小说"。就是不管什么事，先从小说开始，要改革社会，你小说写出理想的社会来；要改革家庭，你写出理想的家庭来；要改革市场，你写出理想的市场来。我们还知道鲁迅的说法，鲁迅说他辍医转文，是为了拯救、疗救所谓国民的灵魂。这些说法也都是非常重要的。

但是它起码有这一面，就是"小"和"说"。它有一定的边缘性。大概在十几年以前吧，我们有几个评论家，当时就抨击，说现在小说都喜欢写些小东西，写的都是小猫小狗，小男小女，小花小草，小屋小河，小这个小那个。我当时对他们的抨击不太赞成，我就提醒他们说，还有一小，小说，我们要改革这几个"小"呀，首先要把小说改成"大说"，以后不许写小说，写大说，那么一上来就不是小猫小狗，一上来就是国家的命运、社会的前途、人类的未来。几个评论家的抨击，反映了中国对小说的另一种观念。

那么曹雪芹呢，他选择了写小说。这本身就是荒唐。他不阐述四书五经，不写策论，不写《出师表》，不写《过秦论》，而写什么贾宝玉呀，林黛玉呀，这就是荒唐嘛。因为正经一个大男人读书识字，不好好干大事，你写小说干什么，这就是荒唐。这种荒唐本身就是它所描写的女娲补天无材入选，把这块石头变成一块顽石，被淘汰下来。属于被社会的主流所淘汰的、所搁置的、所闲置的，属于一个废物，无用的，多余的。中国式的所谓多余的人。这是中国人对小说的观念。

外国人对小说的观念，我也查了很多资料，也很有意思。

英语的构词和我们汉语不一样，我们构词都是这样的，比如说牛，小牛、奶牛、乳牛、公牛、水牛，以牛为基础。我们一定要弄清楚，它首先是牛。比如羊，山羊、绵羊、羔羊。我们就是这样构词的，所以我们说小说，就有长篇小说、短篇小说、中篇小说、微型小说、小小说等。可是英美没有这种构词方法，绵羊是sheep，小山羊是goat，它们之间没有什么固定的关系。短篇小说——short story，长篇小说——novel。中篇小说，英语没有这个词儿。但它有个词比较接近咱们的小说，就是fiction。fiction主要意思是指虚构，它有虚构的、想象的意思，也有荒唐的意思。fiction也有谎言的意思，这是谎言，这是假的，所以欧美人侧重的地方，他们重视的是fiction，虚构的意思。我觉得这也挺好玩，你从一个字的选择上可以看出一种文化的特色。外国人注重的是认知判断，他富有实证主义的传统，任何一个东西，他先弄清楚，就像咱们那个选择题似的，true还是false，是真的还是假的。fiction侧重于它是虚构的，它不是报道，不是新闻，不是纪录，不是传记，它是虚构的。外国人这种判断也给自己造成了麻烦。我看那个《大美百科全书》，美国百科全书，它解释说有时候在一些本来是实录的东西里面，也有fiction的因素。比如说历史小说、传记小说，但是历史和小说，传记和小说这本身是非常矛盾的，所以它又出了一个nonfiction，就是非虚构的，甚至有人把它翻译成非小说的，非小说的小说，非虚构的小说，这是它碰到的矛盾。中国人注重的，汉语注重的，真的、假的都在其次，注意的是价值判断，特别是它的道德价值，是大还是小，你这是小意思、小东西，不屑一顾，所以不管从哪一个观点来看呢，曹雪芹写小说本身它是荒唐的。这本身就是一个荒唐的选择。

那么其次他在这部小说里头，他一方面说是据实写来，而且常常还用两个词，一个叫事迹原委，不敢穿凿，一个叫事体情理。事迹原委，就是它的因果关系，在发展的链条上它的发展的过程，很认真的，而且它是符合这种事体、情理的，就是符合现实的逻辑，符合社会生活、家庭生活、个人生活的逻辑。但是另一面呢，中国人没有那么多主义，说我是现实主义者，我是浪漫主义者，我是象征主义者，我是神秘主义者，我是印象主义者，它没有。他一边写一边抢，一边写一边随时出现各种的幻影、幻想、虚构、想象。譬如说吧，你说他是写实的，里头又有大荒山、无稽崖、青埂峰，又有太虚幻境、警幻仙子，显然不是写实的；还有神瑛侍者和绛珠仙子的这段关系，而且绛珠仙子是要来还泪的，这是非常美的一些故事。还有呢，让你最糊涂的就是这贾宝玉一生出来嘴里衔着一块玉，这让你百思不得其解。这一块玉已经够麻烦的了，又出来个薛宝钗的金锁，而薛宝钗的金锁又不是胎里带的，癞头和尚送的。有了这个金锁已经麻烦了，又出来史湘云的麒麟。这些东西你弄不清楚，你觉得他是信口而来，但是它的重要的情节就在这个上面。这个玉本身既是他的一个系命符，又是他的原形。他原来就是一块石头，石头变成一块玉。

我非常佩服胡适先生的学问、成就，可是我看胡适对《红楼梦》的评价，看完了我就特别难受，不相信这是胡适写的。胡适说："《红楼梦》算什么写实的著作，就冲它的这个衔玉而生这种乱七八糟的描写，这算什么好作品。"哎呀，我就觉得咱们这个胡适博士呀，他学科学的，他是从妇产科学的观点来要求《红楼梦》的呀，他要求产科医院有个记录。那么到现在为止，我不知道有这个记录，但是也可能有。全世界有没有这个记录：就是一个孩子出生的时候，嘴里头含着一点什么，不是玉，哪怕是含着一粒沙子，或者是……这可能吗？子宫里头有胎儿，胎儿嘴里含着某种元素，假冒伪劣也可以，一个他批评这个；一个就是他批评曹雪芹缺少良好的教育，如果曹雪芹也是大学的博士的话，他还写得成《红楼梦》吗？他倒是可以当博导，有教授之称，甚或是终身教授，但他写不成《红楼梦》。

有时候一些随随便便的描写，它给你一种非现实的感觉，这种非现实的感觉让你毛骨悚然。很少有人评论这一段，但是我每看这一段我都毛骨悚然，就是刘姥姥二进大观园。那一章的题目，第三十九回，那一回的题目叫作"村姥姥是信口开合，情哥哥偏寻根究底"，这个刘姥姥就讲下了几天大雪，一早听见外头的柴火在那儿哗啦哗啦地响。她想这么早的天，刚刚天色微明，谁在偷她的柴火了。透过窗户一看一个小女孩，一个很漂亮的十几岁的小女孩。她一说是一个小女孩，这个贾宝玉一下子就来神了。可是就说到这个的时候呢，一阵声音，一问，说"走了水了"，即失火了。别讲了，不要再讲这个故事了。说你看一讲柴火这都失火了，于是刘姥姥就又信口开河讲别的故事。

到现在为止，我没看到任何人分析这段描写，可是这段描写我看到这儿，始终有一种恐怖感。贾母很重视这件事，虽然别人说不要惊动了老太太，那个火没着起来。这带有预演的性质，因为后来它着起来了。但是贾母说赶紧到火神庙里头去烧香吧，去祭奠吧，贾母也很恐惧。然后底下刘姥姥又胡纂别的事情，和刚才讲的事情简直分不开了。但是贾宝玉听到一个女孩来拿柴火他就感兴趣，他穷追不舍。他就又去追问这个刘姥姥，这个女孩是谁？刘姥姥说这个女孩叫茗玉（另一种版本是若玉，更神了）。这就绝了，这刘姥姥文化很低的，很糙的一个人，她怎么一下子给起出个名字来叫茗玉？这茗玉很雅啊，而且很神妙啊！模糊处理，大写意。那么她这个时候说茗玉，和在没有着火以前她要讲的故事是不是一个故事？没有人知道，因为她正在讲那个故事的时候，说不许说了。这样一种真真假假、假假真真，是不可思议的。它究竟有什么含义？没有什么含义。类似的问题还多得很。

很多人喜欢看《红楼梦》，很多人对这个《红楼梦》的故事都耳熟能详，对林妹妹、二哥哥的故事都耳熟能详。另外一个方面，里面有大量的情节，这些情节使你感到惊疑，使你感到不安，甚至使你感到恐怖。我顺手随便举几个例子，譬如说薛宝钗到底有什么病，说她从胎里带着热毒，所以要吃"冷香丸"。薛宝钗在这里头，按现在心理学的要求，她是最健康的，她各个方面的表现是最有控制的，非常理性，非常健康，那她薛宝钗到底有什么病呢？那"冷香丸"吃了以后是干什么的？她到底是哪儿热呀？而且这里还有一个对比的描写，她吃的那些都是用各种的花做成，好像有点花粉素的意思。薛宝钗吃的都是高级花粉素，所以她身上有香味儿，可是林黛玉不吃任何的花粉素，身上也有香味儿。林黛玉还讽刺说，我没有人给我配那些药吃，这是林黛玉的话。薛宝钗到底什么病，弄不清。秦可卿到底是什么病，更弄不清。

因为许许多多非常细小的情节，我有时候就胡思乱想，我想薛宝钗如果有病，无非就是性冷淡。你看不出任何迹象，她有其他的毛病，SARS也不像。再比如说贾宝玉，还有一个甄宝玉，这个甄宝玉到底是干吗的呀？是甄（真）宝玉呀，还是贾（假）宝玉？而且是照镜子照出来的，贾宝玉睡午觉看着镜子，然后就梦到一个甄（真）宝玉。但是这又很重要，一上来就写甄（真）宝玉，最后结局又扯到甄（真）宝玉。所以这种荒唐呢，既是小说形式本身的社会地位，没有地位所决定的，又是这个小说里面的内容，这些情节链条上的不衔接，或者作者独特的用心不被理解所造成的。所以你觉得它是一个荒唐事。

当然最大的荒唐呢，还是人生的荒唐。它这里头所要描写的，我说它达到了极限。中国人是不喜欢想这些问题的，就是说所谓好、了、空、无，所谓生、老、病、死，但所有的人都得面对这些问题。从你出生的第一天起，你就面对一个问题，就是你会死亡。生命的过程就是一个走向死亡的过程，通向死亡的过程。只有在一种情况下你不会死，就是你不是活的，你没有这条命你当然就不会死，你本来就是一块石头。中国的习惯不谈这个，孔夫子说"未知生，焉知死"，这个也是一个很健康的态度。你没事坐到这儿研究，死后怎么样，两百年以后怎么样，两千年以后怎么样，两百万年以后怎么样，两亿年以后怎么样？你想多了你会想疯的。深圳有一个作家，说这个是不能想的，想了以后，脑仁儿疼。

所以中国还有一个说法叫"六合之外，存而不论"，就是我们只在长宽高目前的这个空间里。所以中国的神学并不发达，宗教并不发达，它不赞成人去想这些终极的东西，但是它又面对着这个东西，生老病死，生住坏灭，这是佛家的另一个说法。所以这是人生的所谓无常这个观念。《红楼梦》里头的《好了歌》讲的就是这个意思。你现在虽然是青春年少，但再过几十年你就老了。你现在虽然非常富有，但是中间出了个什么事，你一下子变成赤贫了。你现在两人是蜜里调油，关系非常好，又出了个什么事以后，又各自奔东西了。所以他什么东西都不相信，这是一种荒唐。

第二种荒唐，对于曹雪芹来说非常重要的是家庭的亲情的荒唐，人和人之间的关系的荒唐。中国人是最重视家庭的，中国人最欣赏的就是一个大家庭，父慈子孝，兄弟也团结，情似手足，就这样的。但实际上家庭里头又是充满了各种的虚伪、欺诈，就是一个家里头你骗我我骗你，这个东西也是一种荒唐。特别是这样一个大家庭，除了亲情的荒唐以外，还有一个家道的荒唐。这个家道由盛而衰，由繁花似锦、烈火烹油，到最后是彻底完蛋、彻底毁灭，这也是一种荒唐。所以这里头呢，就是把人生的荒唐能够说得这么多，而且说得这样锥心刺骨，是不是？贾宝玉才十几岁，他也没得癌症，但是他整天想的就是这些东西：再过多少年这些花容月貌见不到了；再过多少年，妹妹们姐姐们都见不到了；再过多少年自己也不知道自己上哪儿去了；这样活着还有什么意思，还不如现在咱们干脆一下都死了算了。人呢，想到死亡的时候，他有一种悲剧感，想到死亡的时候他有一种无奈，这都是可以理解的。说干脆我就从早到晚这么想，或者我从十六岁十五岁就开始说算了吧，不用再活了。这也有点奇特，本身就有点荒唐，这是对于人生的荒唐的一种荒唐的态度。

人生与辛酸泪

我刚才讲到小说与荒唐言，第二个问题是人生与辛酸泪。其实人生的荒唐感就是一种辛酸感，那么除了这些辛酸以外，我觉着《红楼梦》里头呢，还有一种特殊的辛酸，它是一种价值的失落。就是说问题不在于个体的生命有终结的那一天,有死亡的那一天,问题是只要你的生活有一个追求有一个价值,那么就是说你要考虑的是你有生之年,活得是有意义的,是有价值的。所以自古以来,古今中外,都有很多哲人来讲人生所谓荒唐的这一面、生命荒唐的这一面。但是他们的目的呢,并不是说让你承认荒唐就永远荒唐下去,或者干脆既然这么荒唐,明天就自杀吧,他不是这个意思。他的目的还是让你皈依于一种价值。既然人生是很短促的,你要及时行乐,这也是一种价值;既然人生是很短促的,你要吃斋念佛,要修来世,这也是一种价值;既然人生是很短促的,你要多做好事,要多做对社会、对人民、对周围的人、对旁人有利的事;既然人生是很短促的,你碰到一些困扰,你不要太过不去,不要自己跟自己过不去,不要太较劲,这也是一种说法。

但是呢,到贾宝玉这里,到了《红楼梦》这里头呢,它干脆是一片辛酸。那么这个就不仅仅是人生本身的这种虚无啊,或者死亡啊,或者终结所带来的,而且也是所谓那个家道的衰落呀,家庭人伦关系的恶劣化,更是这些东西所造成的,尤其是价值的失落所造成的。因为我们很难找到一本书像《红楼梦》这样告诉我们,起码到了那个时代,到了像大观园、荣国府、宁国府里头,那些有价值的东西都不灵了,孝、悌、忠、信、礼、义、廉、耻,所有孔子教的那一套已经都不灵了。

比较认真地按照封建的价值、封建的道德来做的,是贾政。

有人说，名叫贾政，他是"假正经"。有人还考证，他如果不是假正经的话，为什么赵姨娘能那么恶劣？实际赵姨娘是得到了贾政的宠爱的，否则赵姨娘是没有市场的。这些我也分析不清楚，但是我觉得贾政很多地方的表现，也有他的真诚的一面。他管教贾宝玉，他那么激动，他听说了贾宝玉的某些行为呀，他激动到那一步。尤其是在元妃省亲的时候，他见到他的大女儿，他行君臣之礼，他给贾元春跪下。然后就说皇帝如何伟大，如何好，说你的任务就是好好地照顾皇帝。"照顾"这个词当然是现代词，就是不要考虑你的爹妈已经是残年，已经岁数大了。这个话说得太辛酸了，这话说得简直是已经忠得一塌糊涂了，忠得涕泪交流了。我每次看到这儿的时候，眼泪都出来了。我觉得贾政直挺挺地跪在女儿面前，还要说你好好照顾皇帝吧，我死了就死了，不要管我了。这个老头子不太老。那时候贾政多大，按那个年龄，四十来岁。如果是他写作的话，现在还算青年作家。但是呢，又非常明显的，贾政的那一套是一切都实现不了的，做官他实现不了，管家他也实现不了。能够招呼的还是王熙凤那一套，而王熙凤是根本不管这些的。

所以除了人生的荒唐，除了家道的衰落，除了人伦和人情的恶化，还有价值的失落。所以呢，它是一把辛酸泪。一把辛酸泪里头还有一个暗示，还有一个含义，就是说，他写得非常真实。刚才我们讲了荒唐的一面，你如果只有荒唐没有真实，它就没有辛酸。荒唐的故事也可以写得非常好。那是一个喜剧，那是一种智力的游戏。你站得非常高，你嘲笑人生的这些体验，你解构人生的这些体验。人生的一切，在当时看得很了不起的、不得了的这些体验，都有它可笑的那一面。

爱情是最美好的东西，是被多少人写的东西。但是美国有精神病学家，他研究，他得出一个结论，就说爱情是精神病现象，因为它完全符合精神病的各种定义。比如说幻觉，对方明明就是很普通的一个人，你非把他看成一个白马王子，或者你非把她看成朱丽叶，或者非把她看成天使，你这不是精神病是什么？你有幻听，你的情人不来吧，但是你老听见他（她）的声音；你有偏执，她就是世界上最好的女人，哪的事儿，这世界上好女人多了，我跟你说，是不是？排一万个都不一定能排上她，但是你就认定了，强迫观念，没有她我就得死，你上哪儿死去？

这是事物的一个方面，就是你洞悉了它的荒唐性，你用一种科学的观点，或者用一个智者的观点，你嘲笑这种荒唐，你解构这种荒唐。让你感觉到原来有些你活不下去呀、死死抱住不放、一脑门子的官司的东西，看完这小说以后，你一看纯粹冒傻气。这是一种作品。但这样的作品它不辛酸，这有什么可辛酸的？你看着哈哈笑，哈哈笑，越笑越机灵，越笑越聪明，笑到最后你也变成一个冷血动物了。所以辛酸泪这个意思呢，它包含着一个意义，就是它非常真实，它非常可信。

《红楼梦》有许多不可信的东西。头一个，那些细节我还不说，什么嘴里含玉这些。一个贾宝玉能有这个机会，就他一个男孩子，周围都是最美丽的女孩子，然后还都围着他转，谁有这个机会呀？这个可能吗？所以，有人说贾宝玉写的是顺治皇帝，只有皇帝有这个机会，三宫六院，七十二嫔妃，然后再加上几个太监，就他一个比较合格的男性。这是一个，第二个就是说，譬如说刘姥姥想来就来，来了就受重视，来则必胜，说什么都特别合适。这刘姥姥简直神了，她用粗话，但是她都特别得体，特别合适，而且要什么有什么。王熙凤拿刘姥姥开涮，给她又是脑袋上插花，擦粉，脸上又抹胭脂又给弄什么。别人就骂王熙凤，说你别糟践人家，你给人家涂抹成一个老妖精了。刘姥姥说不碍事，我小时候就喜欢这个，就喜欢那些红的绿的。你看这刘姥姥简直比公关学校毕业的研究生还强呢。如此之熟练，应付自如，装傻充愣，哄得人人都高兴，这可信吗？

最戏剧化的，也最离生活远的，就是"二尤"的故事，有很多情节是不可信的。尤二姐是吞金自尽的，现代医学证明，吞金会引起肠胃的不适，或者会坠破胃壁，但不会死人。最后柳湘莲一退婚，尤三姐拿起剑来，唰的一下子，一片桃花落在地上，然后倒地就死了，是不可能的。第一，那个剑有那么锋利吗？有那么快吗？这个是信物，柳湘莲定亲的信物，是礼物，不是实战的东西。第二点，自刎不是很容易的事情，拿起剑来，你拉得准吗？是地方吗？

有很多东西不可信，但是从总体来说你又非常相信，为什么？就是我说的事体情理，因为它有大量的可信的情节。写林黛玉的那些心理，写贾宝玉跟她怎么斗嘴，你就觉得它可信极了。

我最喜欢的一段就是描写贾宝玉到处闯祸，先是为锁啊，玉啊，把林妹妹得罪了。得罪了以后呢，又随便说话，又把薛宝钗得罪了。怪不得旁人把宝姐姐比作杨贵妃，到底是长得富态些。这个贾宝玉真是罪该万死，真是讨厌，你怎么能跟一个女孩子这样讲话呢，太没有教养了，让薛宝钗找机会正言厉色骂，我什么时候跟你这样了，少上脸，把贾宝玉弄得极为无趣。然后他又跑到他妈那儿去，跟金钏在那儿死皮赖脸捣乱。贾宝玉的这一面，绝不是反封建的英雄，他是无赖，有无赖的一面呀。把金钏又害死了，然后回怡红院的时候，开门开得晚了一点，一脚踹到袭人的怀里，把袭人都踹出血来了，袭人都吐血了。你看看他的这种行为，到处闯祸，到处捣乱，但是他本身呢，又不是那种特别坏的人。说老实话，这些地方描写得何等真实。那么大的事件描写得真实，真是服得不得了。

"（司棋）闹厨房"都动了兵器了，噼里啪啦，就跟看一个电影画面一样，然后吃螃蟹，他们作诗，都那么真实。贾宝玉挨打，大家乱成一团，你看贾母说的话，贾政说的话，王夫人说的话。王夫人说，我要有（贾珠）活的话，打死也就打死了。李纨也跟着哭闹，这时候贾母一来，把贾政震住了，人们赶快来扶贾宝玉。王熙凤说，都打成什么样了，你们还来扶，快拿藤屉子春凳来（类似担架子），抬走了，你们不能扶着走了，屁股已经打烂了。它这种非常真实的人和人的关系，人的这些东西和那些不太真实的、带有夸张性的描写结合在一块，这才是小说。

你只有真实的一面的话，它不会有那些趣味，不会有那些吸引人的地方。最近我仔细琢磨了"黛玉葬花"。"黛玉葬花"是写得非常美的一段，而且《红楼梦》里面的诗啊，我基本上不敢恭维，但是黛玉这个葬花词写得非常好。还有她写的那个手帕，比较有真情感，不那么雕琢。可是我想来想去，总觉得这个黛玉葬花不真实而像行为艺术。我非常心疼这些花，以至于看到花落以后，我伤春，我作诗，这都可以。看到花瓣被踩了，我就很难受，我把它扫一扫，适当地归落归落这是可以的。我想也就是扫一扫，归落归落，但是她把它夸张，变成葬花，专门地到那儿为花修冢，这个是夸张的。

很多人物的描写都非常真实，描写王熙凤，描写小红，描写晴雯，小红给贾宝玉倒了一杯茶，被秋纹和碧痕给损了。但它有些地方又有夸张，有些地方又有牵强附会，有些地方又有拉扯，还有些地方甚至你能感觉到是曹雪芹借着人物的口来讲他要说的话。比如说抄检大观园的时候，探春突然讲了一段话，"百足之虫，死而不僵"，像我们这样的家道要完蛋也还得有个过程，但是呢，我们会自杀自灭，果然现在自杀自灭了，这说明我们这个家完了。那段的纲上得太高了。这个批判呢，太高了，探春那个时候不至于这么刺激。探春并不是离经叛道之人，她敢上这么高的纲，从根本上把荣国府的命运给否定了。我怎么看它怎么是曹雪芹的话，不是探春的话。包括秦可卿托梦的那段话,从哲学到治家到管理,那里也有很多是曹雪芹的想法。小说家是"假语村言",里头有许多东西并不就是照相式的、摄影式的对现实的记录和反映。但同时呢,它的最根本的东西,又是从人生的刻骨铭心的记忆感受到的,所以它叫作一把辛酸泪。

艺术与爱情的痴

"痴"呢是两个意思,一个是痴迷,一个是痴狂。我们可以从正面来说,痴的意思就是执着。一个是艺术的执着,一个是爱情的执着,情的执着。痴并不是傻,并不是一般性的傻,并不是智商低。但它解不开,永远解不开。所以曹雪芹在《红楼梦》里头,经常陷入一种自相矛盾的地步。譬如他一上来就写大荒山,无稽崖,青埂峰,他一上来就说这些都是虚妄的。大家看着我这个书,茶余饭饱之后,看着消遣消遣,付之一笑,也就不要再去追求人生中那些追也追不到、得到了也保不住的那些东西了。这些都是过眼烟云,转眼就过去了。他不停地重复他这些话,但是他真写到这些东西的时候,你就觉得这东西不是空虚,这些东西它刻骨铭心。有这个经历和没这个经历是不一样的。咱说直了吧,人最后都一死,但是你没死以前呢,你的经历,你有个林妹妹跟你交往过,他没有林妹妹跟他交往过,感觉是不一样的;吃过鹿肉、吃过螃蟹、写过很多的诗,和没吃过鹿肉、没吃过螃蟹、什么书也没有读过，也是不一样的。包括写到秦可卿的丧事，和元春省亲的这个大喜事，还有他们吃喝玩乐的、享受生活的那种情景。可以从他的笔触中看出来，曹雪芹写到这儿仍然充满着得意，仍然在炫耀。别人你写不了，你没有见过那世面，你没进去过，人家吃的、人家喝的、人家的规矩你不了解。王熙凤搞"智力支援"，上宁国府协助办丧事期间，协理宁国府，去的时候带多少随员，到了那儿之后怎么站开。哎呀，真有派，那个你写得出来吗？咱们写得出来吗？所以这是一种自相矛盾的东西。他一方面说美人就是骷髅，可是你写的美人在没有变成骷髅以前她是美人，她不是骷髅。你永远不会觉得林黛玉是骷髅，你不会觉得晴雯是骷髅，鸳鸯也不是骷髅，就连小红也不是骷髅。所以这里他有一种痴，这种痴是对艺术的痴。

这个也是很有意思的，这个痴是用什么作为价值标准呢？基本上是用实用主义、用利害的观点。但你的艺术有什么用呢？你吭唧吭唧一辈子就写一部《红楼梦》，你有什么意思？你的一生在当时来说不是毫无价值吗？你连科级干部都没当上，是不是？你也没有铁饭碗，也没有退休金。写了《红楼梦》也没有加入作协，也没当理事。你有什么意义？这本身就是一种痴。所以艺术永远是痴人的选择。这让我想起了英国作家格林写的书，他写画家高更，这个画家在四十岁以后突然不回家，妻子就买通了人去调查，说他迷上艺术了。他妻子一听就哭了，说，完了，如果他迷上一个女人了，这事好办，没几年他就不迷了，那个女人也会变老的，跟我一样，我当初也不见得这么老；他迷上股票，迷上赌钱了也好办，钱输光了，他不赌了；迷上政治了，他或胜或败，是当上议员了还是没当议员，都好办；迷上艺术了，完了，我已经彻底没有丈夫了，他迷上艺术了，你永远也不知道他什么时候成功，也永远不知道他什么时候失败，失败了还说我这是最大的成功，虽然现在人人骂，五百年以后，你们就知道我的价值了。他这老婆能陪他五百年吗？所以痴是对艺术的一种献身，是和那种实用主义、功利主义不一样的。

第二个痴就是爱情，爱情你可以不这么痴，刚才我不说了吗？爱情那是神经病，好人多了，跟这个也行，跟那个也一样呀，差不多，但是要那样的话呢，他就永远体会不到人生的爱情，哪怕体会一次刻骨铭心的爱情、痴的爱情。体会一次痴情，那么你也算没白走这一遭嘛！吃那么多粮食，活了一辈子，痴情没有，一直很清静、很聪明：既然今天她（他）对我那么好，先跟她（他）睡一觉吧，跟别人睡也差不多。你说这个心情，这个人生理念多么可怕呀！所以我们最容易责备一个人的痴的，一个是痴心于艺术，痴心于永恒，痴心于一种非功利的这样一种精神的升华；第二是痴心于情，用一种与天地同辉的、与日月同在的、与江河一块奔流的这种情感来拥抱一个人，来爱一个人，来为这个人付出代价直至生命。你有过这么一次体验，痴过这么一次，我觉得挺棒。所以呢，"都云作者痴"，这里头既表达了曹雪芹对艺术的痴，也表达了他对爱情的痴。

谁解其中味

"谁解其中味"你可以从很多方面理解，就说它除了表面的这些，因为《红楼梦》是雅俗共赏的。一般地说，有高小文化程度的人都可以读，都有可能把它读下来，初中没上过都不要紧。但是你能不能理解它的味道呢？就是说它的文本的后面还有一些什么意思呢？

最近我看一个博士薛海燕写"谁解其中味"表达的是曹雪芹的绝望，我觉得写得挺好。谁解其中味，就是他还有很多话要说，不能说。由于各种原因，而且语言文字有一种特性，就是在表达出很多东西来的同时，它又隐藏着一些东西。任何一个东西当用语言说出来以后，它就局限化了，而且隐藏了。譬如说你爱上一个人，你觉得有无数的话要对他说，这时候他问你了，他说你爱上我了吗？是。你为什么爱我呢？你想了想，我爱你能写能算能劳动，我爱你下地生产有本领。完了，你这么一说这个爱情就不像爱情了，他一清二楚，完了。所以语言是表达的最重要的方式，有时候是唯一的方式，但是语言有时候又是表达的一个坟墓。当它变成了语言以后，你自己把自己已经捆上了。而且最重要的那个内容，最重要的那个味，是无法用语言来表达的。

《红楼梦》里头还有许多无法用语言来表达的东西。所以很多人探索《红楼梦》，对《红楼梦》做出各种稀奇古怪的解释，或者各种精彩绝伦的深刻的解释。前几年中国还有人把《红楼梦》解释为一个太极图，说《红楼梦》有两本，一本是现在的《红楼梦》，一本是太极图。广西也有一个青年人，他研究说《红楼梦》讲的是宇宙史，说得有点儿道理，怎么形成，然后怎么腐烂，怎么最后消亡。还有索隐派，说《红楼梦》讲的是反清复明。为什么它产生这种索隐派？就是说人们一直有一种冲动，希望在现存的符号系统之外，或者之后，再寻找一个密电码式的符号系统。到现在为止，我的知识里边对一个文本进行这种密电码式解读的，只有两个：一个是《红楼梦》；一个是《圣经》。有人专门研究《圣经》做出新的解释:《圣经》实际上是一个预言，甚至于从《圣经》里边都查出来了苏联什么时候解体、海湾战争什么时候爆发。这些解释是荒谬的，荒谬绝伦，我从来不信。但是人们的努力是惨淡的。人们老希望知道一个秘密，知道自己所未知的东西。《红楼梦》已经出了一百五十年了，那么多人读它，那么多人评论它，那么多人研究它，但是谁解其中味？我们解了它的味了吗？我们解的这个味对吗？后边还有多少味可解呢？还有多少《红楼梦》之谜能够破出谜底来呢？它只有一个谜底吗？还是有好几个谜底？就仅仅一个衔玉而生，它的味道在哪里？仅仅一个冷香丸，它的味在哪里？仅仅一个麒麟，它的味在哪里？很抱歉我答不出来，所以也许我说了半天，离《红楼梦》真正的味还甚远甚远。

《红楼梦》中的政治

我来到重庆以后,听说重庆人最体会这个"通"。三伏天吃重庆麻辣火锅浑身透汗,就通了。什么时候我们读《红楼梦》能够读到像吃火锅一样感到一种精神上的透彻,感到精神上悟出了一点东西,感到把书本和现实,把人情世故、国情、历史和我们的实际的经验都能够这个可以联系到那个,那个可以联系到这个,举一反三,举一反四,举一反八,就通了。我今天来就是给大家提供一点材料,把事弄明白。所以我们就不能回避《红楼梦》里那些对于人性恶的描写,那些对于人际关系上的腐朽的、压迫的、虚伪的一些东西的描写。但是我们的目的不是为了学坏,而是为了超越和战胜这种邪恶。如果有人听了我讲,你一分析,喔哟,人际关系感情这么险恶,以后我也要按这个坏人的方法多干几件坏事,那么你就错了。我讲的目的是为了大家要学好,我自己也要学好。好,现在开始讲《红楼梦》里的政治。

第一个问题是《红楼梦里》里的政治主题。《红楼梦》里的政治主题和中国历代士人和中国知识分子所研究的核心问题有关。中国历代士人研究的核心问题是什么呢？就是希望能够掌握一人一族一朝的盛衰兴亡的规律。中国自古以来，士人研究了一辈子，写了无数的文章就是研究这个问题。那么《红楼梦》在盛衰兴亡这个问题上给我们提供了什么东西可以参考呢？第一，它提出了一种哲学的和宿命的甚至带有悲观主义的这样一个说法，非常典型的中国式的一种观点，就是盛极必衰、兴久必亡、治乱循环、分久必合、合久必分、物极必反。在《红楼梦》里写到秦可卿临死之前的时候，她托梦给王熙凤，她是怎么说的呢？她说我们家"赫赫扬扬，已将百载，一日倘或乐极生悲，若应了那句'树倒猢狲散'的俗语……"，荣辱自古周而复始。她没有讲道理，没有道理。你这个家族将近一百年了，一百年都兴旺，你该衰败了。这就使我想起2001年我们国家的一个领导人接见即将离任的美国驻华大使，接见他的时候我们国家的这个领导人说：现在美国的力量非常强大，是全世界独一无二的超级大国。但是我们中国人的看法，认为物极必反，月盈则亏，水满则溢。美国这样一种超级大国的地位，给它带来了责任，带来了影响，也带来了极大的威胁。我们国家的领导人说，我们希望你把这话带给布什总统，因为美国文化没有这种说法。这是2001年5月份与大使谈的，然后2001年9月份就发生了"9·11"事件。咱们是有这么一套看法。

第二个，我们研究一下贾府的政治资源的耗散。一般地说，政治资源分这么几种，不仅仅是中国的封建社会，而是任何社会，它往往离不开下列内容。第一种就是背景。你是名门之后，功臣之后，皇亲国戚，背景不一样。外国也一样。贾府有一个重要的背景，就是贾政的大女儿元春是贵妃，他是皇亲国戚。但元春死得太早了，而且死得有点蹊跷。她到底是怎么死的？因为前面说她的病并不严重，稀里糊涂就死了，死了以后也没看出来皇上对她的家属怎么照顾，给人的感觉是在她失宠以后死去的。因为你如果到印度，那个最得宠的泰姬，国王在她死了以后，给她修了一个泰姬陵，那泰姬陵被称为是世界上最完美的建筑。你如果到西班牙的格拉纳达，那地方有个阿拉伯宫，也是当时占领了西班牙的阿拉伯人为他的妃子修的。元妃显然没有这个待遇，而是死了以后，不久就被抄了家，看来这背景靠不住，不大靠得住。

第二种就是要有德行。尤其中国很注重这个，有道德，有良好的公众形象。这一点贾府很糟糕，在这方面只有负面的记录。我们看《红楼梦》里除了贾政好一点以外，看不出谁有良好的公众形象，有良好的道德记录。

第三种，作为政治资源，应当有很多新的功劳。用现在的话说要有政绩。这贾府的人就更没有了，它就没有真正干事的人。除了劣迹，它没有政绩。第四要有特殊的本事，这个也行。它有特殊的本领吗？也没有。

第五种，有很好的人气，有有形的或者无形的选票。不管你搞不搞公开的投票，实际上你的人气如何这是非常重要的政治资源。有时候领导也会重用选票比较少的人，但这种重用一般是有限度的。你得罪了很多人，你在群众中很臭，但确实有某个领导很欣赏你，他为你犯众怒重用你一次可以，不会重用你第二次，他绝不会为你而牺牲他的选票。贾府在这一点上情况也是相反的，因为他们仗势欺人。为了一把扇子，把石呆子逼死了。为了他们的亲戚薛蟠打死人，为了抢香菱打死冯公子，也让他们给打了掩护。所以在这方面他们只有反面的东西。

第六种，你有特殊的原因，特殊的知遇，得到上层的宠爱。这个情况很特殊，比如，宋代的高俅高太尉，足球踢得好，宋徽宗就喜欢踢球。那时足球规则跟现在不一样，它的球不让它落地，就像我们踢毽子似的，球都快落地了被高俅一个什么特殊的动作，不知道是马拉多纳似的，还是罗纳尔多似的动作给救起来了，从此成为皇上的宠臣。我们听着不太合理，是不太合理，但人家也还算有一点特殊本领吧！还有的受到特殊宠爱就是由于替皇帝剪除了政敌，站队站得好。这方面整个《红楼梦》所暗示的恰恰相反，他们站错了。虽然《红楼梦》没有公开写这些，但它有一些很隐约的描写。比如说他们和北静王的关系比较好，他们和忠顺王的关系就比较紧张，可以看出来，他们当时在上层，贾府也处在一个很微妙的地位。

这些都没有，但是你有资格也行。你当差，你给皇上当差当了几十年,没有功劳也有苦劳,那么他又没有。是贾政的爷爷有,他本人并没有。所以他们的家庭实际是非常危险的,它的资源只有消耗,只有散失,没有积累。在这个意义上,我下面还要谈,他有特别多的财产在政治上也是有用的。他有很多的财产,但是在中国封建社会,财产多有可能成为政治资源,也有可能成为获罪的根源。财产多是一个非常危险的事情,对人对己都非常危险,如果你参与这个政治的话。

它在财产方面的危机,这个不用多说,书上一开始,从冷子兴上来就讲,说贾府外面看着还可以,里面已经空了。冷子兴又说,贾府现在是寅吃卯粮。它花钱非常厉害,这个和曹雪芹的经历经验也有很大的关系。你看他描写元妃省亲,元妃省亲的时候,修建大观园,大兴土木,采购各种物品,一直到采购人了:采购戏子,采购文艺工作者,把文艺工作者都当商品采购来;采购尼姑,连尼姑都要采购来,当然,书上说的不是采购,是采聘,宗教人比文艺人要"高贵"一些。不知道花了多少钱。它不花钱不行,因为这是贵妃省亲,不能难看。钱花在贵妃身上,但是最后制造了自己的饥荒。

第三,我再讲它的其他资源的耗散和危机。首先是贾府的文化危机、意识形态危机。贾府的一些重要的人物和封建社会主流意识形态的要求距离越来越远。很少有人仔细研究《红楼梦》里面的贾敬,就是宁国府的第一把手。贾敬是怎样描写的?就是他对家里的事,一概不问。每天修道炼丹,最后炼丹吃错了药,死了。但他为什么会这样?这《红楼梦》里根本没有提,他不敢随便提。那么这贾敬肯定在生活上,包括在政治上、在爱情上、在家庭生活上,都遭受过严重的挫折,否则贾敬蛮有条件可以去做官,可以做一番事业。但是贾敬不,他只知道去炼丹。我这里讲贾宝玉也是对主流意识形态非常的疏离的。这个我犯了红学家的一个忌讳,因为红学家们都很推崇贾宝玉的,因为贾宝玉有叛逆思想。红学家们都谴责贾敬,认为贾敬用我们现在的话说是邪教,邪门歪道,走火入魔,是属于那种分子。但是起码在这点上是一样的,就是对当时那种以儒家为主的这样一种文化,修齐治平,仁义道德,为皇上办事,为皇上效劳,为皇上分忧,对这点上两人都不感兴趣,你怎么整治他都没有用,这是一个。说明这里文化有危机。除了贾政一人以外,其他府里的男人没有一个是真心把国家的价值标准放在心上。因为他们的行为当然比贾敬还不如,他们都是腐化堕落、无恶不作、腐朽透顶、烂透了的这么一批人。然后再加上贾敬、贾宝玉这样的人,没办法了。这里在文化里有危机。还有就是管理与人才的危机,他这么大一个家庭,这么多人没有人能够管事,只有一个王熙凤还能管点事,其他谁也管不了事,尤其是男人不管事,这里面没有一个男人管得了事。什么原因?第一是男人主外女人主内,家里面的这些事男人他根本就不顾,不往这放心思。第二,男人读书读得太多。中国这个经典的书非常多非常好,但大部分是理想主义,和现实老对不上茬儿。比如儒家的这一套仁义道德、礼制，大家都讲礼貌，都遵从规则、礼仪，这个国家就大治了。这太乌托邦化，这种道德化的治理实际上是乌托邦化的。当时是不可能开一个会研究提高执政能力问题的。它告诉的都是一些漂漂亮亮的词句，审美则可，实践则不可。所以贾政办不成一点实事，一点希望都没有了。贾雨村那样的人，其实并不是一个很高尚的人，一开始的时候，他都不懂这些规矩，都不懂当时的官场规矩。后来是越学越坏。我认为这也是属于毛泽东同志喜欢说的一句话，"书读得越多越蠢"，应当是他没有读通，没有重庆人吃火锅的那种通彻感。第三个原因是男人在腐化上，他受的道德约束更少。贾府里的女人有的也很横，很厉害。下面我还要讲，尤其是王熙凤，煎炒烹炸，也是全副武装，全武行，但她毕竟还有很多约束，男人的约束更少。所以贾府里的男人让你看着一个顶用的都没有。

贾府管理上实际非常混乱。里面有一段写秦可卿死后，尤氏又生病，于是搞智力引进让王熙凤协理宁国府，那么王熙凤一到宁国府，两天过去了，立刻就发现了宁国府的问题。王熙凤总结，一是人口混杂，遗失东西，二是事无专管，临期推诿，三是需用过费，滥支冒领，四是事无大小，苦乐不均，五是家人豪纵，有脸的不服钳束，无脸的不能上进，无头绪，慌乱，推脱，偷闲，窃取等弊。如果一个家庭这些毛病都有，那真是够呛。第一是牵扯到编制和财务的管理，第二个问题牵扯到劳务分配，第三个问题牵扯到财政，第四个问题牵扯到人事，第五个问题牵扯到法纪。就是说它全乱了，处于无序状态。不管是劳动方面、人事方面、财政方面、财务管理方面、法纪方面，全部混乱。所以说明他们这种危机是无法解决的。王熙凤的方法就是严格，治乱世用重刑，有的地方还是值得我们参考的。咱们看王熙凤治迟到的方法，我们今天没有人敢于这么做。她在早晨起来点名的时候，发现有一个迟到的，她说："明儿他也来迟了，后儿我也来迟了，将来都没有人了。本来要饶你，只是我头一次宽了，下次就难管别人了。"拉出去，打了二十板，革一个月的钱粮。明天来迟打四十板，后天来迟打六十板。她用这种方法，暂时使宁国府的混乱现象得到整治。但王熙凤后来生病了，又有探春、李纨和薛宝钗搞三套马车管理。说那些所谓奴才们，非常难管。他们就试探探春，因为探春是赵姨娘生的，赵姨娘的哥哥赵国基死了，然后就来问：袭人的母亲死了是给的四十两银子，是不是赵国基死了也给四十两银子。但是贾府是有规矩的，外边的人死了给四十两银子，家生子的亲属死了只给二十两银子。幸亏这探春没有上当。虽然没有法纪，但有"例"，就是先例。例就是法，就是纪，就是规则。她问过去家生子给了多少，说给二十两。然后探春立刻不仅把吴新登媳妇训了一顿，而且通过平儿把凤姐骂了一顿。说你们是不是存心到我这儿来打诨，而且她的这个潜台词是，是不是试一试我会不会因为血缘关系搞因私破例。从这些地方都可以看出管理上存在问题。

第二个问题，我讲一下贾府的权力格局与人事关系。贾府包括宁国府和荣国府。荣国府站在顶尖上的是贾母,贾母最信任的人是王熙凤。贾母有两个儿子,贾赦是大儿子,本来贾赦应该是这个家庭的一把手,贾母只能充当一个享福受孝敬、类似新加坡李光耀那样的资政角色,贾母本来应该处于资政的地位。但是贾赦这个人很没有出息,极其恶劣,所以贾母很不喜欢他。贾母不喜欢贾赦而喜欢二儿子贾政,并且重用王夫人的内侄女王熙凤。但是王熙凤又是贾赦的儿子贾琏的夫人,所以这个是你中有我我中有你。贾赦在这点看得很清楚。所以过春节说笑话,贾赦就说了一个笑话,说有一个人心口疼,请人扎针。大夫来了以后,扎针就往他的腋下针灸。可能因为贾府的人也没有学过生理解剖,不知道心在左边,他说心就应该长在正中心的,为什么要在这边扎。大夫说你不知道,这个人的心长在胳肢窝(北京话)上的,那意思是他心偏了。这贾赦讲了这么一个故事。贾母毫不含糊,直接接过这个挑战,说看样子你是希望大夫给我扎一扎针了,她说我就是把心长在胳肢窝里的。这就硬碰硬了。贾母不怕你说这话,你讽刺我,我就把心长在胳肢窝里了,你怎么办?贾赦没有办法,讪讪地退去了,毫无办法。

在贾母和王熙凤之间还有一个人物,表面上看也算一级,就是王夫人。但是王夫人平常不管事,遇到出了点什么事情,那么王夫人一下子发挥一级的作用,就凸显出来,特别是在搜检大观园的时候,王夫人便成了决策者。所以我们如果画一条权力的线的话，最高权在贾母那里，董事长是贾母，总经理是王熙凤，但中间我们还可以画另一条线，就是贾母—王夫人—王熙凤，王夫人是总经理的总经理，必要的时候她还可以管上王熙凤，这是权中还有权。但是与此同时在这个格局上还有一个不太通畅不太顺的地方，就是按照封建的规矩，一切按照尊卑、长幼来分，那还有谁呢？贾政他们哥儿俩。贾政那是属于刚才说的书读得越多越蠢的那种人，他不大管家里边的事，所以王熙凤的权力非常之大。这样的话，贾赦和他续弦的夫人邢夫人俩人对贾政这边、对王熙凤、对贾宝玉都恨得咬牙切齿。这个邢夫人曾经对她的另一个女儿就是迎春说过这话，说现在咱们家里你哥哥和你嫂子是遮天盖地。就是说家里边权力全在他们俩人手里。她这话还说错了，权在王熙凤手里，贾琏手里边的权很有限。而且王熙凤她不团结贾琏。王熙凤这人很自信，而且贾琏这人他偷鸡摸狗、作风恶劣。所以她不团结贾琏，而且处处还要压贾琏一头。贾蔷在他们修大观园的过程中想找一个肥缺，找一个差事，用现在的话说想找一个工作，托了贾琏多少次毫无用处。后来别人告诉他，你托贾琏是没有用的，你得托王熙凤才有用。于是贾蔷得到高人指点后，就去找王熙凤。王熙凤当即就表示不就这么点事吗，你要早找我，我早给你解决了。这是王熙凤不聪明的地方，就是她在外人面前要把她丈夫也压一头，压得死死的，使他们都认定只有她一个人能管事，能办事。但是，从邢夫人那儿，那也是一个浑人，一个糊涂人，《红楼梦》里管她叫"左性子"。那个左性子倒不是说她搞"极左",那时还不兴"左"倾"右"倾,左性子就是说她这个人别扭,她的思想和常理老是不一致。这样的话贾赦和邢夫人就成了一个主要的反对派,这个反对派随时在寻找贾政、王夫人和下边的王熙凤在执政当中和管理当中的漏洞。所以最后闹出个很大的事来,我最后还要讲,就是搜检大观园。

有趣的是这个主要的反对派除了贾赦和邢夫人以外,还有个主要的反对派就是赵姨娘。赵姨娘是贾政的小老婆,是妾。他这书写得很含蓄,因为曹雪芹在这个书里运用于太多自己的经验,所以他写到贾政写得很含蓄。但是你可以看得出来贾政是喜欢赵姨娘的,书里有多次很简单的描写,说赵姨娘服侍贾政洗脸、洗脚、睡下。从来没有描写过一次王夫人对贾政生活上的照顾。所以贾政的生活完全是由赵姨娘来照顾的。赵姨娘有一儿一女,儿子是贾环,女儿是探春。探春是主流放在第一位,你虽然是我的亲娘,但你是奴才;你当了贾政的妾了,你应该算奴才,你不能算主子,而我是主子,虽然是庶出。所以探春在这个家庭里有很高的地位,这个人个人能力也非常的强,这个我下面还要说。可是贾环就非常的气愤,所以赵姨娘就发展到和马道婆合作使用巫术,使用邪教的方法一定要加害王熙凤和贾宝玉,王熙凤是因为有权,而贾宝玉是因为在贾母面前是那样的受宠,而贾环显得是那么样的卑微。这也是一个有趣的文化现象。还有人专门研究这个,因为全世界各个民族都有类似的，就是采用某种法术，某种很离奇的法术来加害自己所不喜欢的人。他这里的描写，中国各种小说里有很多这类的描写，就是把王熙凤和贾宝玉的生辰八字都弄来，写在两个草人或者木头人身上，然后由马道婆念着咒语，拿针扎这两个人，扎，扎，扎，扎，扎到七七四十九天，两个人都犯了几乎要死的疾病，《红楼梦》里也有这样一个东西。

那么它这样的权力格局本身就包含了一点小小的矛盾。因为在封建社会敬老是没错的，但是封建社会的女人是没有那么高的权力的。"三纲"君为臣纲，父为子纲，夫为妻纲。所以贾母对于她在贾府的这个至高无上的地位并非没有警惕，她时刻警惕着贾赦和邢夫人这两个反对派的可能有不轨的举动。至于对赵姨娘，王熙凤只要逮着机会对赵姨娘就是训斥有加，使这个赵姨娘真是连一口气都不敢喘。我觉得这里面表现了王熙凤所以敢于对赵姨娘这样，第一是表现了贾母不喜欢赵姨娘，第二她是为她的姑姑王夫人出气，因为赵姨娘得到贾政的宠爱，王夫人肯定很愤怒，但又不好说什么，因为封建道德要求不要让她说。所以王熙凤逮着机会就要整赵姨娘，而且说话好不客气，每一句话都是往要害处，不停地敲打她：你是奴才。虽然平儿也是奴才，但是王熙凤和平儿关系很好，从来不这样。在这种情况下就形成可以说在贾府里占有主流地位的人。

除了这些边缘的、在野的人以外，还有一种是疏离的、离心离德的，那就是贾宝玉。但是贾宝玉一身而二任也，他既是主流派的,又是疏离派的。就是说他的待遇是主流派的,他的精神状态是疏离派的。贾宝玉的造反是很有限度的。他见到北静王以后是毕恭毕敬地跪在地下,北静王给他一点东西他是受宠若惊呀,北京话叫屁颠屁颠的。所以这些人我宁可说他是边缘派、疏离派、离心派、青春派、诗歌派、出世如半出世派。那个贾敬就是活的就要成仙,那是出世。那个惜春也是,那么小的年纪天天想着要出家,斩断烦恼丝。

当然还有贾府外边的一些,其中包括他们的亲属,这些亲属他所描写的几乎没有好人,贾芸,贾蔷,贾芹,这都是依附在贾府身上的毒瘤。一个豪门必然有许多毒瘤、毒蘑菇依附在它身上。还有像鲍二,鲍二他是一个很低级的奴才,他老婆很风流,他老婆和贾琏乱搞,被王熙凤发现了,于是他老婆就上吊死了。然后就给鲍二一点钱,说你就再娶一个媳妇吧。他们认为这个事情就了啦。实际鲍二就一直留着这一口气,到最后鲍二就跟倪二,倪二就是外号叫醉金刚,那是一个舍得一身剐敢把皇帝拉下马的人物,醉金刚和鲍二他豁出去举报了贾府的种种违规行为。所以这个鲍二倪二一类,《红楼梦》里头篇幅写得并不多,也是发人深省的。就是在中国封建制度下,这种奴才可以在一分钟之内变成最危险的刁民。在前一分钟还恨不得给你磕头,对你百依百顺,跪着走路都可以,吹牛拍马什么都可以给你干。但形势只要一变,立刻变成最危险的人物。

贾府的人际关系里我们还要注意到它的奴才之间的关系,

在奴才的关系当中我要提三点比较有趣。第一点就是我们只知道"不自由毋宁死"的话,但是在贾府里表现出来的是"不奴隶毋宁死",因为最大的惩罚就是拉出去配个小子。其实拉出去呢第一得到了自由,第二配个小子,和自己的阶级弟兄相结合,这本来是最理想的事情,但是变成了最大的灾难。王夫人打了金钏一个耳光,她并没有说别的,而只是让她的家人把她领走了,晴雯的出局也是这样,通知她的哥哥嫂子把她领回去,但这完全是不奴隶毋宁死,你要是不看《红楼梦》你就不相信。看完了以后我觉得这有两方面的原因,一个原因就是平民百姓的生活实在是太差了。里面简单地描写到晴雯回去以后,喝的茶是红不唧唧的、比较差的茶,其实红茶也是有好的,但是这个不知道是什么茶,碗是什么碗,粗瓷碗。这些丫头,特别是这些小姐少爷的丫环,她们在贾府里实际上过着远远高于平民百姓的物质生活,这使她们无法再做平民。她们穿的衣服,她们吃的东西,她们住的房子,比平民百姓强很多,这真是触目惊心,使做平民显得这么可怕。第二个原因就是封建社会的厉害,封建意识形态的厉害,不但占有了你的身体,而且占有了你的心,使这些丫环、这些奴才都认为被主人驱赶是最丢人的事情,是没法活的事情,宁可给主人打骂,宁可给主人当小老婆,宁可把自己的劳动力,把自己的青春全部献给主人,也不能被主人轰走。这种精神的控制,这种不奴隶毋宁死从反面控诉了封建对人的精神的控制。

第二点是他的奴隶也分三六九等,这个三六九等是非常严格的。比如说贾宝玉,贾宝玉的房里有那么多的丫环,有那么多丫头,这丫头不是那丫头,可是这些丫头谁能够走近贾宝玉,谁能够进贾宝玉的房间,谁能够给贾宝玉倒水,谁能够给贾宝玉铺被,谁能够给贾宝玉脱衣服,这是资格,这是级别,你不够这个级别你根本就休想凑上去。比如小红,她们都不在,都去办事去了,贾宝玉要喝水,小红就给倒了一杯水,而且贾宝玉对小红很有好感,但是在这些大丫头们比如袭人、晴雯之流控制之下,贾宝玉也不敢多重用小红,连替小红说一句话他也不敢,说多了会引起罢工。我们说新中国成立后的红学家都把晴雯当革命人士加以歌颂,但是晴雯对待小红是什么态度?马上那个语言比刀子还锋利,让小红没法受,属于暴力语言,属于杀人的语言。坠儿偷了点什么东西,晴雯震怒到什么程度?以至于对坠儿实行肉刑,晴雯有这一面。我也很喜欢晴雯,但是晴雯的这一面,我们不能为贤者讳。这里面的三六九等以至于主人在某些情况下受制于那些有头有脸的大丫头,所以里边写贾宝玉生气,跟晴雯也生气,跟袭人也生过气,他一点办法都没有,奴隶的三六九等,并不都是一色的阶级姐妹。

第三是有些老资格的奴隶有一些失落感,当然这里边儿形象最光辉的就是焦大。焦大曾经舍死救过主子,他有过功劳,而且又是老资格,正因为他是老资格别人没法拿他办。除了焦大以外还有一个老资格就是李嬷嬷,李嬷嬷是宝玉的奶妈,宝玉喝过她的奶,所以她生怕别人忘记了她是宝玉的奶妈。她非常嫉妒晴雯,用一些很恶劣的语言骂晴雯,我称李嬷嬷对晴雯的嫉妒为"忘年妒",除了忘年之交以外还有忘年的嫉妒,你都那么老的人了你还跟小丫头们起什么哄?她就是嫉妒,而且这种嫉妒在政治生活中可以起很大的作用,是政治生活的一个因素,譬如说吕后对戚氏的嫉妒。后来的很多行为,都和她的嫉妒有关,这个我不必特别发挥,但是大家可以想一想。对于焦大的失落看起来好像还很正义,因为焦大是以主流意识形态为武器来批判一代不如一代的贾氏家族,还有李嬷嬷等,一直到王善保家的一提起晴雯来那种忘年妒也都出来了,连王夫人都是。王夫人一见晴雯那么漂亮,立刻就充满了怀疑,充满了反感,这是一种逆向淘汰的人事规则。不是说择优汰劣吗?但是我偏择劣汰优。她为什么觉得袭人比较好呢?袭人丑陋。第一点丑陋,第二点说话比较笨,实际一点不笨,但是她一见王夫人她就笨。我在很多书里都描写过,现在我也看出来了,有的人平常非常能说话,一见领导说话就结巴,而且有时候领导还挺喜欢一见领导说话就结巴的人,这个也是很有趣的一种事。

第三个问题,我讲一下《红楼梦》的政治人物和政治事件。《红楼梦》里最重要的政治人物首先是贾母。贾母从表面上看非常善良,而且非常放手,她特别明白,这人特别懂事儿。贾母的另一面,她嘴里面都是这么说很轻松,我是一个老废物,吃口子玩会子得了。但实际她时刻警惕,她有一种阴暗心理,就是这些人对她并不是真心,而是利用她的权势。而她这种怀疑这种警惕是有根据的,为什么有根据呢?因为她这个权势地位本身有这个不牢靠的一面。在灯节灯谜晚会(当时当然不叫晚会),猜灯谜的时候,书里有这么一段描写,贾政出了一个谜语,叫作猴子身轻站树梢,出完了这个谜语以后就把宝玉叫过来,告诉他说这是荔枝,立在树枝上嘛。然后宝玉赶紧跑到他奶奶贾母那儿说这是荔枝。于是贾母就说什么破谜语,这我还不知道,是荔枝。然后下面一阵欢呼,老太太圣明,老太太智商赛过珠穆朗玛峰,老太太一猜就一个准儿。咱们看看,咱们作为读者,这是一个小小的骗局呀!参加这个骗局的是贾政、贾宝玉、贾母。可是下面有很多人,他们看不清楚这个情况,看清楚了这个情况他们也不敢说。谁敢说,说不玩了,不玩了,刚才贾宝玉先跑到他爸爸那儿,又跑到贾母那儿去?没有一个人会这样说。那么贾母明明一个很聪明的人,猜灯谜也不是了不起的一件大事,为什么她就乐于做局呢?就说她有这个需要,她需要别人不断地来称颂她的圣明,哪怕这里头做局也得照样称颂她的圣明。在这种情况之下,她一面被称颂着,一面又警惕着别人算计她,这就很自然了。第二个人物凤姐,王熙凤。王熙凤她的这种精明,在协理宁国府时我前面已经谈到了,而且她能讨贾母的欢心。她跟贾母在一块每一句话都使贾母哈哈大笑。贾母对她经常说的就是:猴儿,猴儿。她是贾母最心爱的一只猴子,她说王熙凤是猴。王熙凤对贾母应该说是很忠的,即使很忠,她也背着贾母做了一些不能让贾母知道的事。比如财政上她周转不开了,她托了鸳鸯从贾母那偷两件文物来,偷两件古玩来,先当出去,这样来周转财政。这个时候听见这个鲍二家的正跟这个贾琏议论,说王熙凤这个人很坏,我看平儿这个人还是不错的,将来最好让王熙凤死掉,你把平儿扶正了,扶正了以后,说不定你的日子还能过得舒服一点。王熙凤一听,回过头来给平儿一个嘴巴。这个打得不好。这个描写让人看起来很心酸,平儿挨了王熙凤一嘴巴,她不反抗王熙凤,她就什么呢?她冲进去扑到鲍二家的身上,她去打鲍二家的那边去了。北京话叫惹不起锅惹罩篱,平儿的逻辑是我跟凤姐我们从来都是团结的最好的,就是被这个淫妇鲍二家的给治的,因此凤姐打了我,所以我要打鲍二家的。这底下又有一个细节,因为喝了酒,贾琏表示男子汉大丈夫不怕王熙凤,掏出宝剑来了。王熙凤一看他掏出宝剑来了,就假装,其实王熙凤知道贾琏没有可能向她挥舞武器,贾琏那个时候根本出不来的,但她跑,她往贾母那儿跑。这个贾琏实在智商太低,他就提着剑在后头追,追到贾母那儿去了,立刻被贾母训斥得一塌糊涂。然后贾母很得意,贾母说都说凤姐厉害,看那天把她给吓得,都快吓成小兔子了,这都不是原文了,大概就这意思。说又哭成那个样,瞧那可怜的那样。同志们,你们分析一下,王熙凤这招厉害啊!她要取得贾母的信任和宠爱,光表现自己强的一面是不行的,你那么强,你比贾母还强,那贾母就要撤换你了。她要表现自己弱的一面,要表现她依靠贾母的一面：我有今天全是老太太赐给我的，我很害怕，我胆小，贾琏一拔剑我吓得浑身哆嗦，我哭着跑来求助。而贾母很需要这样一种感觉：王熙凤虽然强，是在我的保护下她才能强，我要不保护她，她早被贾琏一剑给捅了。贾母有了这种感觉以后，就更感觉到王熙凤可爱了。这都是天才啊！王熙凤没有上过学校，也没有人教给她。她的表现几面都有。

王熙凤处理得更好的是贾赦讨妾的事情。邢夫人把王熙凤叫去，跟她说跟你商量个事儿，要讨鸳鸯做妾。王熙凤说哎哟这事儿可不好办，老太太可离不开鸳鸯，什么事儿都是鸳鸯管着。邢夫人立刻就动怒，说再厉害她也是个丫环嘛！到了这儿她就是半个夫人了嘛！吃香的喝辣的，一辈子名分也有，什么都有，反正这么说了一通。王熙凤的第一项措施就是立即改口，因为邢夫人是她的婆婆，她说是是是，您看我太年轻，我想得不周到。因为她不能争这个，邢夫人那种人你能让她转变态度吗？那不可能，这是第一件。第二件事儿，就考虑这事不能拖下来，拖下来这事儿传出去了，然后鸳鸯一拒绝，邢夫人就会认为是我使的坏，那怎么办呢？她就说咱们现在就去说，而且要说您就跟我坐这一个轿子去（因为邢夫人的轿子坏了，正在修换），咱们俩就乘这一个轿子，立刻就办。然后靠近那边儿了她下轿了，说我还有点儿事。为什么？她知道准碰钉子，邢夫人会把责任推到她身上，迁怒于她。她下了轿之后干什么呢？她把平儿也支走，她不但爱护自己，也爱护平儿，她觉得平儿夹在当中也很难办。因为王熙凤料事如神，说这邢夫人找着鸳鸯，鸳鸯要不赞成、不乐意，那么邢夫人就找平儿，平儿已经做了妾了，所以让平儿出来说服鸳鸯，要是平儿说服不成她就埋怨平儿，埋怨平儿就是埋怨到王熙凤身上。因为平儿对王熙凤是赤胆忠心、百依百顺，所以她叫平儿快点走，你别在这里呆着，把平儿又支走了。这些事情我认为已经接近完美了，你还让王熙凤怎么样呢？王熙凤处理这件事情我是看了一遍又一遍，我觉得王熙凤在处理这个讨鸳鸯的事情上做得无懈可击。

但是即使是这样，她在别的方面还有很多问题，她永远做不好。别的方面她有什么问题呢？如果我们替王熙凤设想的话，她最大的一个错误就是她没有团结住贾琏，这样的话到了关键的时刻贾琏实际上是站在另一面的。在鲍二家的问题上，特别是在尤二姐的问题上，她伤贾琏伤得太深了。当然从男女平等、女权的观点上来说，她是正义的，因为贾琏总是到处胡搞，凤姐要是不明白那就枉为凤姐了，但是要从真正大的眼光来说，从消除异己的需要来说，她本来应该团结贾琏。凤姐的决策还有一个很大的尴尬，就是她的权威是贾母和王夫人给她的，因为她本身从辈分上来说不是长辈而是晚辈，从性别上来说她不是男性她是女性，从文化上来说她是文盲她不识字，虽然她作过"一夜北风紧"这样的名句。这样的话给她权她就有权，不给她权她立刻就没权。在搜检大观园的过程中，邢夫人是主谋，王夫人是被激起来的，是吃了将了，所谓被将起来的，在那儿立刻就收回了权。何以见得呢？绣春囊是邢夫人先发现的，然后邢夫人把这个送到王夫人那儿去，这就像下战表一样，就是说你看你的内侄女，你们这一家子管事儿已经管到了何等危险的地步，咱们这里头的道德已经崩溃了，这责任在你这儿。王夫人一看那个绣春囊上画着一男一女裸体的小人儿，浑身已经都吓得哆嗦了。然后她到了凤姐那里第一句话就是："平儿，出去！"哎呀，真厉害呀！平儿平常那么有头有脸，那么会办事，一个人都不得罪，处处给凤姐补台，但是这个时候立刻主奴的身份非常重要，平儿一句话不说就出去了，她不能参与这些核心的问题。然后她一说绣春囊的事儿，王熙凤立刻跪在地上，因为王夫人的逻辑，这绣春囊没别人的，就是你的。然后王熙凤跪在地上说，您说是我的我不敢分辩，先听您的，我罪该万死，底下再说别的事。就在这一瞬间，王熙凤的权力被摘了，无权了。然后权力到了谁的手里呢？到了邢夫人陪嫁的保姆王善保家的手里了。底下搜检大观园的时候是王善保家的在那里冲杀，在那儿发威，凤姐是在那里当提包的。当然凤姐也有看她笑话的意思，凤姐也没那么简单就认输。所以我觉得在这个里头我说王熙凤是有权无势，她虽然有权，但她没有势，没有势能，什么元老、祖先、功臣，或者善于背"子曰"、"诗云"啊，她没有这方面的势，所以我说她是有权无势，有威无戴，就是说她有威风，因为她敢下手，她也很精明，但是她并没有被爱戴，没有被感恩，没有几个人感恩戴德。这个事情特别突出地表现在厨房夺权事件中，为了什么玫瑰露啊，茯苓霜啊，王熙凤提出来说她们不招，这还不好办？在正午太阳最毒的时候，地上撒上一些碎瓷器末，让她们跪在上面，说跪上一个时辰，全招了。后来平儿就拿出她的"鸽派"的观念来，说二奶奶啊，现在由于咱们管事儿，恨咱们的人已经够多了，弄来弄去就咱们四只眼睛，而周围找咱们茬子找咱们麻烦的不知道有多少只眼睛呢，至于她们互相私自拿一点小东西，这个玫瑰露就是属于浓缩饮料之类的东西吧，就是说拿点浓缩饮料什么的管她们干什么呀！说这些事儿就这么稀里糊涂一过过去了才好。从这里头我们也可以看到她们麻烦不断的处境。再有我说说她虽然聪明但是不智慧，她没有那种更长远的战略眼光，因为她老是把鲍二家的、尤二姐之类的看成她的主要敌人，其实她主要的敌人是邢夫人，这一点来说她没看清楚。平儿在这里头也起了一个非常有趣的作用，她对凤姐实在是非常忠实，所以汇报尤二姐事件的是平儿，最早发现的是平儿，可是到尤二姐入大观园，王熙凤对尤二姐非常恶劣的时候，平儿又是不顾，偷偷地来，往回找补找补，老想做点什么事帮助一下尤二姐。另外平儿忠心耿耿，忍辱负重，而且弥补王熙凤做得太过的事情，所以自古以来就有人认为平儿是人臣的典范，认为平儿是光辉形象，自古以来这已经够可笑的了，原来当人臣需要有姨太太的功夫，这已经非常惊人了，想不到倒是林彪反复地讲，做人要向平儿学习，要做平儿这样的人，当然他学得怎样我不评论。

我再讲一个事件就是宝玉挨打。宝玉挨打的事件有非常复杂的情况，牵扯到我一上来讲的政治资源的问题。我们可以看到所有的环节里头北静王对贾府是特别有好感，跟他们是一个大山头，而追蒋玉菡的忠顺王，跟他们家的关系相当紧张。忠顺王派管家到他们家来追问贾宝玉蒋玉菡的下落，贾政非常紧张，因为贾政想到他们家和忠顺王素无往来，素无瓜葛，他们之间从来没有走动，突然派一个管家来找一个人，找一个戏子，他觉得这个事情非常凶险。贾政打贾宝玉实在是因为贾宝玉捅下的这娄子太大了，他私藏蒋玉菡，这里头的厉害，这里头能够给贾政所带来的危险是宝玉所没有想到的。而在这个挨打事件里我觉得还有一个特别有趣的就是贾环的表演，贾环那么多低级表演，什么把蜡烛推翻了烫了宝玉，然后说一些话，他的丫环彩云跟他说什么话然后他又不信任，不识好歹，都是很低级的表现，很小儿科的表现，属于很弱智的表现。在为贾宝玉进谗言这一点上，贾环简直是一个天才，他是天才的进谗者。贾政正在生气，对宝玉正着气的时候，贾环从那里跑过。贾政大怒，你跑什么？过来！这个贾环处在一个很不利的地位，因为按他们家的规矩不允许跑跑跳跳的，要走路走四方步才行，但是贾环立刻说，我本来不敢跑，那边儿有一个丫环投井死了，脑袋泡得老大，我害怕所以我才跑。结果贾政问，谁投井死了？怎么回事？就说是太太王夫人房里的金钏，听说我哥哥宝玉要强奸她，没强奸成，她投井死了。多会进谗言啊！他都沾上点边儿，宝玉绝无强奸她的意图和行为,连性骚扰都算不上,但是宝玉确实是跑到金钏那里耍贫嘴去了,而金钏跟他讲讨彩云的事被王夫人在那里假寐听见了,所以起来啪一个嘴巴给造成了这个后果,所以他沾边儿了。说你进谗言,你不能说毫不相干的事,你得多少沾一点边儿。第二他是在贾政盛怒的时候。不是盛怒的时候,比如贾政一点都没有理他,贾政正看书,读"子曰"、"诗云",贾环跑过去,说爹爹,向你汇报一个情况,我哥哥成强奸犯了,这个可起不了作用,而且相反贾政会去查一查,查一查怎么回事,一问不是这么回事,啪一个嘴巴打贾环身上了,这么小就学得这么坏,下流的种子!所以他非常会找时候,这两件事加在一块儿就打下去了,这是一种高明的进谗言。

　　还有就是袭人的进谗。她也非常高明,因为她不点明,她不说是谁,她并不像是对任何人有仇,这是一点,不点明的进谗,高雅的进谗。第二就是说她牢牢地掌握着主流的意识形态,因为主流的意识形态看得最重的就是防淫,就是王夫人说的"好好的爷们,都叫你教坏了",我的孩子这么善良这么好,都被你们这些丫头教坏了,这是她最防止的一个事,是她的一个心病,宝玉越大她就越觉得危险,觉得他有陷入邪恶的危险。袭人轻描淡写地说了几句话,宝玉挨打之后她说要说这次挨打,也该管教管教了。所有人都在那里为宝玉哭,为宝玉扇扇子,连薛宝钗平常不入情的人都在那儿扇扇子,为宝玉得罪人,薛宝钗跟她哥哥都急了,把薛蟠都引急了。但是袭人独具慧眼,看问题高人一等，说这个，该管！一下子就使王夫人起了敬意。然后就说他越来越大了，整天虽然说是姐姐妹妹们，老这么一块儿，都不怎么像话，有危险，应该采取必要的防范措施。王夫人感动得，后来提起袭人说袭人的好处你们哪里知道啊！说这话的时候眼泪都掉下来了，这也是一个高级进谗者。我给各位讲这些的目的不是教给你们怎么去挑拨离间，害人，而是说我们要警惕这种进谗者。

在《红楼梦》里最大的事件，当然还有后边的被抄家。不管后四十回是谁写的，此前抄家的前前后后应该说写得还是很精彩的，很可信，也很见人物的性格，但是我觉得最大的事件，如果我们从政治的角度来看就是搜检大观园。这个事件实在是写得生动，又真实，又合情合理。我前边说了，是由于芳官和晴雯在那儿制造假象，说什么有人半夜跳墙，吓了宝玉，为宝玉学习不好打掩护，结果害了自己，使得大观园、贾府的气氛变得严肃起来，而且贾母也发了话。但是从一开始探春就比较清楚，探春就劝贾母说他们要耍钱不是什么大事，受到贾母的批判，认为探春用现代的话来说就是有阶级斗争熄灭论的嫌疑，不被贾母所庇爱。所以探春只好一句话也不说，只有一个清醒的人就是探春。然后紧接着迎春的乳母也是因为赌钱被抓，她的乳母的媳妇王住儿媳妇来说情，但是迎春不管，然后王住儿媳妇就说了许多埋怨迎春的话，而且这里边又发生了一个盗窃贾母给的攒珠累金凤，偷着把它典当来耍钱的事件，这个我就不细说了。遇到这种情况又是探春来帮助她姐姐,帮助迎春,这里面又流露了探春对王熙凤的不满,说二奶奶病糊涂了吗?弄得这些人好像也来辖制我们,像王住儿媳妇这种人,她先要把二姐迎春制服,然后制服我和四妹(大排行她是老三,四妹是惜春)。她把平儿叫来,她说话非常难听。这里我顺便说一下,我一次一次地看《红楼梦》,我渐渐地感觉到探春对王熙凤有一种意见,有一种腹诽,但是她没有办法说。

实际上这些人里水平最高的就是探春。这个王熙凤自己都分析过,说咱们家里人厉害的就是探春,而且探春读书识字比我还要强好多。王熙凤她有个弱点,当然她弱点还很多,弱点就是不读书,没有文化,基本文盲,但她也很懂事,和风雅的人在一块也可以坐,也可以相处。贾宝玉、林黛玉、史湘云他们组织诗社让王熙凤参加,王熙凤立刻就明白了,你们拉我参加无非是想要我一点银子就是了。所以那时搞文学活动,哪怕是文盲你也要拉几个大款才,我们现在也这样。然后作诗连句,一人出一句,王熙凤说我来开头一句:"一夜北风紧。"她开得很好,说明她悟性很高,学历不高。可是探春什么书都看过,探春的精明强干和王熙凤不相上下,探春唯一的弱点,第一她是庶出,她的母亲是姨太太,第二她是个姑娘家,她马上就要嫁人,在旧社会就不算贾家的人了。探春在大观园里的管理上最大的改革就是包产到户,她把那些树什么的都包给那些奴才,使那些奴才都非常高兴,树、田地、花都包给那些奴才,而且节余的归己。你们要看我们生活中的什么事都可以在《红楼梦》里找到参考，但不能照搬，你不能说这个就是什么，那是你糊涂，不是我糊涂，也不是曹雪芹糊涂，不能照搬但可以参考。尤其最令人感动的事，就是搜检大观园那个大事件。第一个反应的就是晴雯，晴雯正病着，王善保家的到那儿要搜晴雯，晴雯就把自己的箱子一打开，哗啦所有东西都倒在地上，你们查吧！我看晴雯这种反对方法有点类似用"极左"来反对"左"，你不是"左"，我比你还"左"，全倒地上了，不行咱全摔了，一把火全烧了，她敢这么干。弄的王善保家的说，这多没意思啊，我们这些人是奉太太之命。然后到了探春那里，这探春就更厉害了。探春说你要到我这儿来搜，搜我的，说我这个人生性歹毒，我用的丫鬟是一针一线都不敢放在自己那儿。如果她们是贼，我就是第一的窝主。因此想搜我的丫头根本不可能，得罪了太太你们跟太太说去，得罪了谁就跟谁说去。《红楼梦》看着是让人很窝囊的一本书，所以冰心老人曾告诉我她从小就讨厌《红楼梦》，不能看。因为冰心是个爱国主义者，她爸爸是海军，是参加过甲午战争的，虽然她是个女性，她提倡的是个个都应该是拿起枪来保卫祖国，她看《红楼梦》看得很憋气。但是我们看《红楼梦》，看到今天还没有因看《红楼梦》而得忧郁症，原因就在于探春，就因为探春的这一段话，可以说讲得是又有原则，纲上得又高，金声玉振，余音绕梁，百年不绝。

林黛玉可以说是一个带有非常浪漫的性格、纯情的、清高的、极有才华的少女。林黛玉能够成为宝玉的知音,因为她对功名进取的那一套嗤之以鼻。我在一篇文章里称之为天情,她天生就有一种深厚的专一的感情,而且是比天还大、比海还深的感情,所以,如果一个人能被林黛玉似的女性爱这么一次,哪怕他从此遭受林黛玉的折磨,折磨得自己跳了井,也算不白活一趟。

这红学深如海,有各种不同的研究。其中有很多大家比如蔡元培,他就认为《红楼梦》是一部反清复明的书,他认为这里头都有暗号,这《红楼梦》如同一本密电码。袭人是什么意思?袭人就是龙衣人,穿着龙衣的人,因此袭人代表的是崇祯。宝玉喜欢闻胭脂是什么意思?宝玉就是崇祯的玉玺,吃胭脂就是它每天要沾红色的印油,要沾好多次,所以他要舔胭脂吃。最近一直发展到认为写林黛玉呢,描写的是一个刺杀雍正的刺客。所以对《红楼梦》的研究是各有千秋。我无权说谁研究得好谁研究得不好,而我的这种研究是最浅显的研究。我是《红楼梦》的一个爱好者,一个读者,谈不上学问,我又没有特殊的发现,我也没到那儿去实地考察过。所以,如果要谈红学的话我只能感到惭愧。耽误大家的时间,对不起。

《红楼梦》与现代文论

主持人（文学院吴予敏院长）：

各位老师，各位同学，下午好！今天下午，我们深圳大学文学院非常荣幸地邀请到中国当代最著名的作家王蒙先生到我们学校来讲学，在这里，我代表全校的老师和同学，对王蒙先生到我们学校讲学表示最热烈的欢迎和感谢！（掌声）

今天下午的演讲会一共有两项议程，一项议程是，我们深圳大学要聘请王蒙先生做深圳大学的名誉教授；（掌声）第二项议程是，由王蒙先生做他自己精心准备的一个学术报告，就是《〈红楼梦〉与现代文论》。（掌声）王蒙先生是我们中国当代最著名的作家，也是在当今国际上最有影响的中国作家。他是一位少年布尔什维克，在我们共和国建国以前，他就是一个非常年轻的地下共产党员；建国以后，他的文学生涯可以说经历了半个世纪的风云，他二十多岁创作的《组织部来了个年轻人》，当时就得到了毛主席的高度评价，当然这篇小说也使王蒙先生遭遇到了人生的很多坎坷。他在半个多世纪的创作生涯当中，创作了大量的长篇、中篇、短篇小说，他的作品被翻译为二十多种文字，在世界各国发行，深受广大读者的欢迎。这一次他到广东来，是为他自己最新出版的《王蒙自传》第一卷到我们深圳市跟读者见面，为此王蒙先生特地到我们深大来讲学。王蒙先生跟我们深圳大学有很深的情缘。1983年的时候，深圳大学刚刚破土、建设的时候，王蒙先生就到过我们深圳大学。他对我们学校有很深的感情，前年还到我们深圳大学来做了一个《关于文学和语言》的专题演讲，他幽默深刻的演讲，给我们文学院所有的老师和同学留下非常深的印象。这一次他带来了他自己精心准备的《〈红楼梦〉与现代文论》。相信王蒙先生受聘我们深圳大学的名誉教授，和他的文学创作的这些辉煌成就，一定会对我们深圳大学的人文学科的发展、对我们文学的教育会有极大的鼓舞作用。现在我们首先请深圳大学校长章必功教授，向王蒙先生颁发名誉教授证书。（掌声）

章必功校长：

尊敬的王蒙先生、同学们，深圳大学能够聘请王蒙先生做我们的名誉教授，是深大的荣幸，也是同学们一定会为之兴奋的一件事。首先，代表深圳大学和同学们，对王蒙先生欣然接受深大邀请，表示衷心的感谢！（掌声）像我这样作为60年代的文学青年，一路走来，是念叨着王蒙同志的名字、读着王蒙的小说长大的，这一点都不言过其实。当然，前提我是文学青年，你不是喜欢文学，当然也就不至于这样。从王蒙同志的《青春万岁》开始，那个时候给我印象最深的，是两个年轻作家的作品：一个是王蒙先生的《青春万岁》，一个是刘绍棠的《青春愉悦》，第一印象极其深刻，后来读了《组织部来了个年轻人》，一辈子不会忘记。上上个月，我给深圳市委，给广东省委组织部全体干部做一个讲座，我的开场白就是拿王蒙先生的《组织部来了个年轻人》入题的。以后又读他的《坚硬的稀粥》，接着读他的《尴尬风流》，所以对王先生充满敬仰。刚刚吴予敏同志说，"王先生是中国当代最著名的作家"，其实还是言不及义，他还有一个特点——他是一个评论家，特别是他是红学专家（应该说是专家）。听过我在深大讲《红楼梦》的同学们，都应该知道，我会经常在课上提到王先生的一本书叫《红楼启示录》。王先生在红学研究上的几个观点，我是非常赞成的，他说红学研究大致可以分三类：一类是学术考究，一类是文学欣赏，一类是幽默（趣味）研究。我自己是顺着王先生的文学欣赏的那条路子，在读《红楼梦》、说《红楼梦》的，而且我喜欢这条路，不喜欢第一条路，也不喜欢第三条路子，我只喜欢第二条，我觉得在这一条上还和王先生有相通的地方。王先生还有一个观点是，他说《红楼梦》这本书不用花脑筋去做什么学术，我是绝对赞成，《红楼梦》后40回和前80回已经浑然一体，没有必要动脑筋你再去写一个后40回。（我记得这是他的观点，但我没核实，也许讲得不对，但是我赞同这个观点。）王先生的《红楼启示录》里面，开头有一个序言，我为什么敢说王先生是一个红楼梦专家，因为在那个序言里面，开头第一句话"今天上午起来，接到王先生一个电话，他在那一头说'请注意一颗红学新星正在冉冉升起'"，（所以王先生是——至少是——一个红学专家新星）他当然是在调侃，可是我认为他对《红楼梦》的研究足可称为专家。所以今天下午，他来深圳大学做报告，做《〈红楼梦〉与现代文论》报告，我相信对所有在座的老师们、同学们，都将是一个丰盛的精神的下午茶吧。现在，让我再次代表同学们为王先生的到来和他的精彩的演讲，再次表示衷心的感谢！（掌声）

主持人：下面，就请王蒙先生做报告——《〈红楼梦〉与现代文论》，大家欢迎！（掌声）

王蒙：

各位老师、各位同学，有机会和大家见面，而且受聘为咱们深圳大学的名誉教授，对我也是一个荣誉，也是一个快乐。讲《〈红楼梦〉与现代文论》，后来我来到这儿，了解一些情况后有点后悔，因为听说咱们这个章校长他研究《红楼梦》，我这个研究《红楼梦》就是最好和不研究《红楼梦》的人谈《红楼梦》，早知道他研究《红楼梦》，我跑到这儿不是撞到了枪口上了吗？说得不对，得请章校长多多包涵、多加批评帮助，也欢迎各位随时听了随时纠正，我讲完以后还有一点时间，请大家多提提问题，多提建议、多批评。

我先从《红楼梦》的时间观念讲起。在上个世纪70年代末80年代初期，哥伦比亚的作家加西亚·马尔克斯的《百年孤独》被介绍到中国。这是个大事件，这本书对于中国的作家影响非常大，许多的著名作家的著名的作品，都看得出马尔克斯的影子，比如说王安忆的《小鲍庄》，比如说莫言的《丰乳肥臀》，比如说韩少功的《马桥词典》，如说张炜的《九月寓言》等等，都可以看出《百年孤独》的影响。而这个《百年孤独》，第一章一上来，就用一个非常奇特的对时间的叙述方法，迷倒了许多中国的青年作家。它是什么样呢？《百年孤独》第一章三个字之前，它有一段话："多年之后，奥雷良诺上校站在行刑队面前，准会回想起父亲带他去见识冰块的那个遥远的下午。那时的马贡多是一个有二十户人家的村落，用泥巴和芦苇盖的房屋就排列在一条河边。清澈的河水急急地流过，河心那些光滑、洁白的巨石，宛若史前动物留下的巨大的蛋。"他这个写得非常的灵动，也写得相当的令人迷惑。他说"多年以后"，就是说他是写未来，时间是未来时，不是现在，是多年以后，然后"奥雷良诺上校站在行刑队面前"，这也很惊人，就是说他被枪决了，然后他"准会"，仍然是一个预料性的语言，准会想起"父亲带他去见识冰块的那个遥远的下午"，就是说是对未来的回忆，但又不是现在。它这里头有一种对时间的一种把握，其实这个观点对中国人来说并不新鲜，因为王羲之在《兰亭序》里头已经讲过，"后之视今，亦犹今之视昔"，今天我们讲过去的时候，我们通常会想到后人回想我们的时候。比如，假设公元 308 年的时候，让他们来设想，2006 年深圳大学这儿有什么样一件事。每一个时间对于过去来说那是未来，对于当时来说那是现在，对于未来来说那是过去，而这种对时间的观念很少能找到一部小说像《红楼梦》里写得那么多重，而且令人感慨、那么牵心动肺。《红楼梦》里有些什么样的时间呢？

我给它分成这么几种：第一重时间是女娲时间。比如《红楼梦》一上来就讲，在女娲补天的时候，有块石头。女娲时间是什么时间呢？是一个神话时间，是一个前宇宙时间——就是说，那时候宇宙还没有形成，天还没有完成，地也都没有完成，这就是前宇宙时间，是个神话时间。然后，《红楼梦》一上来，和女娲补天的故事几乎同时而出，讲这块石头后来落在了大荒山无稽崖青埂峰下，这就是宇宙时间，基本上这两个时间，都是一个相当久远、接近无限的这样的时间，而在这个无限时间的坐标上，你很难寻找到确定位置，因为这个大荒山无稽崖青埂峰简单说就是一个大自然，就是一个宇宙。《红楼梦》还有第三个时间——荣国府时间、贾府时间。这个贾府时间里头，也往前追溯，追到贾政、贾敬、贾赦他们的上面两代，就是荣国公、宁国公，然后一直写到这个荣国府历史时间的结束，一直写到锦衣府查抄宁国府，写到他们不再存在（用西方的说法一直写到这个历史的结束）。这里也有一段时间，但更主要的，荣国府的时间前边所说到的荣国公、宁国公时间，只是略略提及，主要的还是贾宝玉这段时间，从他的出生，尤其是从他进入少年时期，一直写到青年时期，这又是一个时间。一般的长篇小说，都有一个忌讳，这个忌讳是什么呢？就是你不要把小说的结局一上来就告诉读者，总要让读者有一个悬念，最后会怎样，他和她的爱情能不能成功，坏人的挑拨离间能不能得逞，好人的冤屈能不能得到洗雪等等。但是《红楼梦》却恰恰相反，它一上来就告诉你这一切都已经成空、万事已成空，人物已经凋零，往昔的繁华已经不再。它告诉你的时候还不断地提醒你，生怕你忘记，通过这个石头，就说你是来自大荒山无稽崖青埂峰，而且你枉入红尘若干年，然后你还要回到大荒山无稽崖青埂峰。因此你把《红楼梦》当成一个正在发生的事情看，也是可以的，那一定是《红楼梦》的魅力。你永远不会觉得贾宝玉是一个老人，永远不会觉得这里面的每一个少女她们老了以后会怎么样，不会的。你也可以把它当作早已经过往的人、已经完全衰败的这样的一个家族的很遥远的回忆来读。所以《红楼梦》里面的这种时间的处理，它说明了中国式的这种文学视野和文学感应的一种灵动性，你看我们的动词，我们并不是特别地讲究，除了要专门要注上的以外，不是特别讲究它的时间性、它的时间特征，这是我们所说的《红楼梦》三重时间。

在多媒体上还没有写的，让我们探讨，实际它还有一个时间，就是《红楼梦》的文学时间。我们每一个读《红楼梦》的人不会忘掉的，它是清朝、即将过了"康乾盛世"，它乃是清朝开始走向没落的这个时间的产物，但是它又特别申明并无朝代年纪可考，就是说无意专门写哪一段时间，这第四重时间我们也可以把它命名为文学时间或者曹雪芹时间，恰恰是《红楼梦》的这样一个前宇宙时间、宇宙时间、荣国府时间和曹雪芹时间的这种高度的融合，平添了我们阅读《红楼梦》时候的许多的沧桑感。譬如说我们读元妃省亲，你如果只读那一段，你会觉得曹雪芹很得意，写整个一个大的场面、写那个宫里面的什么太监：小太监、中太监、大太监，这个抱这个、那个抱那个、一个抱一个这个包；那一种黄土垫道、净水泼街，那个规格、那个森严、那个隆重，鲜花着锦，烈火烹油。但是即使在这里头由于你有这些前前后后的参照，你知道这种荣华富贵只不过是过眼烟云，转眼就会过去，一下子就会增加那种苍凉，增加那种深厚。即使看到这儿的时候，因为大家都是俗人，觉得贾府真不简单，曾经这么盛大过，社会地位真高，跟皇宫这么密切的关系，还了得吗？即使在这里头，你又感觉到这一切都是靠不住的，无从仗之。而这种时间的观念实际上很现代，实际上那当然比加西亚·马尔克斯早很多，在中国早就有这种对时间的多重性体认。

第二个问题，我们谈谈《红楼梦》的各种人物、情节和弗洛伊德理论的关系。弗洛伊德被认为是20世纪最重要的思想家、理论家之一，但用弗洛伊德的理论来解释一切也可能变得很荒谬。《红楼梦》那个时候当然还没有奥地利医生弗洛伊德的理论，但《红楼梦》由于对生活的忠实、对生活的敏感，你可以到处都看到弗洛伊德的影子，比如贾宝玉有很多毛病，什么毛病呢？他喜欢女孩，见了女孩扭成一个麻糖似的，要吃人脸上的胭脂。我们可以设计一下，他怎么吃人家脸上的胭脂呢？他肯定要用舌头舔人家女孩的脸庞，他从这里头得到一些快感。他描写贾宝玉和林黛玉青春期的反应，忽然在一个时候觉得不自在起来，这也不是那也不是，这是种青春期的反应。而且，贾宝玉还不仅仅对女孩子感兴趣，他对男孩子也感兴趣，他有某种同性恋的前期的倾向。贾宝玉如果生活在美国，也可能成为一个真正的gay。贾宝玉见到秦钟，因为秦钟很好看、很奶油——奶油小生，他一看秦钟以后，就觉得自己简直和泥猪癞狗一样。这是种青春期的自卑，这也很有趣。因为贾宝玉就够奶油的，长得跟女孩一样，他常常被认为是女孩，见到秦钟更奶油，看到一个更奶油的小伙子，把他爱得不行，不是搂着，就是闹书房。金寡妇的那个儿子揭露贾宝玉和秦钟在搂着亲嘴——以下有些话更难听，不说了，毕竟是名誉教授不能乱说了，避免那些dirty words。见到蒋玉菡恋恋不舍，见了柳湘莲也是这样。贾宝玉还有这一说，他见谁都喜欢，以至于他得出一个结论，哎呀女孩多好啊，女人是水做的，男儿是泥做的。我们现在有些研究者从反封建、从女权主义角度来看贾宝玉的男女观念,说贾宝玉重女轻男,爱女厌男、爱少女厌成年女人,都反映了反封建的特点。对于这样一些论著,我觉得也很有道理,因为他至少客观上是这样。但是我们如果从弗洛伊德理论来看,贾宝玉对女性的那种兴趣,我觉得也可以解释,而且中国早就有人描写过这样的男孩子:喜欢女孩子,不喜欢男孩子,不喜欢成年女人。当然女孩子漂亮,女孩子比成年女人漂亮。贾宝玉包括贾宝玉的性关系,这个研究的人更多了。他和花袭人初试云雨情,可不一定,没准,他和秦可卿早就已经……(大笑)something happened!

还有一个分析,贾宝玉这些都好办,用弗洛伊德怎么分析怎么都对,都可以用弗洛伊德这个想法来表现、来研究。我觉得最好玩的是——我没有细研究过,这个贾母跟张道士有特殊关系。但是贾母没有机会啊,她的机会太少了,她的地位、意识形态,她的环境,她生活在封闭的贵族的一个府邸里面,还有她的年龄都不适合她和异性哪怕发生仅仅精神相悦的这种关系,都不适合。但是,自古以来,中国有火眼金睛的人很多,中国人为什么有这方面的敏感?中国有一个最恶劣的传统就是捉奸,他捉出来了,就是说贾母是和张道士。这有一点道理,当然这只是猜测,也并不是一定说贾母和张道士是怎么样,怎么样的可能性非常小,因为他们的技术性的困难太多了,即使他们相悦,他们很难有操作的可能。但他们的关系确实不一样,贾母到张道士那个道观里面的时候,张道士和她们的关系是非常的不一样。张道士不过去,王熙凤就说把张道士叫过来,张道士就说小道本该到老太太这边伺候,但来了很多内眷,来了很多女孩,没得到命令不敢擅入。王熙凤的反应是"你这牛鼻子老道少跟我来这一套",你看他和她的关系非常的不一样。见到贾母以后,他一见贾宝玉就说,哎呀,他怎么和国公爷一个稿子——一个模式、one model! 这就很不一样了,《红楼梦》全书里能够和贾母交流,对国公爷——就是贾母的男人,有这种回忆这种怀恋,只有这个张道士一个人,能够这么评论,甚至于说到什么程度呢,说到贾母眼圈都红了。贾母在《红楼梦》练就了金刚不坏之身,她不懂感情的,只知道玩,只知道乐,属于超级乐观主义者。《广州日报》昨天说我是超级乐观主义者,我想来想去,贾母也是超级乐观主义者——她动了感情。然后他就又问:"贾宝玉说了亲没有啊?"贾母说没有啊,你看有没有合适的啊,有合适的话只要人好,门第怎么样,有钱没钱,地位、权势怎么样我们不在乎。这个张道士算什么东西,他怎么敢过问贾宝玉的婚姻呢?他什么地位,他算老几?我觉得对这个话可以做一个翻译,你把他当作没话找话,随便说话,你还可以翻译成,张道士通过对贾宝玉的婚姻的询问和关怀,表达了"愿天下有情人皆成眷属"这样的意味,眷眷深情,其情眷眷焉。然后,贾母通过说不在乎门第、只要人好就行,在表白我并不在乎你的地位低,我不是那种人,本老太绝非嫌贫爱富,本老太重视的是人,你明白了吗?本老太从来都是这样。后面张道士的面子就更大了，说听说哥儿脖子上有块玉，是衔玉而生，能不能让小道看看？他居然敢提出来要看贾宝玉的玉。贾宝玉的玉可是了不得，那是核心啊，那属于核心机密。他不但要看那个玉，还弄了一个什么盘子，当然搞得很精致，把这个玉放上给他们道士传阅。张道士的面子超过了北静王，敢向贾宝玉要玉看的只有北静王，而北静王是荣国府的靠山，各种事上都是靠北静王。所以，看来贾母和张道士的关系有点不同，这个确实。但是我们无意把它落实着实，着实了就没意思了，非得从《红楼梦》描写里猜测出来贾母和张道士曾经拉过手啊，还是摸过脸啊，还是掏过耳朵啊，还是按摩过脚啊，这些毫无疑义，是有这么一点关系。

中国自古还有论者，就是说王熙凤和贾蓉之间关系不一般，而且到了程乙本时候，还专门加了那么一句，说贾蓉和王熙凤谈成事，然后贾蓉要走了，王熙凤说"你等等"，然后没说，有一点欲盖弥彰的味道。他们互相骂，贾蓉和王熙凤一见面就互相骂，这也是中国文化的特色，所谓一男一女之间有了something的时候，见面就可以互相骂：牛鼻子老道，你这个坏小子，你这个混蛋，你这个龟儿子，也有这些关系。当然还可以从更多地方，比如妙玉不近人情的性格、稀奇古怪的性格和怪癖等等都可以看成是某种潜在的关系。

说了这两点以后，现在回过头来我要讲一个问题，《红楼梦》是中国的一部古典作品，是两百多年以前、两三百年以前的一部大作品。那个时候我们可以设想，曹雪芹不会有现代伦理观念，所以有一个话我是特别不赞成，胡适的学问是非常大，但是胡适和台湾的历史小说家高阳通信的时候，就批评说《红楼梦》写得不好，根本算不上什么自然主义，说曹雪芹没有受过良好的教育，就指曹雪芹没有在康奈尔大学得过博士学位，也没在深圳大学得过什么聘书。可是我们反过来想想，如果送曹雪芹到美国名牌大学训练，训练完毕以后他最多能当胡适，他也当不成曹雪芹了，写出来的肯定不是《红楼梦》，而是《胡适文存》。胡适还批评"衔玉而生"这个描写就谈不上自然主义，哪有衔玉而生的，他是用产科学的这种观点、这种角度，来评论衔玉而生的这个细节。这些包括时间的多重等等，说明什么呢？这些说明一是文本高于方法、高于理论；一是真正天才的文本，或者说叫作本体大于方法，各种方法都适用，都是来处理这个对象的，对象大于方法，本体大于方法，这正是《红楼梦》的可贵之处。曹雪芹可以完全不知道什么弗洛伊德，他可以完全不知道时间的多重概念，但是他的作品里面已经描写到这种感觉、已经描写到这种本体、已经成为这样一个研究的对象。

然后，我们讲一下《红楼梦》对人生的怀疑和追问。这本来不光是现代文论的一个命题，也是现代哲学的一个很重要的命题。有时候我们把它说成是颓废，就是人生的意义，人生的意义到底是什么？也讲人生的这种荒谬感，讲人生的这种孤独感，讲人生的这种焦虑忧患感，讲人生的这种虚无感等等。这些东西,我们现在不来做价值判断,我们不能用一种消极颓废的态度来构建我们的人生观和价值观。但是这种荒谬感、孤独感在《红楼梦》里面却表现得非常突出,尤其是贾宝玉,有些方面包含着林黛玉。譬如说叹息,这是一个古往今来所有的作家共有的叹息,叹息生命短暂,叹息时间的匆迫,叹息青春的不再,叹息亲人的离散。有李白这样一种:"夫天地者,万物之逆旅也;光阴者,百代之过客也。而浮生若梦,为欢几何?"人生不过如此,不过住一次旅馆一样,不过是匆匆过客罢了。陈子昂"前不见古人,后不见来者。念天地之悠悠,独怆然而涕下",这种描写早已存在。波斯诗人奥马·海亚姆在《鲁拜集》中——郭沫若翻译的,全部都是这种叹息,我用五绝翻译过他的一首诗,原文是这样的,就是说空闲的时候要多读一些有趣的书,不要让忧郁的青草在心里生长,干杯吧,把杯中酒全部喝尽,而死亡的阴影已经渐渐地临近,如要硬译的话就是这样,我把它翻译成五绝:

> 无事需寻欢,
> 有生莫断肠,
> 遣怀书共酒,
> 何问寿与殇。

他都写,都写这些。这并不是什么新鲜的,光阴如箭,日月如梭，朱自清的散文，"燕子去了，有再来的时候；杨柳枯了，有再青的时候；桃花谢了，有再开的时候。但是，聪明的，你告诉我，我们的日子为什么一去不复返呢？"但是贾宝玉和林黛玉年纪那么轻，他们想到的却是"一朝春尽红颜老，花落人亡两不知"。起码你得了癌症三期的诊断书再讲嘛，是不是？但是这种对人生的质疑，还有什么贾宝玉喜聚不喜散，林黛玉喜散不喜聚，其实这个喜聚不喜散、喜散不喜聚之间并无区别，因为所谓喜散不喜聚，林黛玉无非她的意思是说既然聚完以后还要散，既然如此还不如干脆不聚；贾宝玉是咱们先聚，先热热闹闹，闹尽这些悲哀，忘记这些将来这所谓死亡的阴影已经临近，而且贾宝玉在那么小的时候才十几岁，还没有到领取居民身份证的年龄，就想我死了以后化成灰，然后你们这些心疼我的女孩都哭，眼泪把我的魂冲走，从此我再不托生为人，连下一辈子他都否定了。这很奇特，当然说这是书，这是小说，这里头有夸张，但表达了这些东西，在这些对生命的叩问质疑当中，还有一个就是在当代西方非常流行的说法，就是他想知道自己的身份，我到底是什么？现在西方讲一个认同危机，不知道是不是这个词，一种认同危机，这种认同危机，跟贾宝玉没有关系，和人要死也没有关系，但是在一种全球化这样一个迅猛的发展当中，一个人越来越不知道自己是谁，越来越找不到自己的身份。但是，贾宝玉描写本身就有这么一个危机存在，贾宝玉究竟是什么？是一块石头，是一块玉，是一个贵公子，是神瑛侍者下凡,是女娲当年的一块材,是一个泥猪癞狗,他究竟是个什么东西,他不知道一个人到底能够可以成为什么样,为什么你就是你,为什么我就是我,我为什么不会是你,你为什么不是我,这样一些问题。尤其《红楼梦》里头有一个最有趣的东西,但我认为作者的思路奇妙极了,但是他没有写好,就是甄宝玉。除了一个贾宝玉,还有一个甄宝玉,这个绝了。甄宝玉和贾宝玉长得一模一样,甄宝玉的家和贾宝玉一模一样,甄宝玉的大观园、大花园一模一样,甄宝玉小的时候那些坏毛病——所谓坏毛病和贾宝玉一模一样,但是甄宝玉后来接受了封建主流意识形态教育,学好了,变成孔孟之徒了,变成有用之材了,进入仕途,仕途经济。而贾宝玉梦见甄宝玉是在什么情况之下呢,他在午睡的,睡铺的对面有一面镜子,而镜子里是他的影像,又是一个反的形象,这个描写看了以后有一种毛骨悚然之感。你设想一下,如果世界除了你之外,还有一个和你长得一模一样的,遭遇也一模一样,某些方面恰恰相反的另一个人存在,你会不会脊背发凉?人的这种心情就是当他抓不住自己的时候他有这种心情。我曾经讲过一个心理活动,后来他们都不让我讲,他们都觉得很可怕。比如我现在在深圳,我在北京有一个住的地方,我在北京有一个家,我定居在北京,我家里有电话。我最害怕的是,设想一下,如果我现在在深圳给家打一个电话010——还可以打17908进入IP,少收一点费,然后打通了我家里的电话。电话响,一个人说找谁啊,你谁啊?我王蒙啊!你们要写小说记住就用这个情节开头，写一部恐怖小说，你们如果要是谁写成了，为这个情节付我一块五的知识产权即可——所以他对甄宝玉，可以从另一种意义上讲，就是设想另一个我的另一种方式的存在的可能性，这对人来说既是一种魅力，又是一种挑战，又是一种憧憬。又比如芳官，她有时候女扮男装，她还有胡人的名字，她的法国名字翻译成中文以后是金星玻璃。我们在座的有没有法语老师？请告诉我金星玻璃怎么讲？我下次来请教。这里写得很特别，也很现代，或者也很后现代，后现代一个很重要的一种说法是说人死了。人死了是什么意思呢？尼采说上帝死了，因为过去认为世界是上帝创造的，地球是世界的中心，后来证明上帝有很多悖论，并不能自圆其说，所以他说上帝死了，上帝已经不管你了。然后人死了，人从环境问题从宇宙才知道，地球不是宇宙的中心，太阳系也不是银河系的中心，这个银河系也并不是宇宙的中心，人类尤其并不是世界的中心，人不能自己充当这个世界的中心。你想这样的一些问题是非常重要的后现代的一个说法，这样就产生人对人自己的一种怀疑，这个怀疑不是我们的目的，我们也不是提倡怀疑，但是这是一个过程，这是一个很难避免的过程，而像这样的类似的萌芽在《红楼梦》里已经有过，这是非常惊人的。这也是《红楼梦》的一个和中国其他小说不同的地方，中国的其他章回小说往往这样，就是一个忠臣蒙冤，最后又碰上了明主，把奸臣抓起来了，把奸臣都杀了，然后忠臣都当了国之重臣，他们的夫人都封了一品夫人，生了五男二女，男女比例问题很严重！然后皆大欢喜。《红楼梦》不是这样的。《红楼梦》相反，它接触许多生命的这种体验，这种体验当时还没有一种概念名词，甚至还没有一种语言来加以表述，来加以描述。

第四方面，《红楼梦》的文化符号。文化符号也是现在很流行的一种说法，我听过天津南开大学、温哥华大不列颠哥伦比亚大学教授叶嘉莹讲中国的传统诗词，讲文化符号。《红楼梦》里面文化符号很多，因为玉本身就是一个符号，这和中国文化分不开的。她喜欢玉，推崇玉，认为玉有一种君子之性，认为玉比较温润，金银要俗气得多，玉显得高雅，从手感，从视觉形象，它的许多特色，你会觉得可贵可爱。白先勇先生也研究《红楼梦》，他有一些非常有趣的观点，他就说这《红楼梦》里头名字能够叫上玉的，是很不容易的。那个小红，原来叫红玉，后来被王熙凤听见，说你玉我也玉，不许你叫玉。小红没有资格叫玉，《红楼梦》中有资格叫玉的只有贾宝玉、林黛玉、妙玉，再一个就是蒋玉菡了，只有这四个人。这个玉的符号在《红楼梦》中不断地闪现，而且后来变成了一个情节的奇迹，一会儿玉丢了，一会儿赵姨娘和马道婆做妖术做蛊术，暗害王熙凤和贾宝玉，搞得两人都得了精神疾患，然后来了一僧一道，说你们自己有宝贝，为什么不用你们的宝贝来治。宝贝是什么？就是这块玉。拿着这块玉在贾宝玉、王熙凤眼前这么晃一晃、转一转，然后病就好了。林黛玉经常就因为没有玉使性子，表示悲伤、痛不欲生；贾宝玉又为了玉而顿足长叹，甚至要摔玉砸玉，然后佳人双护玉，丢玉找玉，乱七八糟的，等等，变成一个情节。没有这玉的情节，好像就勾连不起这个《红楼梦》。但是为什么是这个玉的情节，我到现在还没有读懂，我希望章校长给我讲一课这个玉的问题，贾宝玉一见林黛玉就问："妹妹你有玉吗？"林黛玉回答说："我怎么会有这样的东西。"贾宝玉立刻两眼发直，啪的一下，它不是一种什么好东西，你看妹妹都没有，我为什么有？这写得又可爱又有点神呼呼的，又不像真的，他为什么会构思这样一个情节？我至今还在学习研究，这是最重要的文化符号。

　　他作诗所咏的东西都是文化符号，比如咏菊咏风筝咏海棠，这都是文化符号，这些植物在中国文化里头已经分了三六九等。林黛玉的院子里头它是以竹子而且是以斑斑点点的湘妃竹为特色的，显得很清凉，显得很孤高，别人的院子里头那是另外的，是不一样的。他们作的谜语，那些谜语里头都是文化符号，都有很多的暗示，比如关于砚，"身自端庄，体自坚硬，虽不能言，有言必应"；元妃的谜语爆竹，"一声震得人方恐，回首相看已化灰"，一点它，很震动，但是它本身已经变成灰。所以贾政一看就说，这些小人儿作的这些灯谜啊，都这么不吉利，都这么晦气。所以这《红楼梦》里头确实充满了这种文化符号。可以说他是走火入魔，因为他每一句诗似乎都有暗示，都有符号，都成为谶语，就是好像不知道在哪一点就变成了那种命运的预告；还有服饰、发式，比如把晴雯比作"芙蓉女儿"等等，这些都是这层意思，也都是完全符合当今关于文化符号的理论的。其中还有讲到秦可卿房间里的摆设，写贾宝玉进了秦可卿的卧房，卧房壁上是唐伯虎画的《海棠春睡图》，然后说里边的各种摆设，有武则天当日镜室中的宝镜，赵飞燕的金盘，安禄山的木瓜，等等。所以刘心武先生就认为秦可卿来历非凡，你看她房间里头摆的都是什么，都是和皇帝有关，爱妃有关，充满了皇家的气氛。当然这些事不好分析，因为后来有些研究古典文学的朋友给我说，王先生你这个说得不对，你没有好好看那些明清的小说，明清小说的这种描写是陈词滥调，是当时描写的习惯，并不是特别写秦可卿，这个问题我们可以按下不表。我们可以说，这个总是流露了作者的一些不好说、不方便说、不想多说的东西，他不说出来以后呢，虽然增加了我们在解读上产生的困难，但是也增加了解读的乐趣。比如海明威有一个理论，说文学就像冰山，八分之一在外头，八分之七应该在水里头，也许《红楼梦》真正做到了。

《红楼梦》的符号重组的可能性，这也是到了现代和后现代所发生的一种文学试验，就是认为这些文学符号你可以再重新组合一下，就一些篇章章节你可以再组合一下，这种文学试验你可以说是旁门左道，你可以说它是标新立异，也可以说它是走火入魔。比如说扑克牌小说，小说写完就像扑克牌一样，然后你再一洗，洗完以后，第1页变82页，第3页也可能变，你重新再看，你会获得新的感受，这个是比较另类的想法和说法。但是把《红楼梦》各种文化符号进行重组，这个从《红楼梦》出来以后就从来没有中断过。曾经有很有名的索隐派，而且索隐派不是小人物而是大家，因为它的代表者是蔡元培。蔡元培就考证这个《红楼梦》，说《红楼梦》像密电码一样，它里面都有暗语，实际上提倡的是反清复明，说里面写的这些事写的都是反对清朝。里面许多考证，他讲得是头头是道，同时你又觉得匪夷所思。比如他说袭人写的是崇祯皇帝，为什么是崇祯皇帝？袭人这个袭是怎么写的呢——龙衣，穿龙衣的只有皇帝，否则谁敢穿龙衣，穿龙衣非杀头不可。贾宝玉写的是顺治皇帝，他为什么要舔胭脂，胭脂就是顺治皇帝的御玺，胭脂就是红颜色的印油印泥，每天都要舔胭脂，因为他每天都要盖章批文，这就是贾宝玉。类似的考证是越来越多，有的并不讲反清复明，但是也说这个《红楼梦》是描写顺治皇帝的，因为顺治皇帝在感情生活上也很复杂，表面上看他有许多伟大事迹，实际上他的生活很不幸。原因之一，就是除了皇帝以外，没有一个男子有这种艳遇、有这种际遇，生活在花园，周围都是少女，就有你一个少男，这简直是美死了，只有皇帝才可能，才有这种可能。直到近代、近现代，由于市场的发达，还有人分析《红楼梦》受欢迎，就是它投合了男人心里想而又不敢说的心理，就是希望一大堆美少女都围绕自己，这又是一种重新的解释。那么现在，尤其这几年，引起了相当大的反应的就是刘心武的这种猜谜说。他倒不是反清复明，他说《红楼梦》写的是宫廷斗争，因为刘心武是一个小说家，所以讲得是比较精彩，也掀起了相当的热潮，当然有人说他说得不对，这也自然，这个我不仔细说。我只说他这个符号是可以重组的。还有就是分析得更离奇的，最后分析是什么呢，分析林黛玉是刺杀雍正的刺客。对一部书能解释得这么神奇，能发挥想象力发挥到这种程度，一方面可能是不沾边的，另一方面也说明这个文本它提供的可能性太多。所以曹雪芹在后40回（是高鹗了），他最后总结说："满纸荒唐言，一把辛酸泪，都云作者痴，谁解其中味。"但既然"谁解其中味"，大家就爱怎么解怎么解吧，所以就变成了这样一个结果。还有过所谓《太极红楼梦》，当然这个受到各方面的嘲笑。有一位老先生说《红楼梦》是按照太极图加以结构，然后这本书居然出版了。我们假设这个人叫ABC吧，这部书上写着曹雪芹、ABC合著。这是发生过的事。还有一种说法就说这个《红楼梦》的实质是讲宇宙史。宇宙是怎样发生的、宇宙怎么样发展的、宇宙怎么样终结毁灭的，这个说法，被红学家斥为胡说八道，我觉得也有一点可爱之处，就是我们从《红楼梦》上升找到它和宇宙相同的东西，就是它既有荣国府时间，又有宇宙时间，我们从《红楼梦》里头可以看到荣国府的从发生到发展到衰败到灭亡，那么这个道理和宇宙的发生发展和衰败是分不开的。《红楼梦》写灭亡也是写得非常精彩的，它不是归咎为哪一个个别的坏人，或哪一件事，只要它是一种趋势它就不可避免。所以我觉得就是这些地方，这个人类重组符号这种努力，成为对人的智力的一个极大的诱惑。

最近一部大片马上要在中国上演了，已经演了没有我闹不清，在深圳演了没有？（没有）《达·芬奇密码》在深圳演了没有？《达·芬奇密码》是近年来最受欢迎的一部影片，它就是用达·芬奇的画进行符号重组，认为这里头隐藏着天主教会无数的秘密，所以受到罗马教廷梵蒂冈的抗议，但是你抗不抗议它反正是上演了。我写过一篇文章叫《〈达·芬奇密码〉和〈连城诀〉》，金庸的《连城诀》用唐诗来表现连城剑谱，《达·芬奇密码》是用达·芬奇的画来表现教派之间的斗争，说明这个诱惑非常大，总之人老是想把符号重新组合一下，摸索出新的意义来。我还看过一本书，是台湾出版的，很正规，是很高级的出版社出版的，叫《圣经密码》。说是外国人出的这本书，是美国情报专家、密码解密专家一块儿研究，研究的结果是《圣经》上对所有的事情都有预见，哪年哪年肯尼迪遇刺，哪年中东战争开始，哪年苏联解体，甚至里面还算出中国哪一年解体。这个有点傻，因为还没有解体的事情你不要算，你最好算那个已经发生的事情，生拉硬扯最后你算成了，你这就可以了，你算的时间已经过了，这证明解密专家不怎么样。所以我们从对《红楼梦》的各种解读当中，我们就可以看到符号重组的诱惑和符号重组的可能性。

我们再谈谈《红楼梦》的现实主义。《红楼梦》算不算现实主义的作品？我们可以说算，因为它里面有些地方非常写实，一次吃饭、一次过生日、一次喝酒、一次行酒令、一次游玩，一直到一次冲突，贾宝玉挨打，秦可卿的丧事，贾元春的归省，斗牌、猜谜，都写得非常真实；穿的什么衣、吃的什么饭、用的什么餐具、说话的声音以及每个人的语气、腔调，特别写实，写得真实。但里面也有许多非写实的东西，比如说衔玉而生，比如说他还编了一层又一层的神话故事，女娲补天已经是一个神话故事，那么在天宫里头神瑛侍者给绛珠仙草浇水这又是一个神话故事，有一个贾宝玉又有一个甄宝玉。所以它又不拘泥于写实，风月宝鉴这也不像写实，照正面是一个美女，反面是一个骷髅，这都不像写实。所以你用简单的写实的眼光来要求《红楼梦》这是不对的，他又强调"满纸荒唐言"，他并不说我写的都是实际，但是他又在说事迹情理不敢穿凿，就是说他在人物的逻辑、情节发展的逻辑上，他是很写实、很认真的，我觉得这样一种中国式的写作方法，并不执着而带有一种相当大的灵动性。再比如说他还有一些处理，这些处理和写实小说的要求是不相一致的，所以有一个争论不休的问题就是"钗黛合一"，作者是喜欢薛宝钗还是林黛玉？俞平伯曾经说这个钗黛实际上性格显著不同，但是他又讲两个人之间有许多相像的地方，他的各种判词、诗都把两个人合着写，"可叹停机德，堪怜咏絮才"，"停机德"指的是薛宝钗，她像孟母那么高的德行；"玉带林中挂，金簪雪里埋"，"玉带林中挂"就指的是林黛玉，这个很浅俗了,玉带也就是黛玉,金簪——宝钗"雪里埋";他唱的是:"都道是金玉良缘,俺只念木石前盟。空对着,山中高士晶莹雪;终不忘,世外仙姝寂寞林。"他把这两个人合在一块儿写,这两个人——从现实上来说——他们的情感、他们的思想方式是针锋相对的,但他们又不是仇人,有些地方还写到他们的姐妹之情,林黛玉后来也很服薛宝钗,觉得薛宝钗在很多地方都对人很好很厚道。但你从理念上来说又突出表现了人的两个侧面,林黛玉是性情的、自我的,一种深层的一面,而薛宝钗是一种文化的、社会的、注意人际关系的那一面。所以,有人问过我你对林黛玉有什么看法,我说林黛玉感情太深重,如果一个人一辈子被林黛玉爱过一回,最后怕是被逼得跳井,也还是值得的。所以这个薛宝钗和林黛玉的这种关系,我们仅仅用现实主义来解释不十分的满足,因为这里还有一种理念,就是人的两方面,可以说实际一个人很难做到很纯粹的境界。

《红楼梦》里面的有些说法也非常有意思,含义也非常深,就说"假作真时真亦假,无为有处有还无",这个指文学的真实,你如果变成了对档案的考证的真实,也就无趣了,真中有假、假中有真,亦真亦假、假假真真,这种中国式的说法和现今的、现代的、现实主义、现代主义的自我表现,表现再现的这些争论也都联系得上。当然非现实的描写还有一些了,像马道婆的巫术这样的一些东西。

最后我再讲一下《红楼梦》与结构主义和结构现实主义的

关系。这个结构主义和结构现实主义不是一个概念，结构主义是从语言学的研究出发的，认为文学的许多东西其实可以用一个句子或者用一个原型、用一个语法加以解释，我觉得这些很好玩（我说得不清楚，因为我对这个没有研究）。《红楼梦》里头有一个非常有趣的现象，因为他写到的人物非常多，这些人物里它往往形成一种对称，既有相似的又有相反的。譬如薛宝钗和林黛玉这是一个对称，薛宝钗和她哥哥薛蟠又是一个对称，薛蟠和贾宝玉又是一个对称。薛蟠和贾宝玉有很多共同之处，虽然薛蟠那么粗俗，贾宝玉比他高得多、比他可爱得多，这是一个对称之处。晴雯和袭人是一个对称，但是晴雯和林黛玉又是一个对称。晴雯和林黛玉好像是一种同义或者近义关系，好像是同义词或近义词，晴雯和这边袭人、薛宝钗变成了一个反义词的关系。尤二姐和尤三姐又是一个对称。所以《红楼梦》在人物的结构上，它是非常与众不同的。

我们知道在拉丁美洲以略萨为代表的《绿房子》等等，有一个很有名的说法即所谓结构现实主义。这个结构现实主义按照我的肤浅的理解，就是说他对一个事物和环境的描写是立体的，通过这种立体的描写，他可以有不同的感受，围绕着不同的视觉、围绕着不同的眼光，不同的人物可以有不同的感受，这一点在中国的章回小说里面是没有的，在《红楼梦》里头有。就拿整个的贾府来说，先有一个冷子兴演说荣国府，贾雨村和冷子兴一块儿喝酒、一块儿吃饭，然后就谈起来这个贾家的事情，然后冷子兴有一个鸟瞰似的对贾家整个的描写，对贾宝玉的性格分析，从阴阳五行的清浊二气。然后呢，又有一个林黛玉，进入到荣国府，是由贾雨村把林黛玉送到了荣国府，林黛玉眼中的荣国府。然后又有元妃眼中的荣国府，当然这之前是大观园了，大观园是贾政带着贾宝玉试才题对，到处题字啦、题对联啦、题这个匾，这是一个过程。然后又从刘姥姥这三进大观园，写的都是荣国府，写的都是大观园，这实在是写得很高明，既是对人物的描写，也是对情节的描写，又是对环境的静态描写。这个大观园你如果要用西洋那个巴尔扎克的办法，一上先写环境，你可以肯定前三章都是讲荣国府的建筑、环境和各种屋子，这个屋子都住了些什么人，每个人和每个人之间是什么关系，那个时候没办法读得下去，当导游寻读是非常困难的事，这也是一个我至今没完全解决的问题。虽然我多次阅读《红楼梦》，但是我愿意同各位老师同学共勉，把《红楼梦》的结构再研究研究。有时候它还带一点原小说的味道，作者跳出来说话，贾府里有很多很多的事不知道从何说起，现在我们从最不重要的说起吧。刘姥姥就是这样出场的。本来前面有这么多的事，并没有吸引着读者，后来又出来一个，刘姥姥这本来和荣国府最没有关系，还带着一个板儿，打秋风，就是穷亲戚找阔亲戚要点钱，吃吃喝喝，要点钱、骗吃骗喝骗钱。所以我们从《红楼梦》的结构上也可以看出这方面的特点。我介绍这些方面的情况，我想说明一个东西，就是我很早就提出来的也有很多红学家不喜欢的这个说法，我说一个杰出的作品它具有一种用不同的文论加以解读的可能，一部杰出的作品有一种耐方法论性，你用不同的方法都能从中找得出结论来。从阶级斗争的观点，毛主席说《红楼梦》是阶级斗争，《红楼梦》一上来就是多少条人命，计算有多少命案，金钏是被王夫人迫害而死，晴雯是因什么而死，秦钟因什么而死，贾瑞算不算是被王熙凤迫害而死，还是性骚扰不成而死，人命多少。然后再说账目，你看快过年了，庄户头子带了多少礼物来，你用这个角度可以。王国维用叔本华的生存的悲剧、欲望的悲剧说也可以，包括用一些非常现代的一些观念、一些命题、一些语言，你都可以从《红楼梦》中得到呼应，这实在是一种快乐，也说明，《红楼梦》作为中国的一个独一无二的文本，它所提供给我们的这种欣赏和知识，或者说它的可能性还远远没有穷尽。对不起，我东拉西扯讲了这么一些，请大家多提批评、多提问题。

主持人：

非常感谢王蒙老师，今天下午用这么短的时间和这么开阔的视野，把《红楼梦》里的奥妙给我们展示出来。下面的时间，请我们今天下午参加演讲会的老师和同学自由提问。

问：《红楼梦》的研究究竟向何处去？

答：《红楼梦》是中国的一个永远的话题，它的研究正如章校长提到的，我认为基本上有三种：

第一种是对《红楼梦》进行历史学、版本学的考证。这个东西应是非常科学、非常严格的,对曹雪芹的家世,对版本的演变,对高鹗等等,但是不是事实上这个科学还不成立呢?原因在哪儿呢,材料少、问题多,所以许许多多的论断都仍然带有一半材料一半猜测性质,如果你不加猜测,这个材料你没办法找到,材料你找不到,人证物证什么都找不到。

第二种,把它作为文学作品来研究。作为文学作品来研究它又有相当的主观性,因为它有一部分是欣赏,是接受美学,接受美学很难进行科学的界定和考证。比如有人说我很喜欢贾宝玉,有人说我不喜欢贾宝玉,有人说我喜欢林黛玉,有人说我喜欢薛宝钗,比如说周汝昌周老他最喜欢的是史湘云,他说史湘云太可爱了,简直找不到比史湘云更可爱的。我都觉得这周老对史湘云很有找到了红颜知己的那种蓬勃的青春的感情,我都很羡慕。那这种东西,你说,谁对谁不对?有人喜欢晴雯,有人并不喜欢晴雯;有人很讨厌妙玉,有人很同情妙玉,当然还有许多其他的,我讲的大部分都属于这一类,但我并不认为我是方向,我哪是方向啊,我这是业余爱好。

第三种,就是趣味研究。《红楼梦》里面还有很多趣味问题,他没写到的一些情节,他有意避讳的一些情节。比如说"寿怡红群芳开夜宴",俞平伯先生就画过一个平面图,就是他们的座次,究竟都是怎么坐的。我认为这是属于趣味研究,这非常好。这个文字上啊,有许多趣味型的研究,包括刘心武先生的什么猜谜，这也是趣味研究，因为你说你用什么东西来证明它或者说用什么东西证伪，根本不可能，怎么办？不能证明的你很难证伪。这个，欧洲早就有一种哲学的观点，认为科学的定义在于它就是可证伪的，证明是很困难的，但是它必须是能拿出一个东西来证伪。什么意思呢？比如说一个定律，这个定律是根据一百次试验都得到了相同的结果，这就是定律，但是这仍然不能证明，从严格逻辑上还不能证明，因为如果第一百〇一次的结果是另外的，也就推翻。反正有一些东西是不可以证伪，所以这种趣味性的研究只能够是各抒己见，但是你可以讲他的破绽，比如他的这个研究是有破绽的，那个研究它不符合常识，那个研究不符合历史，这都是可以的。但是《红楼梦》研究一个很大的好处，就是它可以使三教九流都对它产生一点兴趣，你可以谈中国的文字，还有人研究红楼宴，而且这个北京中山公园的什么餐厅号称能做这个红楼宴。《红楼梦》里面还有最具体的茄子的做法，但按照《红楼梦》的做法是非常难吃的，所以证明《红楼梦》是小说，不是烹调手册，不是烹调学，不是cook。但是从我个人来说，也和章校长刚才所说的一样，我们更喜欢把它当作一个文学读物，为什么呢？《红楼梦》发行那么多，各种版本那么多，大家读它，因为它是小说，很少为了查历史事件而读《红楼梦》。

问：关于教育，政治是禁锢人的，教育是解放人的，所谓道不同不相为谋，关于政教统一的问题；知识分子的问题，现代知识分子在现实受到限制，我们当今的知识分子以什么态度解决问题；关于放弃崇高，接受痞子文化，以什么姿态去面对生活？

答：三个大问题。第一个问题，我想关于政治和教育，我们与其进行那种超级的原则讨论，不如把它具体化，就是说我觉得是一个国家的政府和一个国家的执政党应该怎样来管理教育更好。因为全世界，我知道包括所有的西方国家，包括美国，没有文化部，但其有教育部，说明它都是管理教育的政府，都对教育管理有不可推卸的责任。怎样管理更成功，更出色，我想这不是我所能回答的。第二个问题，关于知识分子，这个问题又是非常大，中国知识分子曾经经历过几百年以来非常巨大的变革和革命，我们曾经是处在那个后革命但是仍然延续着以阶级斗争为纲的这样一个时期，这里面我们面对许许多多的问题是同国外不一样的，所以中国知识分子的选择，也应该有自己的对世界、对时代、对中国的国家情况的认知在里面，这个东西不是我们用一字一句可以回答出来的。我乘机向你推销一下，明天我签名售书的自传第一部《半生多事》，我相信你读了这本书以后，对你所说的问题能有参考。第三个问题，躲避崇高，是我好多年前写的一篇关于王朔作品的分析，对于这个作品我既有理解也有保留，并不是我提出的一个口号。另外对王朔的作品能不能简单地归结为痞子文学，我也持怀疑的态度，如果中国的痞子都能像王朔那样写出小说来，那我们中国的文学状况是何等的辉煌。我们所说的痞子应该是既不能写小说又不能写诗，既不好好劳动又不好好赚钱那些人，至于《青春万岁》表达了新中国的第一代青年，对革命的胜利、对新中国建立的那样一种充满阳光的心情，这是那个时代的真实，也是我们这一辈人的生活的亮点。

问：《红楼梦》里面有没有女权主义和女性主义？

答：我个人阅读的感觉，我觉得《红楼梦》的作者本身就没有一个女性主义或者女权主义的自觉，但是他从生活出发，从他自己的经验出发，所以他对女性们确实抱着一种比其他的小说更多的好感，尊敬和褒扬，尤其是我们如果拿《红楼梦》和《水浒传》相比。那个《水浒传》对女性太不像话了，它描写宋江那种英雄怎么样杀女性，那种残酷和野蛮，我对中国的英雄有过这样的纪录感到非常的羞愧，起码我和宋江同属一个性别，所以《红楼梦》在这些方面比他们强，但谈不上女权主义和女性主义。

问：文学评论和科学的关系是什么？

答：文学评论和科学是什么样的关系？我个人感觉是不可以一概而论的，这里面有的可能带有一种科学的色彩，但是这里面都带有一些属于赏析、赏读这种性质，这种性质属于审美的性质，这种审美的关照你很难把它科学化，因为你很难把它细化，很难对它做定性、定量的分析，所以它应该是另外一个学问。但是这个即使不属于很严格意义上的科学，也不等于完全是一种主观的可以胡说的东西，因为它毕竟有一种根据、被认同的程度这样的一个问题存在。

问：对深圳的文学、文化及文化产业发展有何看法？

答：深圳是一个新兴的城市，深圳的教育、文化、文学创作、艺术、演出还有各个方面，还处在一个新兴的状况。新兴的意思是，从历史来说，也许并没有那么多的积淀，但它向上、朝气蓬勃、有希望，至于在深圳来讨论研究文化产业的事，我觉得是非常好的事。

问：关于超女这种时尚有何看法？

答：我现在，不想掺和关于超女问题的讨论。对于时尚，我一般来说，既不趋之若鹜，也不痛心疾首，人家一时尚弄得我那么痛心干嘛！趋之若鹜，起码我也有技术上的困难。我怎么时尚呢？关于超女的问题你一问，我只能逃之夭夭。（笑）

主持人：

今天下午，王蒙老师特别到我们深圳大学来做了一个非常富于智慧、知识面非常开阔的这样一个精彩的演讲。相信王蒙老师这个学术演讲，对于我们深圳大学的文学教学和研究，对于人文精神的培育，会产生持久的指导作用，在这里，我们再一次以热烈的掌声，对王蒙老师表示最诚挚的感谢！

（根据2006年5月12日在深圳大学的报告录音整理）

放谈《红楼梦》诸公案

所谓放谈《红楼梦》诸公案,就是指和《红楼梦》有关的各种争论,现在已成为了一个公共的话题。我作为一个"红迷",对这些争议有一些自己的看法,但这些看法基本属于业余爱好。所谓"放谈",是因为我对这些问题没有做过科班的研究,只是随便说说。

我知道,关于《红楼梦》的争论有的也很有趣,清朝有"拥薛"和"拥林"的两位老头,一位说薛宝钗可爱,一位说林黛玉可爱,争论到最后演变成了肢体接触。所以,我今天的"放谈"万一不小心触到了某一学派的观点,或者触到了知识上的"地雷",我事先告饶一下,我绝没有赞成哪一派,或者反对哪一派,只是谈一下自己的看法。要是不小心冒犯了哪位学者,我愿意再去接受一次知识的启蒙;反过来,如果我无意中迎合了某个学派的观点,欢迎大家组织"专案调查",我绝没有喝过那个人的酒,也没有收过红包,我可以用我的身家性命担保。

《红楼梦》争论最多的一个问题是，《红楼梦》的主题到底是什么？这个问题有各种各样的答案，我就我所知道的，引用一下。一是以王国维为代表的，运用叔本华的哲学来解释，认为《红楼梦》的主题是欲望的悲剧，或者说是人生的悲剧。王国维说，《红楼梦》一书与任何喜剧相反，彻头彻尾是悲剧也。叔本华有"男女之爱是形而上学"的理论，王国维就用这个理论来介绍《红楼梦》。叔本华认为，人生就是欲望，而欲望永远没有止境，人生的欲望就像乞丐乞讨，得到了一点，不是满足，而是期待更多！

有人认为，不仅叔本华有这种思想，老庄也有这种思想。老子曰："五色令人目盲，五音令人耳聋，五味令人口爽，驰骋畋猎令人心发狂，难得之货令人行妨。"老子又曰："天下皆知美之为美，斯恶已；皆知善之为善，斯不善已。"得到的越多，产生的不满足会越多。佛家认为，爱恋生贪欲，贪欲生嗔怨，嗔怨生烦恼。

林黛玉最爱的是贾宝玉，但是嗔怨最多、烦恼最多的也是贾宝玉。这样的解释和《好了歌》也是一致的，歌里唱道，"世人都说神仙好，唯有功名忘不了；古今将相在何方，荒冢一堆草没了……"

王国维认为，《红楼梦》给人最大的教育就是思想的解脱。但我个人认为，看完《红楼梦》之后，既得到了解脱，同时也变得更加执着。《红楼梦》说，"好"便是"了"。但《红楼梦》

本身有另一面,"好"便是"好","了"便是"了"。曹雪芹作为一个没落贵族的后代,描写吃螃蟹、过生日、作诗、元妃省亲很是欢快,这怎么是"了"呢?何等富贵荣华啊!"……烈火烹油、鲜花着锦之盛"!所以,从逻辑上看,《好了歌》并不能让人真正的"了"。"古今将相在何方,荒冢一堆草没了。"古今将相死后是荒冢一堆,但活着的时候,依旧是将相啊,活着就要建功立业!

《红楼梦》又名《风月宝鉴》,这风月宝鉴正面看是美人,反面看是骷髅,意为美人终究要变成白骨。其实这是没有说服力的,美人就是美人,我们说的是"现在",没必要考虑八十年之后的事,八十年之后,我们都将变成白骨。所以,看《红楼梦》会让人感到非常矛盾,看到"好"的地方还真是好,看到"了"的地方未必了。

也有人把《红楼梦》的主题思想解释成阶级斗争,其代表人物是毛泽东主席。毛主席说,《红楼梦》我看了五遍,但没有受其不好的影响,我把它当历史读,里面阶级斗争很厉害,有几十条人命!毛泽东还有一句名言:《红楼梦》是王、薛、贾、史四大家族的兴衰史。这种观点完全符合毛泽东的身份,如果毛泽东看《红楼梦》就看黛玉葬花、黛玉悲秋之类的,那就不是毛泽东了。所以,毛泽东的见解的确很有独到性、启发性,说明《红楼梦》里的确写到了很多阶级斗争,当然,这是不是曹雪芹的原意,我们就不知道了。如果我们让曹雪芹复活,告诉他,你的作品已经被毛主席概括为阶级斗争史,我相信,他会吓一跳。

第三种看法呢,跟毛主席的观点有些接近,但不像他这么尖锐,认为《红楼梦》的主题思想是反封建。里面描写了大家族对少女的迫害,晴雯、金钏等的命运,毫无自由恋爱可言,毫无人权可言,毫无民主可言,《红楼梦》在客观上对封建社会确实有很深刻的控诉。这种反封建说在今天是占有主导地位的,从李希凡先生起,到现在的冯其庸先生等,都是强调《红楼梦》的反封建,而且把反封建和明末清初中国出现资本主义萌芽联系起来。

我个人认为,大致上,反封建的思想在《红楼梦》里确实存在,因为曹雪芹写出了封建礼法、意识形态、家族观念对青年人的戕害。是不是这些都和资本主义萌芽有关系呢?有时候我也犯糊涂。比如,有人认为,贾宝玉说,女孩子可爱,女孩子是水做的;男人不好,男人是泥做的。把这个看成能证明贾宝玉有妇女解放思想,我不同意,这和女权主义不沾边。贾宝玉喜欢女孩和男作者的"弗洛伊德"心理有关。我在自己14岁到22岁期间,怎么看怎么觉得女孩比男孩可爱,而且,我还有一个理论,女孩容易革命,因为在旧社会,女孩受的压迫更深。我个人认为,说《红楼梦》反封建是不错的,但这是不是它的主题思想呢,我看没有这么简单。

第四种观点是把《红楼梦》说成是爱情悲剧,有情人难成眷属。在"文革"期间,曾经反复批判资产阶级的红学观点,即爱情主线说。这个观点认为,《红楼梦》的主线是宝黛的爱情悲剧,但被狠狠地批判了,认为这个观点是资产阶级观点,没有把注意力集中在阶级斗争上。说《红楼梦》是爱情悲剧,是符合事实的;说《红楼梦》是以宝黛的爱情悲剧为主线,也是符合事实的。其他的部分写得也很精彩,但是没有这个突出。

以上这是第一个公案,对于这第一个公案,我简单做一下评论,我觉得,对《红楼梦》的主题思想不要企图用一个简单的命题,一个简单的主谓宾结构就把它说清楚,《红楼梦》本身是一部立体的作品,其中包含着金、木、水、火、土,包含着喜怒哀乐、生老病死、悲欢离合。因此,对《红楼梦》的主题也应该进行立体的研究和阐述,而不能用一句话来概括。

第二个公案是关于宝钗和黛玉的,《红楼梦》在处理宝钗和黛玉时与众不同。在太虚幻境中,有关宝钗和黛玉的判词,是把这两人合着一块儿描写的。"可叹停机德,堪怜咏絮才!玉带林中挂,金簪雪里埋。""停机德"指的是薛宝钗,她很有德行,她很符合封建道德的标准。"堪怜咏絮才"、"玉带林中挂"是指林黛玉,"金簪雪里埋"就是指薛宝钗了。"都道是金玉良缘,俺只念木石前盟。空对着,山中高士晶莹雪;终不忘,世外仙姝寂寞林。叹人间,美中不足今方信:纵然是齐眉举案,到底意难平。""金玉良缘"讲的是贾宝玉和薛宝钗,"木石前盟"是指贾宝玉和林黛玉,"空对着,山中高士晶莹雪"指薛宝钗。从曹雪芹来看,他并没有认为薛宝钗不好,但贾宝玉始终爱着林黛玉,这是《红楼梦》最尖锐的问题，从清代起，大家就为此争论。

第一种观点是"拥黛抑钗"，认为林黛玉真诚、重感情、单纯，而薛宝钗是阴谋家，认为她从进入荣国府那天起，她的每一项行动都是为了当贾宝玉夫人。

第二种观点认为薛宝钗好，宝钗宽厚，黛玉促狭；宝钗身心健康，黛玉颇多病态；宝钗令人愉快，黛玉平添烦恼；宝钗能做贤妻良母，而黛玉不能。我记得在重庆时，曾说过，要是能被林黛玉爱上，那将是一件非常值得的事；但很可能在婚后会被林黛玉逼得跳了井，但即使跳井，那也是值得的，死而无憾。

第三种观点是"钗黛二元论"，即在小说中，喜欢林黛玉，在实际生活中，喜欢薛宝钗；谈恋爱的对象可以是林黛玉，但老婆得是薛宝钗。

第四种观点是"钗黛一元论"，以俞平伯先生为代表，认为薛宝钗和林黛玉是"双峰并峙，二水合流"，她们各代表人生的不同方面。林黛玉是性情的，薛宝钗是理智的；林黛玉是瘦弱的，薛宝钗是健康的；林黛玉不擅长社交，而薛宝钗擅长。

薛宝钗代表了一种文化，而这种文化在别人看来是假的，就像鲁迅评论刘备，他认为，刘备太仁义了，所以大家就觉得刘备虚伪。但实际上，读者又看不出曹雪芹把薛宝钗当成一个伪善者。作者为什么把这两个人做了统一和相关的处理，薛宝钗和林黛玉确实是两种不同的性格，这也是人类面临的两难选择。

这两种性格不仅在中国的书中有，在外国的书里也有，安娜·卡列尼娜偏重于感情,她的丈夫偏重于理智。所以,我们要从不同的角度看,所有的人物都是出自作家之手,都代表着作家的观念。曹雪芹认为,人性这种两难的选择在文化与性情之间,在理智与感情之间,在真诚与礼法之间。从这个意义上看,《红楼梦》也提出了极为有趣的问题。

第三个公案是《红楼梦》人物阵营的划分与价值判断。1949年后的"新红学"都习惯把《红楼梦》中的人物分成两大阵营,一大阵营就是封建主义、封建体制、封建意识形态的维护者,其中包括贾母、贾政、王熙凤、袭人、探春。

王昆仑先生很早就提出,袭人是贾母和王夫人派到贾宝玉身边的特务。著名美学家王朝闻先生写过一本三十万字的《论凤姐》,里面就专门有一章批判探春,认为探春是站在封建统治者的立场,维护封建专制的利益,她的聪明智慧只能反映她的狰狞面目。

贾宝玉、林黛玉和晴雯是封建统治的反叛者,尤其是晴雯。这两大阵营的划分是有道理的,我认为这可以帮助我们理解《红楼梦》的人事格局,但这样的划分又是不严格的,可能把事物简单化。我尤其不赞成全面否定探春,探春在大观园里实行"包产到户",劳动大众很是拥护。在搜检大观园时,反封建的象征如贾宝玉、林黛玉者,一声没吭,而只有探春对搜检大观园进行义正词严的批判。所以,简单地用一分为二的方法来进行划分是不全面的。

第四个问题是关于《红楼梦》是不是自传,即"另有本事",除了我们现在看到的《红楼梦》外,是不是曹雪芹当时真的有一个这样的经历?曹雪芹是南京人,家里也经历了很曲折的事,这是第一个"另有本事"的含义。

第二个"另有本事"的含义是曹雪芹在写作过程中由于种种世俗的原因,很多内容运用了曲笔的写法,除了表面上的故事外,里面还有一个作者没有写出来的故事。胡适说过,《红楼梦》的作者是曹雪芹,《红楼梦》是一部隐去真事的曹家自述。

说到《红楼梦》"另有本事"的,还有更进一步的一派,那就是索隐派,认为《红楼梦》实际上是一本密码,其中心思想是反清复明,贾宝玉影射的是顺治皇帝,袭人是崇祯皇帝。"袭人"就是"龙衣人",穿着龙衣的自然就是皇帝了,不是顺治,就是那个失败者,崇祯皇帝。

还有更奇特的说法,什么《红楼梦》写的是宇宙发生学,什么太极红楼梦,什么林黛玉是刺杀雍正皇帝的刺客,说不胜说。

最近,比较流行的说法是《红楼梦》的谜语说,特别是刘心武,他在中央电视台以这个观点讲了《红楼梦》,又出了书,还引起了争议。来上海之前,我在四川,媒体的朋友就让我为此表态,我十分警惕,这事千万不能随便表态。我没有听刘心武的七讲,也没有看他的书,就看过他写的一篇关于秦可卿的文章,我现在看来也挺有道理的。他认为,秦可卿是从孤儿院里出来的,但贾家很讲门第,因此可能性不大。而且,秦可卿模样又标致，行事又大方，她的风度举止也很完美，得万千宠爱于一身，又是王熙凤的知音。我还有一点补充，秦可卿和她的弟弟秦钟反差太大，秦钟简直像个猴子一样，还没进化完呢，我在这儿也不能多说，说多了，有点不符合精神文明的原则。

最近，我听说还有一个新的说法，觉得也很有道理。《红楼梦》里写到，秦可卿的闺房里有赵飞燕、武则天、杨贵妃等人使用过的用具，都是皇家器皿。于是，刘心武先生认为，秦可卿的出身并不寒微，而是贵族出身。我学问不够，当时听刘心武先生这么一说，觉得很不错。

后来，有几个高校里教中国小说史的教授跟我说，那时候的小说写到貌美风流的女子都这样描述，这是套话，根本不是什么凭据。究竟谁说得对呢？我说不清楚。有时就会陷入这样一个怪圈，觉得这个观点有道理，那个观点也挺有道理，无所适从。胡适、俞平伯都分析说，贾珍和秦可卿有乱伦的关系，因为秦可卿淫丧天香楼是一个证据。另一个证据是，秦可卿死的时候，贾珍哭得像一个泪人儿。

但近几年周汝昌分析说，贾珍和秦可卿没有问题，他说，如果公公和媳妇之间有问题的话，贾珍应该唯恐避之不及才是，反之，不就是不打自招吗？听了这话，我也觉得挺有道理的。在工作生活中也有这样的情况，有的一男一女之间可能存在暧昧关系，但他们的行为都非常隐蔽，根本想不到他们有这样的关系。

我说这些东西,想表达的意思是,对《红楼梦》"本事"还只是猜测多,证据证物少,真正能做出结论的证据几乎没有。《红楼梦》写到的内容太多,头绪太多,人物也太多,不可能一一交代清楚,于是留下了大量的空白,而填补这些空白就是阅读的极大乐趣,是小说对读者的极大诱惑。

海明威说过,作品是冰山,只露出八分之一,还有八分之七在水里。我们在阅读作品的时候,往往对这八分之七产生极大的兴趣。所以,对《红楼梦》"本事"的讨论是一个不可避免的诱惑,但不可能完全证明真伪。

我个人觉得,刘心武的贡献在于他找出了《红楼梦》的一些细节之处,比如关于秦可卿的出身、关于元妃的病等等,对这些做出解释对于一个写小说的人如刘心武来说,是一个难以克制的诱惑,但他解释得过于凿实了,使自己易陷于被攻击的境地。"猜谜"要适可而止,不然就会引起很多非议,这是我的见解。同时刘心武的猜测与分析,引起了读者的巨大兴趣,引起了轰动,掀起了新的一轮读"红"谈"红"、研究《红楼梦》的高潮,这个事实是不能否认的。

比"猜谜"更厉害的是索隐派,有人认为世界上很多事物都带有符码的性质,在符码背后有没有说出来的话,甲骨文、电报都是如此。诸葛亮夜观天象,知晓天下大事,世界上其他国家也有人把星星的组合当成符号分析人间的事情。

蔡元培等人把《红楼梦》作为密码,也想从中破译出一些东西来。这可能从学理上看是不成立的,但确是一种智力游戏,可以不相信他,但我看的时候也确实为其拍案叫绝。

对"红学"的研究实际上是非常芜杂的,有关于"史"的研究,比如研究曹雪芹的家史;有图书学方面的研究,比如关于《红楼梦》的各种版本的研究;有民俗学、文化学方面的研究,比如其中提到的某种纺织品、某种建筑。以上三类,是可以算作学术的。除了这些以外,还有属于文学欣赏方面的一些感受、感悟、联想、审美等,这些比较难以量化讨论。也无法用学术规范来规范它。此外,应属于趣味性讨论,更与学术规范无关。不可否认的是,对《红楼梦》还有意识形态的研究,封建与反封建。仍然不是纯粹的学术问题。

《红楼梦》的研究分很多方面,有很多并不符合学术规范,即使从史学的角度研究《红楼梦》,我们也面临着一个窘境,即材料少、课题多、空白多。"红学"的相当一部分"学",并不是拉丁文的那个 logic,而只能是 topic,就是有关《红楼梦》的话题。当然这样的话题,有人谈得比较谨慎,有人谈得比较粗放,有人谈得比较有根有据,有人谈得偏于想象,还有的是故作惊人之语,乃至等而下之的胡言乱语,它们之间还是有高下的不同、学问底蕴的不同与境界的区别。所以,对研究"红学"的各种派别,我们也只能希望其自成一家、自圆其说,以供大家参考。对于猜测多的东西,我们可以举一些相反的例证根据与之商榷,却难以不准他猜测或不准他公开自己的猜测。

第五个关于《红楼梦》的大问题是，后40回是续作还是原作，尤其是高鹗在其中扮演的角色。胡适、俞平伯考查出来，《红楼梦》后40回是高鹗的续作，这大致上已经成为了定论。

　　现在，有很多红学家对《红楼梦》的后40回抱有一种愤怒、谴责的态度，认为后40回的续写很不好，歪曲了曹雪芹的原意。曹雪芹说过"白茫茫大地真干净"，最后结局应该是荣国府、宁国府财产被抄，家破人亡，只剩两间空房子。可是，由于高鹗的封建思想严重，写贾宝玉在出家前让薛宝钗怀上了他的后代；他当了和尚后，还让皇帝封了个"文妙真人"……红学家们认为这样的结局简直是胡闹，糟糕透了！这种观点也是被广泛接受的。

　　但在这个问题上，我时常自己和自己过不去，有很多想不通的地方。第一，从理论上说，我认为，续书是根本不可能的。古今中外，没有这样的例子，不但给别人续书不可能，给自己续书也是不可能的。哪怕是重写一遍也是不可能的，哪个作家把稿子丢了，再重新写一下，写出来的肯定和第一遍是不一样的。

　　第二，不管如何批判高鹗，基本上没有哪家出版社出版《红楼梦》敢只出前80回的，即120回已经被大多数读者所接受。

　　第三，有些学者认为《红楼梦》前80回和后40回在语言上是一致的。如果没有原作做依据，这是不可能的，毕竟两者所处的时代不一样，语气词、助词、句式等都是不容易相同的。

第四,那句"白茫茫大地真干净"让我很想不通。《红楼梦》里人物众多,重要的人物有上百个,到了后面几十回,每章得死三到五个人才行。真要做到"白茫茫大地真干净",我看,只有一个办法,必须在最后几章,在荣国府、宁国府门口架起一挺重机枪进行扫射,要不,这么多人怎么死啊?把一个活的人物写死是非常难的。现在还好办,电视剧想让谁死,让他得个白血病就行了。写林黛玉的死写得多好啊,贾母的死也写得很棒。当然,现在我有另一个想法了,不用架重机枪了,让贾府传染上禽流感就得了。

第五,什么叫悲剧?贾宝玉出家了,探春远嫁了,史湘云守寡了,迎春被丈夫折磨死了,林黛玉也死了,薛宝钗即使有个贾太太的头衔,但也只是过着很悲惨的生活。

举个例子,如果一架飞机失事,机上400人全部遇难,大家一定会觉得这是很恐怖的一件事,但并不觉得特别悲哀。但是,假如还有两个幸存者,向世人不断讲述飞机坠毁时惨烈的景象,这岂不是更悲哀的事吗?

《小兵张嘎》中有个很经典的场景,日本兵屠杀完我们的老百姓后,张嘎跪在奶奶的尸体旁声嘶力竭地痛哭,喊着"奶奶!奶奶!"我们设想一下,如果张嘎也死了,"白茫茫大地真干净",地上全是尸体,那谁也甭哭谁了。悲剧不是让当事人全都死光了,留下一个次要人物反而更能见证悲剧。

我觉得,后40回的扑朔迷离与前80回的预示预言稍稍有些不切合，这并不奇怪，曹雪芹自己写也会时时变化，不符合预期。这更增加了《红楼梦》的魅力。当然，后40回确实没前80回那么精彩，灵气也没那么足，有些地方格调也比较低。

据说现在又要重拍电视连续剧《红楼梦》了，请了一批红学专家来研究，按照他们的主导意见来设计后40回。我觉得很可怕，因为红学专家的意见即使在学理上是一百二十分的正确，但没有细节，没有语言，没有形象的描写，没有道具，仍然不可能是艺术的文本，只能是学理的估计。靠学理估计是搞不好电视剧的。如果让现代的人来按照学者的判断来写《红楼梦》的剧本，那肯定带有新中国的气息，所用的语言已经不是原作中的语言了。我想说的是，即使高鹗的续作有几百个缺点，但是，我们今天任何人的改（续）写肯定远远赶不上高鹗。

第六，关于《红楼梦》的创作方法，这也是一个争论。最早胡适提出，《红楼梦》是自然主义，并认为写得平平淡淡，但还不是彻底的自然主义。他说，贾宝玉含着玉就出生了，这不是真正的自然主义。胡适的学问确实很大，我们对他的评价也很高。但他对《红楼梦》的批评我实在不敢接受，他是从妇产科学的角度来考证小孩出生时嘴里应该含什么。曹雪芹不知道什么是现实主义，也不知道什么是自然主义、浪漫主义，很随意性地写作。

当然，《红楼梦》里绝大多数篇章是现实主义。在描写尤二姐、尤三姐时，更多地运用了古典主义，非常戏剧化。《红楼梦》

是反戏剧化的，大多数描写都是非常生活化的，唯独写到尤二姐、尤三姐，就非常戏剧化了，因为这段经历曹雪芹是没有的。

我举一个例子，尤三姐爱上了柳湘莲，从此她变成了淑女，柳湘莲听说了尤三姐以前不是良家妇女，就来退婚，想把自己作为订婚礼物送给尤三姐的那把剑要回去，于是，尤三姐拔出剑来，自刎而死。

我对这个情节很是怀疑，柳湘莲没有必要把剑开锋后送给尤三姐，毕竟只是订婚的礼物，不是实战用的武器。第二，我质疑的是，尤三姐没有学过解剖学，她一刀下去不应该这么准确地就割断动脉了。第三，柳湘莲武功非常好，他看见尤三姐要自杀，飞起一脚就可以踢掉她手里的剑。所以，这些也是戏剧化、非现实的，但这对读者、对写作者来说没有关系，曹雪芹没有义务只能用现实主义进行创作。

还有许多其他的"公案"，例如，一是什么叫"红学"？这本身是个最原始的问题，但这个问题争论最多。有些老专家指出，"红学"一指"曹学"，二指"版本学"，三指"文化学"，因此把《红楼梦》作为一部小说来阅读，分析其艺术成就、主题思想、人物故事、结构特点等方面，这些文学赏析与文学评论不能算"红学"。当然，也有很多人反对这个观点，但都没有结论。二是关于曹雪芹的身世以及《红楼梦》作者的争论。现在，99%的人认为《红楼梦》的作者是曹雪芹，但一直有人提出，曹雪芹不是《红楼梦》的作者，只是编辑者，这个我就不细说了。关于曹雪芹身世的争论更多些,有"冀东说"和"辽阳说",在辽阳发现过曹家的一块碑,当然,还有一些别的说法。三是关于史湘云的故事,《红楼梦》里有一章叫"因麒麟伏白首双星",有人认为这是讲贾宝玉最后和史湘云结婚了。第四,关于脂砚斋,脂砚斋到底是化名?是笔名?是斋名?还是道号?

这些都不是我有能力做出解释的,我只能谈些感到的困惑和倾向,供大家参考。我相信,关于《红楼梦》今后还会有别的高论、怪论出现,我们不必为此感到惊奇,希望大家多看《红楼梦》,立自己的论。

《红楼梦》与中国文化

《红楼梦》是一个很好的话题,既可以用自己的观点、经验解释《红楼梦》,也可以用《红楼梦》的故事、见解来解读自己的经验、观点。我们如果只是谈自己的创作显得狭窄了一点,在这里说明一下,《红楼梦》与中国文化,其实《红楼梦》就是中国文化,谈《红楼梦》就是谈中国文化,《红楼梦》就是中国文化的一个代表,是中国文化的一个窗口。毛泽东主席曾经有名言:中国有什么呢?中国有悠久的历史,有众多的人口,另外还有一部《红楼梦》。那么,什么叫《红楼梦》与中国文化呢?我今天着重谈的是《红楼梦》里面所表达出来的中国人的文化心理,中国人的思维方式、心理方式以及一些中国人的人生命题。因为《红楼梦》不是一篇论文,它要想谈什么问题我不能说用三个大问题、六个小问题、十二个子问题,不能这样写。我们就是从这里面寻找那些值得我们回味、值得我们分析、值得我们咀嚼的这样一些人生命题。

第一个问题我想谈一下《红楼梦》的家国之思与兴亡之叹。家国之思、兴亡之叹这是中国特色,中国人谈到国的时候,都是联想到家。我们现在讲国家,既指国也是指家。抗美援朝的时候我们说保家卫国,也是家和国,所以儒家的士人追求"修身,齐家,治国,平天下",你把家治理好了,就是你把国家治理好的缩影。过去我们更多地说叫家国,现在我们说是国家,我们把家看成国的缩影,这是中国的观念,跟外国不一样。外国"家"就是"家","国"就是"国","家"是 family,"国",英语里有三个词都可以翻译成国家,一个 states,主要指的是政体和政权,一个 country 指的是领土,一个是 nation 指的是民族、人群,但是都和 family 没有关系。中国不管什么时候"家"与"国"都有关系。中国对"国"的理解就是一个大家庭,很久以来中国认为"国"就是一个大家庭。中国的"家",我指的是旧社会,五四以前也是非常大的家庭,依靠人们所希望的"四世同堂"、"五世齐昌"维系在一起。把这个家维系在一起的是什么呢?一靠血缘关系,第二靠尊卑秩序、尊老爱幼。中国的家,从它的正面来说它真是尊老的、爱幼的,充满人情、充满情感,所以不管走到哪儿都是家最好,中国人的家的观念非常重。当然,家里头还有小的分化,也有一些表面上的尊老爱幼、孝悌忠信,旁边还有私利,还有钩心斗角,正像《红楼梦》所描写的那样。那么家里面除了尊老爱幼,长幼有序,尊卑有别,另外还有几层关系,就是一个家里有主奴关系。在《红楼梦》里面,主奴有别，主就是贾家、王家、史家、薛家几乎是屈指可数的这么一些人，还有嫁到他们家的比如说尤氏，另外还有大量的奴仆，老的有焦大，男的有兴儿，女奴就更多，光贾宝玉身边就那么多，袭人、晴雯、麝月，贾母那边有鸳鸯……主奴的关系它也有两面，一面我们可以说是阶级斗争的关系，主人对奴才的控制、压迫、主宰，甚至于要奴才的命，这在《红楼梦》当中屡屡发生这样的事情。但是它也有另一面，就是奴才的思想受到控制，也由于实际的生活水准，她不想回自己的家，不想得到自由，她想得到的是在贾府内部相对好一点的生活。《红楼梦》有几次描写贾宝玉到袭人家里去，描写贾宝玉到晴雯家里去，那种描写感觉你到普通人家里去就像下了地狱一样，房子不像房子，茶碗不像茶碗，缺了口子肮脏的样子，茶水也不是茶水，茶水发红（质量非常低劣的表现），而且普通老百姓家的人物都粗俗、卑下，所以它也有某种力量凝聚这些奴才。这个家里头还有一些特殊的人物，我指的是半奴半主的人物——姨娘、妾，在过去的家里面仍然处于奴才的地位，用现在的话说就是二奶。所以也有些对中国传统文化采取比较激烈批评态度的人，他们认为中国几千年形成的一种特殊的文化，是姨娘文化：姨娘文化是一种奴才文化，是一种卑下的文化，是一种没有尊严、没有原则的文化，往往又是一种争风吃醋的、加害于同类的文化。那么《红楼梦》除了姨娘以外，还有另外一种完全不相同的人，那就是寡妇。因为旧中国，这个三从四德、从一而终，讲守寡。那么寡妇在《红楼梦》里算是相当美好的写法,写贾宝玉的嫂子李纨。李纨呢,她并没有痛苦,别人对她也没有什么批评,因为她已经身如槁木、心如死灰,对一切已经冷淡了。而这家呢,它摆在我们面前的并不仅仅是尊卑长幼,兄弟姊妹,男女的钩心斗角,主人对奴才有好有赖,更重要的是家国之思。思什么呢?就是思这个家已经没有前途了,这个家也正在酝酿着它的衰亡和没落,充满着悲凉。为什么会充满着悲凉呢?书从一上来就不断地说,外面看着还可以,里面已经渐渐地空了,已经寅吃卯粮了,花的钱像流水一样,但是花的越来越多,进项越来越少,而且长期寄生的生活,使《红楼梦》里边荣国府,特别是宁国府(的人)是一群废物,一群寄生虫在那里生活。他们只知道穷奢极欲、吃喝玩乐、养尊处优,而没有任何人在那里考虑生计,只考虑自己的利欲、支出祖上的积蓄,而没有考虑要有自己的积累,自己的贡献,没有这样的人。

所以通过写一个家庭呢,我们也看出来中国文化中的一个很重要的概念,既是政治的概念,也是社会的概念,也是历史的概念,以至于它也是文学的概念。什么概念呢?那就是兴亡还可以说盛衰,因为中国几千年的历史当中,有过那么多的改朝换代,有过那么多的战乱,有过那么多的天灾人祸,人们从历史上已经看惯了一个朝代兴起来了,一个朝代灭亡了,一个家族兴旺起来了,在兴旺的时候如日中天、炙手可热、红红火火、赫赫扬扬,非常辉煌,非常火热,而一旦衰败起来,稀里哗啦地就完蛋了。这样的家庭,这样的贵族,这样的个人,这样的派别,这样的势力,直到这样的朝代,都是一样的。如果说皇帝厉害,谁比得过秦始皇啊?!那秦始皇的兴,秦始皇的盛,何等的威武显赫,无坚不摧,无往而不胜,而秦朝却比任何一个朝代衰亡得快,来得惨,来得可悲。所以中国人自古即研究了这个,对这个特别地敏感。

《红楼梦》里虽然写的是一个家庭,但是让你感觉到那些表面上非常辉煌的东西,它可能包含着某种衰落的危险,这是非常令人深思的。还有许多这样的话,比如说"大有大的难处","百足之虫,死而不僵",比如说"外面的还可以,里子里却是空的",这些东西都给人叹息的感觉。有些人还把它概括为最代表我们中国人观点的一句话:月盈则亏,水满则溢。秦可卿死前托梦给王熙凤,说我们家赫赫扬扬,已近百载,快到树倒猢狲散的时候了。给人以悲观宿命的感觉,让人觉得都是这个命,胜利的太多就会开始失败,太阔了就要穷了,你的权势太大了也就快要被推翻了。《红楼梦》尽管写的是一个家庭,而且这个家庭和实际的存在并不一致,它也没告诉你宁国府、荣国府在什么地方,但是让你感觉到它的家国之思、兴亡之叹,可以说是感动到人的骨子里了,你看着《红楼梦》,就好像听到作者的一声又一声深长的叹息。

第二我要说的是富贵之花、享乐之福。《红楼梦》里写到了这样一批幸运者、统治者、贵族、封建社会上层的富贵之花、享乐之福。这些在中国的小说里面，很少有小说能写得这么的细致，写得这么的具体，这么生动，而且相对比较真实。因为我们没有这种经验，在旧社会，在清朝，一个没落的封建贵族，而且是曾经有权有势的，家底子很大的这样的一个贵族，当时是怎么样生活的，怎样行事的，我们不知道，可是《红楼梦》里面写的很多。我们中国人很喜欢四个字，在旧的戏曲里面讲得很多的，就叫"富贵荣华"。"富"指的是财富之多，"贵"就不光是指财富了，"贵"还有社会地位之高。那么"荣华"呢，那很多是精神上的一种感受：华丽、华彩、华贵。《红楼梦》非常集中地描写了这种荣华富贵，比如说吃东西，过节、过生日，都吃哪些东西呢？吃的东西有些我们看了以后觉得匪夷所思，看了以后甚至发晕。比如说刘姥姥，吃了一块东西，说："这是什么东西？怎么这么好吃的啊？"回答说是茄子，刘姥姥说不要骗我了，我乡下人没见过茄子吗？茄子是什么味儿我还不知道吗？王熙凤告诉她这个茄子是怎么烹制的，刘姥姥一边听一边念着佛："哟，我的佛啊……"做一个茄子光用鸡做配料就用了一百多只，这叫什么茄子？

他们的居所，修建的大观园，那种园林，那种山水，非常讲究园林的一些规矩，包括每个人住的地方，潇湘馆里有很多的竹子，蘅芜院有很多阔叶植物，什么地方有水，什么地方有亭子，什么地方有桥，什么地方有路，什么地方有假山石，这个风光也让他们享受尽了。你看了这个大观园会给你一个感觉，如果把这个大观园都给了你,你就什么活都不想干了,也不用上学了,也不用去经商了,就每天在大观园里头自我陶醉,自我享受吧,这一生也不白走这一趟了。

而且《红楼梦》里头有两个大事件,极尽荣华富贵。一个事件本来还是丧事,就是秦可卿之死,但是你们看秦可卿之死的那个排场啊!为了让秦可卿的丧事办得风光一些,先让秦可卿的丈夫捐一个官职,捐一个级别,有了官职和级别,这个丧事的档次就可以上去了。然后还有多少的僧侣,道士,有念经的,有哭的,有代替主人来哭的,有路祭的,有更高级别的北静王前来祭奠。一个丧事就这么豪华,让你感觉简直不是在办丧事,和搞大游行差不多,像搞庆典,那是在炫耀,炫耀自己的地位、财富、周全、体面。

另一件事就更大了,就是元妃省亲。贾政的大女儿嫁给皇上到宫里去当个贵妃,皇帝允许那些妃嫔回家探亲。那种场面,大太监,小太监,就是光那满街的太监,你就觉得那谱、那场面、那个威风啊!黄土垫道,净水泼街,采取临时管制,其他车马人一律不得通行。贵妃快来了,说话声音都小小的,不敢大声说话。

写的那个荣华,那个富贵,一方面要有一些荣华富贵的条件,另一方面这些人也还有一种享乐的欲望,无限地享乐的欲望。其中尤其以贾母为代表,贾母是一个最会享乐的人。你看当刘姥姥向贾母说"老寿星啊","你有福啊","你的福真大啊"

等等这些恭维话的时候，贾母说：我有什么福啊，我不过是个老废物罢了。请大家注意，一个像贾母这样的人，在她说她自己是老废物的时候，也是自我感觉最良好的时候，是最舒服的时候，也是自我感觉最得意的时候。"老废物"什么意思？就是什么事情都不需要她操心，不需要她劳动，不需要她生气，不需要她计划，到了一个老人说自己是个老废物的时候，这是一个相当自信的时候。

他们的享乐还有一个特点，这种特点反映我们传统文化的落后性，就是他们的享乐一定包含什么呢？包含"不动"，就是"不动弹"，坐享其成，占据别人的劳动成果，而自己连举手之劳的事情都不做。你看外国的贵族，骑马啊，是不是？你看《战争与和平》里的瓦西里，老瓦西里，公爵还喜欢自己做木匠。很多欧美人喜欢做木匠，他们做木匠的目的只是为了玩，不是为了打个家具什么的去市场上去卖。我去过美国一个很有名的作家阿瑟·米勒的家，他家地下室全是木匠房。你到他的客厅里头，他就告诉你，这个板凳是他打出来的，那个桌子也是他打出来的。《红楼梦》里的这些人就是什么也不动，有时候我看这种人都有点发指。发指什么事情呢？我指的是一个秋天，林黛玉心情也不好，写了一些有关秋风秋雨的诗，那会儿贾宝玉来看她，看完她贾宝玉走了。贾宝玉去解手，结果一解手来了四五个人伺候，这个把衣服撩开，那个把衣服挡住，怕风吹到他，四五个人伺候，而且基本都是女性，在这种情况下，贾宝玉怎么可能尿得出来呢？但是他们就把这个当成了享受，当成一种幸福。

但是里面也有一些相对比较健康的，就是青春的欢乐、青春的享受。比如说，他们成立了诗社，一起吃螃蟹，这个有点南京这边的特色。一边吃螃蟹，一边作诗，而且讲螃蟹应该怎么吃。譬如说"芦雪亭联诗"，简直就是一次青年联欢节、诗歌节、初雪节。《红楼梦》本来是写贾府的衰落的，但是当《红楼梦》写到了贾府尚未衰落的时候的种种荣华富贵、吃喝玩乐、猜酒行令、说说笑笑——讲故事、讲笑话，我们生活里的一些东西在《红楼梦》里都能找到——写到这些的时候，你会感觉到不管是曹雪芹还是读者，被它带到一个烈火烹油、鲜花着锦这样一种荣华富贵、享乐的场面。《红楼梦》表达的仍然是对荣华富贵的一种向往。

第三，《红楼梦》还写了人生之悲、情爱之苦。那么是不是每天享乐、吃喝玩乐呢？不是的，《红楼梦》恰恰相反，尤其是它的两个主要人物，最动人，也是给人印象最深的两个人物，一个是贾宝玉，一个是林黛玉。他们对人生之悲、情爱之苦这种体会让人们看到另一面，让人感觉受不了。贾宝玉和林黛玉在《红楼梦》里面都很年轻，林黛玉刚出现的时候有人说9岁，有人说10岁，也有人说11岁，《红楼梦》结束的时候林黛玉也就是14岁，贾宝玉也就是16岁、17岁左右，很年轻，但是他们对生命都有一种短促感，一种荒谬感，有一种空虚感。

其中有一段非常精彩的描写，写贾宝玉在大观园里面，树上栖息的鸟在叫,贾宝玉就想:这只鸟现在在这棵树上叫(我记不太清楚了,好像是杏树吧),转眼间这些杏花就脱落了,落了后就结上了杏子;第二年再开出杏花,但已经不是今年的这个花了,今年的花已经灭亡了,第二年可能还有一两只鸟到这个树上来,但你也弄不清楚还是不是今年的这只鸟,如果是今年的这只鸟,那它已经老了,如果不是,那它很可能已经死了。就是万事无常,生命之无常啊。他感到非常的悲哀,他甚至哭,掉眼泪了,自己傻乎乎地在那儿自悲自叹。

那么林黛玉这种对生命悲观的感受,大大超过了贾宝玉,而且超过了一切。林黛玉的那首著名的《葬花吟》表达的就是这个心情:生命是短促的,青春是短促的,时光是不再的,一切都会灭亡,一切都会离开我们。"花谢花飞花满天,红消香断有谁怜?……一朝春尽红颜老,花落人亡两不知!"这里相当刺激,而且相当的奇特,如果她说是年龄再大一点,或者在医院里检查出得了个白血病,她产生这么个悲观的想法,感觉生命即将离自己而去,人间即将离我而去,那还是可以理解的。不过要是十二三岁,或十三四岁就老琢磨我也快老了,也快要死了,我将来死了后骨灰也就只有那么大一瓶就不十分正常了。因为这个对生命有所感触,有所感慨啊,这本身并不奇怪。"子在川上曰:逝者如斯夫,不舍昼夜"也是一种感慨,光阴如水不断地逝去,就是说在这个短暂的生命中,你要追求真理,你追求最根本、最核心的价值,"朝闻道夕死可矣",我追求这个价值,维护这个价值，死就死了，我懂得了真理，可以死了，心里也塌实了。

曹操的诗也是这样的，"对酒当歌，人生几何？譬如朝露，去日苦多"写的是何等的悲哀，但是曹操并没有灰心失望，相反到最后，曹操"周公吐哺，天下归心"。时间短促，生命短促，所以我们要抓紧时间建功立业，好男儿要有所作为，不能让一生白白地过去了。但是贾宝玉和林黛玉他们的痛苦就在于他们对人生的悲哀的这种体验，他们抓住了一条，就是爱情，因为贾宝玉本来就不相信"修身，齐家，治国，平天下"这一套，他也不相信仁义道德、礼义廉耻这一套，他不相信，唯一能给他们孤独的生命，给他们短促的生命以温暖、以慰藉的就是爱情。尤其是林黛玉，对爱情的想法就是以身相许，没有爱情还不如去死，她的一生也是这么度过的。而在那种社会情况下，爱情带来的只有痛苦，很少有快乐。贾宝玉和林黛玉有几次快乐地在一起唱卡拉OK？或者是在跳舞？或者是在一起骂骂领导？没有。他们只有痛苦，只有悲凉，只有怀疑，你怀疑我，我怀疑你，不能说破，不能说明，也不知道他们的家长最后会做怎样的主，有情人终未成眷属。其他的那些人的情爱，没有贾宝玉和林黛玉这么忠诚、这么一种知己的性质，更多的是一种欲望，这些欲望带来的也都是痛苦。

现在回过头来说，只有断了情爱之念的人才能不受情爱之苦，比如说李纨，因为贾珠已死，她在守寡，等于在精神上、在情感上、在欲望上先实行自杀，基本上自杀得差不多了，这人

70%已灭了，还剩30%吃喝、说话，行尸走肉了。

这方面，《红楼梦》写得太惊人。当然有这种思想、这种问题的人自古以来、古今中外都不在少数。王国维解释《红楼梦》，他用叔本华的欲望说，他说《红楼梦》表达的是种欲望的痛苦，因为人活着就有欲望，有欲望就希望得到满足，很多欲望得不到满足，得到了满足又会有新的欲望，新的欲望又要求新的满足，因此人生只剩下了痛苦，这也是一种解释的方法。

第四，我想谈一下《红楼梦》里所表达的好了之辩，色空之悟。《红楼梦》里面有一段很有名的《好了歌》，那个中心的意思是说世界上你看所有的好的东西都是靠不住的，你只有把所有的好全都结束了，所有的好都看穿了，不追求这些好，你就了了。了了，就是你的灾难、你的痛苦就可以结束了。好便是了，了便是好，你把所有的情爱、所有的欲望、所有的梦想全都了掉，你也就好了。所以好便是了，了便是好。和好变成了，了变成好同样的一个问题是，色即是空，空即是色。这本来是从佛家，是唐玄奘翻译《般若波罗蜜多心经》过来的，叫"色不异空，空不异色"。色就是各种各样的实有，五颜六色，红尘世界，花花世界，但是和空无异，是没有差别的。而空呢？它和大千世界也是没有差别的，然而接着说色即是空、空即是色，更进一步增加了其中的思辨性。

它里头有一个故事，其实和中国传统的章回体小说有类似的东西，而且应该说这个故事本身也不高明，但是它表达了那种思想。贾府有一个叫贾天祥的,对王熙凤感兴趣,对王熙凤有非分之想,结果王熙凤毒设相思局,想办法害他。这也是种变态心理,因为一个人对你有所兴趣,你躲开他也就算了,他闹得厉害点最多把他作为性骚扰,起诉也就行了,而王熙凤却害他,非要人家的命不可,这是个变态的心理。跛足道人送贾天祥即贾瑞一面镜子,从这个镜子的正面看美人,背面看是骷髅,多看背面不看正面,你的病就好了。贾天祥他有好奇心,反过来一看,正面是王熙凤,结果他就死掉了。

中国的文化它两方面,中国文化为什么虽然屡屡亮起红灯,亮起黄灯,但是至今长盛不衰?中国的文化不是一条道,不是一条直线,而往往是一种兼容并存。比如刚才讲到的修齐治平,要对国家对社会有所贡献,要治国安邦,要辅佐明主,要建功立业,很大一部分从孔子到孟子那里都是这样的。但是另外还有一部分,它讲解脱,笑傲江湖,讲与世无争,讲老死于山林之中,退而归隐,不为五斗米折腰,它有这层意思。这也是一种境界,尤其当你修齐治平、治国安邦、建功立业的梦想不能实现的时候,那么你作为一个人,尤其是一个读书人,一个士人,知识分子,你怎么办呢?是不是自杀?跳海?或者发神经病?闹成一个精神分裂?这都是不可取的。可取的是你要看开一切。《儒林外史》里头最后把价值归结到什么地方呢?琴棋书画。一个读书人的最高的价值是琴棋书画。

然后佛学来了以后呢?佛学本来是一种很坚定的信仰,但是佛学传到中国以后淡化了信仰主义的强度。讲佛经的故事很激烈、很煽情。讲到佛祖以身饲虎,说佛祖到了一个林子里,看到一只老虎,已经一个星期没有吃东西了,非常的饥饿,已经不能动了,气儿都快断了,佛祖很可怜它,于是佛祖就把自己送给老虎了:"请吃吧,你太饿了,愿我能够帮助你解除饥饿。"这是一种很激烈的行为,是很煽情的一种行为。

但到了中国,尤其到了禅宗那里,很少有这种教导,包括我们中国那些著名的高僧,也没有这种记录,把自己切成块当饲料喂给狼吃啊!中国文化要求的是解脱,解脱的目的就是好变成了,了变成好,色即是空,空即是色。但这个解脱有很大的一个限制性,这个色即是空是在什么时间、什么条件下它是"空",空即是色是在什么条件下它是"色"?"好"和"了"也都是这样。比如说这镜子里头,比如说风月宝鉴,正面看是个美人,背面是一个骷髅,告诉你美人都是骷髅。你如果说这一百年以后,不用说鄙人了,在座的各位都变成骷髅了,但现在咱们不是骷髅,绝对不是骷髅,现在绝不是个骷髅在这里给大家讲。如果你们现在思想很超前,认识很透,这不就是一个骷髅吗?那怎么行呢?是不是?你怀抱着一个美人和怀抱着一个骷髅,这感觉是绝对不相同的,是不是?所以就有我所说的那个现象。

在《红楼梦》里它不断地告诉你色即是空,空即是色,好便是了,了便是好,但是它写一些具体的场合,荣华富贵,吃喝玩乐，爱爱仇仇，说说笑笑，行酒作乐，喝酒，猜酒令，还有说相声，觉得它是很有吸引力的。你甚至觉得不管曹雪芹在他晚年衣食无着，达不到温饱的程度，但是他回想起当年快乐的生活，仍然会压抑不住得意，压抑不住炫耀。

第五，吉凶之异，宿命之威。《红楼梦》给人一种感觉，也是我们中国人常说的一句话——天有不测风云，人有旦夕祸福，就是你是掌握不了自己的命运的，说变就变。比如说金钏，她是王夫人面前的丫环，伺候王夫人睡觉，给王夫人敲腿。王夫人虽然眼睛闭着像是睡着了，这些都是剥削阶级的坏毛病，她睡着了还要占有一个奴隶，还要剥削劳动人民的劳动力。贾宝玉跑到那里没事骚扰，去捣乱，然后金钏说了一句话：你不要到我这儿来捣乱，我给你出个法子，你到谁谁谁那儿去，去看彩云和环哥他们在干什么。金钏说这个话的时候，王夫人她没有睡着，听到金钏说这话，噌地转过身来就是一个嘴巴，就认为金钏对贾宝玉进行了精神污染，立即宣布将金钏开除宅籍，把金钏轰出去，叫其家人领走，结果是金钏就跳井而亡。

一个人由活到死就这么方便？就像不值得一提一样，跟打死一只苍蝇差不多，本来什么事情也没有，只是个笑话，就把一个人给整死了，然后与这个事情有关贾宝玉还挨了一顿打，差点没把贾宝玉活活打死……

贾政在外面做官，做得也不好。回家了，一回家那贾宝玉就非常紧张，因为他天天在家吃喝玩乐，给他留的家庭作业他一件也没有做,赶紧就开始写小楷,而且林黛玉也帮着他写,帮着他造假。贾宝玉每天晚上在那儿恶补,在那儿写小楷,那些服务员没有一个敢睡觉的,大丫头在旁边侍候着,小丫头在外边。有一个丫头就坐在那里打盹,"嘭——"脑袋就磕在了墙上,贾宝玉说不好,有人从墙上跳下来了,借着机会就折腾。折腾半天,晴雯给出主意,就说宝玉受惊了,受惊了所以小楷写不下去了。结果没有想到这是晴雯编的一段瞎话,这个瞎话一直到最后她自己也讲不清,引起到最后搜检大观园。而搜检大观园的结果,第一个被驱逐的就是晴雯,真是搬起石头砸自己的脚。读了就会觉得人的命运完全不可以掌握,谁也不知道早晨你还是好好的,晚上你还是不是能保持完整,早晨他还是你的朋友,晚上他是不是已经被开除宅籍,驱逐出境了。《红楼梦》里写到很多这样的事情,表达了中国人对命运的无奈,而且对命运戏剧性变化的恐惧感。

第六,说一下《红楼梦》里的用藏之惑、邪正之分。一个人,特别是一个男人应不应该为社会所用,为朝廷所用?《红楼梦》里面分两大派,一派包括贾政,包括薛宝钗,他们都劝贾宝玉要好好读书,要经世济用,将来要谋得一官半职,光宗耀祖,为家里争得荣誉,争得财富。另外一派就是贾宝玉和林黛玉,管他呢,反正再没有吃的也少不了咱们的,再没有穿的也少不了咱们的,相反,你们那些蝇营狗苟、谋取功名那才是最下贱的、最虚伪的、最肮脏的。凡是劝贾宝玉上进的,贾宝玉都称之为禄蠹,就是光拿俸禄的虫子,蛀虫,专等着吃国家的俸禄。

贾宝玉还有些非常精彩的批判,因为自古以来中国文化都提倡"文死谏,武死战"。文官要敢于说真话,敢于向皇帝提意见,为提意见丢脑袋也在所不惜。武官要勇于在作战中牺牲自己,马革裹尸,一腔热血要贡献给朝廷。大家都这么想,但是贾宝玉偏偏不这么想,他进行批判。他说"文死谏",你光为了自己拼得了一个忠臣的名声,你把皇上陷于何处了?你如果死谏,那不是证明皇上是昏君吗?那不是说皇上听不进意见吗?"武死战"呢,朝廷养着这么多的武官,这么多的军队,是为了保卫皇上,不是让你去死的,一打仗所有的武官都死了,那谁来保卫皇上?这个贾宝玉也很能辩论,而且他这个辩论还给我一个感觉,以"极左"的方式来批判"左"。你不是对皇上忠吗?我嘛事不管我才忠,你到处提意见,那不是找乱子吗?你自己死了倒好,还让皇上生气!这书里贾宝玉口头上说了一大堆,我辜负了天恩祖德,我是不肖之子,可是另一面具体写到的呢,你又觉得确实他没有别的选择,没有别的前途。而且不光是贾宝玉没有选择,没有这种愿意为朝廷所用、为社会所用的想法。《红楼梦》里除了贾政没有一个人那样,而贾政又纯粹是一个不懂人情、不懂世故的,什么事情都办不成的人,是一个绝对无用之人。

这个用藏之辩也是中国自古以来许许多多的读书人、许许多多的文人在那儿说个不停的话题。李白也面临这个问题。李白的诗里也有这种自相矛盾：一方面他说是"夫子红颜我少年，章台走马著金鞭"，"仰天大笑出门去，我辈岂是蓬蒿人"；另一面也要寻仙，"五岳寻仙不辞远，一生好入名山游"，"安能摧眉折腰事权贵，使我不得开心颜"。陶渊明诗里也有这种自相矛盾，世世代代都是这样。

第七，我想谈一下《红楼梦》里的词字之谜、诗文之丽。《红楼梦》在应用汉字进行文学创作上达到了极致，它把汉字的表音、表形、表意都用到了极致。《红楼梦》提供的丰富信息，除了表面上叙述的故事以外，文章的每一个字、每一个词都好像还含着谜语，包含着一个没有完全告诉你的东西。比如说，大家都知道的名字——甄士隐，把真事隐去；贾雨村就是假语谶言；贾宝玉的四个姊妹的名字，元春、迎春、探春、惜春，放在一起就是"原应叹息"……所以甚至让有些人光去研究《红楼梦》的这些字了。

《红楼梦》词字之谜带给我们读者极大的欢乐，谁叫我们是中国人呢？再一个就是诗文之美，中国自古以来，小说戏曲属于俗文学，诗歌散文属于纯文学，所以我觉得曹雪芹生怕别人以为他是个俗人，所以本来是写小说，后来不断地写诗、写文章。而诗文中显示了人的风格，显示了人的才智，也显示了人的情调。贾宝玉很任性，薛蟠也很任性，如果说到任性和个人的欲望，他们没有特别大的区别。贾宝玉也是对所有漂亮的女孩一概感兴趣，薛蟠也一样。但是他们的一大不同就是他们的诗文不同。贾宝玉的诗文写出来,他在语言文字上大大美化了自己的生活,而薛蟠的诗属于恶搞的性质,这证明诗文的修养非常重要的。虽然我们是理工科的大学,现在也有文科了,希望我们所有的理工科的同学也多学学诗文,至少可以美化我们自己的形象,使我们的境界、我们的生活变得高一点。